谨以此书献给 CNLC——
　　中国石油测井行业改革开放的探路者

中国石油测井行业改革开放的探路者——
CNLC 实践案例与管理法则

国际化
蜕变

孙秀娟 著

石油工业出版社

图书在版编目（CIP）数据

国际化蜕变：CNLC 实践案例与管理法则 / 孙秀娟著．
—北京：石油工业出版社，2020.5
　　ISBN 978-7-5183-3952-5

　　Ⅰ.①国⋯　Ⅱ.①孙⋯　Ⅲ.①石油企业—工业企业管理—研究
—中国　Ⅳ.①F426.22
中国版本图书馆CIP数据核字（2020）第070501号

出版发行：石油工业出版社
　　　　　（北京安定门外安华里2区1号楼　100011）
　　　　网　　址：www.petropub.com
　　　　编辑部：（010）64523582
　　　　图书营销中心：（010）64523633
经　　销：全国新华书店
印　　刷：北京中石油彩色印刷有限责任公司

2020年5月第1版　2020年5月第1次印刷
710毫米×1000毫米　开本：1/16　印张：22.5
字数：340千字

定价：78.00元
（如发现印装质量问题，我社发行部负责调换）
版权所有，翻印必究

前 言

在纪念中国改革开放40年的今天，驻足审视中国石油走向国际的25年，一批批的有志者、开拓者，在20世纪90年代，怀揣梦想，勇立潮头，成为中国石油工业率先跨出国门的先行者、亲历者。

迈进新时代，站在改革开放再出发的新起点回望，中油测井有限责任公司（CNLC）于1994年成立、2000年国际化重组，都称得上是中国石油测井行业意义重大的标志性事件。1998年在中国石油集团重组元年走出国门，再到10年前经历新一轮的专业化重组，CNLC完成了一个中国国企的国际化蜕变，在重构自我的同时，也改变了世界对中国测井行业的认知。

可以说，从成立到重组，CNLC是中国测井行业的改革探路者；从"引进来"到"走出去"，CNLC是中国石油开放合作的先行者。

10年间，CNLC从一个员工不足300人、账面亏损2300多万元的传统国企起步，蜕变为一个拥有189支技术服务队伍并成功打进国际市场、业务分布在全球17个国家的国际化企业，主营业务年均增长率42%，利润年均增长率53.47%，从靠引进技术装备提供技术服务到具备研发独立自主知识产权、具有行业领先水平的装备技术体系，从名不见经传的小公司成长为行业公认的国际油田技术服务后起之秀。

那么，作为中国测井行业率先大规模走出国门的探路者，CNLC究竟走出了一条什么样的国际化路径？员工的理念、企业的管理经历了什么样的脱胎换骨？人的价值观、公司的竞争力以怎样的方式改变和提升？

本书试图以一个在中国成千上万国企中颇具代表性的企业——CNLC为典型，探索中国企业实现高质量发展、培育具有全球竞争力的世界一流公司的成长路径。以记者对企业40多位员工的采访内容为根基，以CNLC成立为起点，以走出国门、专业化重组为重要节点，从引进来到走出去，在国际市场一步步成长壮大为脉络，用103个问题＋故事（做法）＋观点来展现企业发展过程中面对的挑战、解决问题的方法，并点拨管理关键，系统记录CNLC如何摆脱传统观念束缚走出国门，通过制度再造打入国际市场，而后经过管理创新获得持久成长的全过程。

值得一提的是，这个企业的成长过程、亮丽业绩以及国际化蜕变，10年前已成为清华经管学院、哈佛大学的经典教学案例。

成长是一个过程，管理是一门学问。一个企业影响了一群人，从而改变了一个行业的生长样貌。

在创新驱动上，CNLC如何围绕"做精做强做大、建设具有国际竞争力的技术服务公司"的战略发展目标，构建起适合人、财、物等资源最佳配置的弱矩阵组织结构；如何通过管理高效实现效益高效，逐步建立起完整的内控管理体系，一步步实现企业战略、组织结构和管理体系最大限度的统一协调；如何站在行业层面调度全球资源，引入"外脑"创新研发技术装备，提供优质产品和服务，在世界测井史烙上中国石油的印记？

在文化建设上，CNLC如何践行新发展理念，将组织的客观要求化为成员的内生动力，从企业制度规范、纪律强求到员工上下一心、自觉自愿；如何塑造共同的价值观、国际化理念，实现企业的成功是人的成功，通过员工的发展实现企业更好的发展；如何建构国际化行为模式，从适应国际市场到融入国际合作共赢，将竞争对手转换为战略伙伴；如何在切实履行社会责任中提升企业国际市场竞争力，打造深入人心的品牌知名度、美誉度？

20年前，CNLC还是一个囿于国内的亏损企业，在世界市场上只是一个名不见经传的小公司。在很多人并不看好中国国企的时候，2000年的那次国际化重组让他们浴火重生，在业界不少人还把哈里伯顿、斯伦贝谢当成望尘莫及的神圣时，他们在企业的规范化管理和国际化战略两个方面探索实践，奋力追赶。

而今，石油深刻影响着世界经济和地缘政治，业已成为大国博弈台前幕后的较量焦点。无论从哪个方位看，CNLC的国际化实践都为全球运作的企业和经济体提供了一个创新发展的视角：在看似不可能的情况下，一个亏损严重的中国国企可以转变为具备国际化运作水平、在国际市场逐步显示竞争优势的国际化企业；一个开始时看不到任何成功机会的小企业，可以在资源配置相似、机会均等的条件下后来居上，打破西方公司垄断，在国际测井市场占据一席之地，达到连自己都难以置信的高度。

对于企业家而言，就是要站在哲学的高度审视企业发展规律，以智慧之光烛照企业经营，才能将纷繁复杂的事理抽丝剥茧，化为最单纯、最直接的本质规律。本书揭秘的正是这家中国企业的管理法则、发展路径——CNLC如何在企业发展的各个阶段见招拆招、对症下药，把一个典型中国国企锻造成一个管理规范的国际化企业。

曾经，国际化对于每一个中国企业来说都很遥远；今天，许多中国企业正逐浪于不断深化的改革开放大潮中，走出国门，深度参与国际竞争。因此，CNLC的国际化成功经验，即使在今天，也远未过时。在全球形成命运共同体的当下，经历了时间的沉淀、市场风云的检验，CNLC的国际化蜕变或许能给予中国企业创新管理更多的启迪，能给予中国企业家更有参照意义的滋养力量。

作　者
2018年10月于北京

目 录

001. 海外十年，CNLC 如何打动世界？
　　 CNLC 来了，国际市场改变了 ················(1)

第一章　突围·求索

002. 如何突破专业局限探索现代企业路径？
　　 组建中国测井"国家队" ····················(8)
003. 中国测井为什么一直受制于西方？
　　 几代人的"中国测井梦" ···················(12)
004. 从国内到海外，新公司遭遇"水土不服"？
　　 步履维艰的市场化探索 ····················(15)

第二章　重组·变革

005. 国际化重组能否置之死地而后生？
　　 变革：1+1+1＞3 吗？ ···················(20)
006. 搭建什么样的公司组织架构？
　　 谋篇布局"弱矩阵" ·······················(25)
007. 团队决策机制如何协调合作不打架？
　　 "弱矩阵"是块试金石 ····················(28)
008. 如何实现干部能上能下、人员能进能出？
　　 岗位竞聘让人才各就各位 ··················(31)

第三章　目标·思路

009. 如何确立企业使命，打造共同的价值观？
　　　做个"中国的斯伦贝谢" ……………………………………………（36）
010. 如何激发员工从"等饭吃、要饭吃"转到"挣饭吃"？
　　　狮子与羚羊的故事 ……………………………………………（39）
011. 如何找准定位，把握发展方向精准发力？
　　　确立国际化发展战略 …………………………………………（41）
012. 怎样走好国际市场第一步？
　　　借品牌　创品牌 ………………………………………………（44）
013. 如何创新管理思路用好战略性举措？
　　　六大组合战略主导 CNLC 前行 ………………………………（47）

第四章　HSE·修炼

014. 为什么需要重塑 HSE 理念？
　　　被批判的"英雄" ………………………………………………（52）
015. 如何尽快了解国际市场惯例？
　　　10 万美元请顾问 ………………………………………………（54）
016. 能否承诺"任何伤害和事故都是可以避免的"？
　　　HSE 管理理念成为座右铭 ……………………………………（56）
017. 如何慧眼识别 HSE 险兆？
　　　全体总动员　造假也奖励 ……………………………………（59）
018. 为什么学习杜邦安全理念，却借鉴壳牌管理经验？
　　　编制 HSE 管理体系 ……………………………………………（62）
019. HSE 文件如何变成员工的行为？
　　　现场执行追求简便可操作 ……………………………………（65）
020. HSE 管理如何实现数据真实行动有效？
　　　"No Blame"培育积极的安全文化 ……………………………（68）
021. 安全管到什么程度事故概率可以忽略不计？
　　　"有交通事故？肯定不是 CNLC 的！" ………………………（71）
022. 做好 HSE 能获得市场奖励？
　　　CNLC 的竞争新优势 …………………………………………（74）

第五章　市场·布局

023. 如何推销"CNLC"抢抓市场机会？
　　　从"王婆卖瓜"到"捕获伊朗市场" …………………… (78)
024. 谈判桌上"必杀技"如何炼成？
　　　一组照片成"底牌" ……………………………………… (81)
025. "失之东隅，收之桑榆"是怎么回事？
　　　1.5%的降价与500万美元的预付款 …………………… (84)
026. 如何提高市场开发层次？
　　　建立全员营销的市场体系 ……………………………… (87)
027. 如何增强市场开发针对性？
　　　细分目标市场　提供增值服务 ………………………… (90)
028. 如何在甲方身上打下乙方烙印？
　　　培训甲方就是培育市场 ………………………………… (93)
029. 如何提高国际油服市场话语权？
　　　国际研讨会吸引八方宾客 ……………………………… (96)

第六章　人才·成长

030. "1358"人才培养工程成就了谁？
　　　八年时间，"菜鸟"变专家 …………………………… (100)
031. 如何为员工设计职业生涯路径？
　　　51个进步阶梯 …………………………………………… (103)
032. 如何快速提升团队战斗力？
　　　全方位培训　全过程成长 ……………………………… (106)
033. 如何让员工自我掌控职业生涯轨迹？
　　　晋级体系：两条路线任你选 …………………………… (109)
034. 如何实现"上岗靠竞争，取薪比贡献"？
　　　薪酬体系：能者多劳，多劳多得 ……………………… (112)
035. 如何衡量不同业务、不同部门的业绩贡献？
　　　"样本比较法"量化薪酬标准 ………………………… (115)

第七章 项目·管理

036. 如何解决现场作业"没章法"?
 "第一次作业成功了!" ……………………………………………（118）
037. 上场就遭遇最厉害的对手是福还是祸?
 与斯伦贝谢"背靠背"比试 ………………………………………（121）
038. 为什么要采用西方工作模式?
 按"对手"的标准执行 ……………………………………………（124）
039. 如何高效运作全球服务项目?
 批量"生产"PMP 项目管理标准化 ………………………………（126）
040. 如何确保任何情况下都能提供尽善尽美的服务?
 "保证作业一次成功"的秘密 ……………………………………（129）

第八章 物流·高效

041. 为什么说物流关乎市场竞争力?
 放射性源造成的大麻烦 …………………………………………（134）
042. 集中采购过程如何实现人员分权、程序受控?
 制度保障"阳光采购" ……………………………………………（137）
043. 国际物流如何实现高效运作?
 调配全球资源为我所用 …………………………………………（140）
044. 如何考量物流成本与创造价值的关系?
 租飞机 VS 搭轮船 ………………………………………………（143）
045. 如何打造快速反应供应链优势?
 埃塞俄比亚项目保卫战 …………………………………………（145）

第九章 SOP·标准

046. 如何让不同队伍达到同样的服务水准?
 杜绝"一支队伍一种打法" ………………………………………（150）
047. 如何确保SOP是最优化的实用操作程序?
 一线工程师担纲编写SOP ………………………………………（153）
048. 专家经验如何变成所有人的工作捷径?
 告诉员工正确的做事方式 ………………………………………（156）

049. 如何人人参与、持续优化 SOP？
　　　共同创造"武林秘籍"……………………………………（159）

第十章　合作·共赢

050. 为什么说国际市场单枪匹马难成事？
　　　初出国门"摔跟头交学费"………………………………（162）
051. 为什么要创新资产联营模式？
　　　上阵亲兄弟………………………………………………（165）
052. 如何对众多合作伙伴"一碗水端平"？
　　　公正透明赢得多方联手…………………………………（168）
053. 是什么使得外来户变成自家人？
　　　一封感谢信………………………………………………（171）
054. 为什么主动让利给合作伙伴？
　　　不怕吃亏才能做大蛋糕…………………………………（174）
055. 亲兄弟明算账，如何算得都替对方着想？
　　　合作增信任　收益超预期………………………………（176）

第十一章　本土化·重塑

056. 为什么转变观念才能解决本土化问题？
　　　"找不到当地人才"只是借口 ……………………………（180）
057. 如何换位思考推进雇员本土化？
　　　投标书上做文章…………………………………………（183）
058. 如何避免人才短缺掣肘市场拓展？
　　　项目考核有了新指标……………………………………（186）
059. 国际雇员如何招得到、用得好？
　　　本土化，考验企业国际化管理能力……………………（189）
060. 如何成为雇员满意、社会尊重的公司？
　　　莱玛：我是苏丹人，也是 CNLC 人 ……………………（192）
061. 为什么要强调企业本质上国际化？
　　　北京总部的国际雇员……………………………………（195）
062. 如何以文化融合凝聚国际雇员？
　　　我们都是 CNLC 人 ………………………………………（197）

第十二章　品牌·品质

063. 如何与甲方有效沟通？
　　 "吵"出来的朋友 …………………………………………………（202）
064. 竞争关系怎样转化为竞合关系？
　　 向竞争对手借用防喷器 …………………………………………（205）
065. 如何把比较优势转化为市场胜势？
　　 两伊边境的测井演示 ……………………………………………（207）
066. 为什么一定要拿到"作业质量100分"？
　　 赢得壳牌全球服务商 No.1 ………………………………………（210）
067. 凭什么解决客户标志性难题？
　　 中东第一井竖起"活广告" ………………………………………（213）
068. 如何快速提升市场品牌美誉度？
　　 CNLC：优质工程代名词 …………………………………………（216）

第十三章　财务·价值

069. 如何实现全球项目会计信息集成？
　　 "大财务"服务全球大格局 ………………………………………（220）
070. 如何确保海外市场资金安全？
　　 全球现金池　收支两条线 ………………………………………（223）
071. 如何通过结算框架规避金融风险？
　　 "无息"贷款 3000 万美元 ………………………………………（226）
072. 为什么战略规划、经营计划与全面预算要环环相扣？
　　 预算管理：财务战略协同核心 …………………………………（229）
073. 如何进行全球税收筹划？
　　 目标瞄准"综合成本最低" ………………………………………（232）
074. 财务预判如何支持企业经营决策？
　　 借力经营分析，择机进出巴基斯坦 ……………………………（235）
075. 国际市场如何知己知彼？
　　 对标："比"出来的进步 …………………………………………（238）

第十四章　技术·创新

076. 特色技术如何演绎"合适的才是最好的"？
　　　化学堵水效果超乎甲方预期 …………………………………（242）
077. 一体化如何做大比较优势？
　　　测录试揭密"蝴蝶层" ……………………………………………（245）
078. 如何延长"服务链"，创新增值服务模式？
　　　"解释"出来的优势 ………………………………………………（247）
079. 遭遇技术卡堵，如何突围国际市场？
　　　临阵换"枪"的考验 ………………………………………………（250）
080. 首套国产测井系统如何打动客户？
　　　LEAP600 亮相国际市场 …………………………………………（253）
081. 技术研发如何跳出传统思维？
　　　变革管理思路　联手"外脑"创新 ……………………………（256）
082. 如何全球联动，打造核心技术装备？
　　　研发新模式实现"弯道超车" …………………………………（259）

第十五章　内控·系统

083. 全球化公司治理如何管控风险？
　　　"安然倒下"的警示 ………………………………………………（264）
084. 为什么说内控体系切合企业实际才管用？
　　　撇开咨询公司自己建体系 ………………………………………（267）
085. 如何制定风险控制流程？
　　　从关注个体到重视整体 …………………………………………（270）
086. 如何培养员工的全面风险管理意识？
　　　内控体系再升级 …………………………………………………（272）
087. 如何实现所有风险管理有形化？
　　　内控体系削减风险几率 …………………………………………（274）

第十六章　党建·力量

088. 国际化企业如何健全党组织？
　　　市场有国别　党建无国界……………………………………（278）
089. 恶劣环境中如何体现战斗堡垒作用？
　　　军车开路上井场………………………………………………（282）
090. 高风险地区如何发挥党员先锋模范作用？
　　　第一个进入伊拉克的中国企业…………………………………（285）
091. 为什么CNLC员工争当最能干的人？
　　　当地雇员要求加入中国共产党…………………………………（289）

第十七章　领导力·赋能

092. 如何整体提升各级管理者素质？
　　　"一把手"带头攻读MBA ………………………………………（294）
093. 如何把个人魅力变成团队号召力？
　　　领导权力从哪来…………………………………………………（297）
094. 管理者如何为员工成长提供实质帮助？
　　　把下属当成兄弟姐妹来爱护……………………………………（300）
095. 如何保障各层级人才脱颖而出？
　　　大家提拔大家……………………………………………………（303）
096. 如何全过程监督管理者的权力？
　　　制度管人解放了谁………………………………………………（306）

第十八章　文化·蜕变

097. 如何构建团队合作文化？
　　　"蚂蚁下山"引导团队制胜 ……………………………………（310）
098. 组织成员间如何高效传递信息？
　　　在"沟通无极限"中彼此欣赏 …………………………………（312）
099. 如何为员工成长注入更多正能量？
　　　让优秀者成为大多数……………………………………………（314）
100. 如何理解每个人都找到合适位置？
　　　让员工笑着离开CNLC …………………………………………（317）

101. 如何把持续学习变成生活方式?
　　学习型组织提升竞争力···（320）
102. 为什么说好的竞争对手需要有资格有实力?
　　"如果我不能打败你,就得与你合作"·······································（323）
103. 如何让员工梦与企业梦共同照进现实?
　　凝炼 CNLC 独特的气质精神 ···（326）

附记　情怀·心声

　　CNLC 国际化蜕变,改变了谁?
　　CNLC 人:成就了企业,发现了自己 ·····································（330）

后记 ···（340）

001 Q问题 海外十年，CNLC如何打动世界？

CNLC来了，国际市场改变了

踏平坎坷成大道，十年辛苦不寻常。

从1998年两支测井队共9名中方员工走出国门，到2008年中国石油工程技术业务谋划重组，10年间，CNLC在高度垄断的国际测井市场撬开一条缝，蹚出一条路。CNLC人以"无论我们走到哪里，无论我们做什么，无论我们为谁服务，为客户提供尽善尽美的服务是我们永远的追求"为服务宗旨，发扬"没有条件创造条件也要上"的铁人精神，从西方公司的虎口中夺食，不仅没有被恶劣的环境吓倒、白热化的竞争打垮，反而以步步深入之态、星火燎原之势成长着：资源在优化，力量在凝聚，效益在增加，竞争力在提升，国际影响力在扩大⋯⋯

如果从2000年底中国石油天然气集团公司进行国际化重组算起，一组梯级增长数字可以清晰展现CNLC在国际市场的大有所为。

重组前的2000年，会计报表显示的数据是亏损2329万元，2001年扭亏为盈，2003年提前两年实现"十五"计划目标。到2004年，营业收入是公司重组前的5.2倍，主营业务年均增长率达42%，提供过服务的客户超过60家。2005年至2007年的营业收入增长速度分别达到42%、36.5%、24.3%。

10年间，公司直面世界测井行业高度垄断的铜墙铁壁、竞争激烈的国际石油技术服务市场，不畏艰辛，不惧强手，10年艰苦征战，10年不懈努力。员工从不足300人增加到国内外雇员2300多人，服务范围从最初的测井和少量录井发展到测井、录井、测试、随钻测井、定向测井、资料综合解释评价等一体化综合服务，主营业务规模在全球同类企业中排名第六，经营利润率、利润增长率、资产回报率则稳稳站在了排头，成长为国际石油技术服务市场的一支重要竞争力量。

如果说CNLC的国际化之路正好契合我国对内改革、对外开放的政策，那么，作为第一批走出国门的石油技术服务企业，CNLC 1998年走出国门、2000年在国际化重组后又像当年郑和下西洋一样，义无反顾地冲进国际市场时，并没有意识到他们在其后10年创造的业绩从一个角度展现出中国国有企业的巨变，在全球范围内重塑了中国企业的国际形象。

到2008年底，中国石油天然气集团公司再次对工程技术业务进行专业化重组时，CNLC共有189支测井、录井、试井队伍在全球17个国家提供技术服务，可以同时为超过40家油公司提供从单一专业技术服务到测井、录井、试井、综合解释研究一体化服务，在部分市场成为跨国公司最强有力的竞争对手，在苏丹、伊朗、哈萨克斯坦三大战略市场迅速崛起，为中国测井企业拓展出一片新天地。

外媒评价：CNLC成长为全球油气田工程技术服务市场进步最快的石油测井企业，不仅在国际市场拥有了一席之地，还在其所从事的专业领域内，改变着全球市场对中国企业的印象，改写了世界测井行业原本偏离东方的历史轨迹。

——改变了中国国有企业的传统管理模式

20多年前，作为一个诞生于国内传统体制、向往走向海外市场的小公司，CNLC的国际化探索尚处于起步阶段。2000年的重组更是置之死地而后生，面临企业亏损、人心涣散、濒临倒闭破产的现实。

2000年后的8年间，CNLC遵循市场经济规律和企业发展规律，探索出中国国有企业建立现代企业管理制度成功之路，焕发出强大的生机活力。公司以高效管理制胜，以科学发展追求历久弥新。通过搭建弱矩阵式管理组织架构发挥协同效应，优化配置管理要素，形成团队决策机制，通过"沟通无极限"促使党政工团拧成一股绳，国内外各专业形成有机整体。通过劳动用工与人事制度改革营造公开竞聘、公平竞争环境，国有企业长期存在的员工能进不能出、干部能上不能下、收入能增不能减的痼疾得以消除；通过建立与考核、激励、晋升直接联动的薪酬体系，以市场化机制建立"干成事、干大事"的业绩导向，让各层级人才脱颖而出，由员工决定自己的成长和未来；以制度保障"阳光采购"，以程序选定供应商，高效率实现全球资源配置；创新资产联营模式，与21家集团公司测、录、试企业共创共享共赢，成功打造出一个展示中国测井人能力、实现中国测井人梦想的国际舞台。

——改变了中国测井的创新发展机制

20多年前，中国测井公司主要沿用西方的测井技术，跟在西方公司后面，购买淘汰设备再模仿制造。初进国际市场的CNLC同样拿着重金购置的阿特拉斯设备，利用西方技术，借品牌闯市场。

2000年后的8年间，CNLC通过创新服务模式，发挥特色技术和一体化比较优势，为客户提供增值服务；通过创新研发模式，跳出传统思维，利用全球优势资源，引入世界顶级"外脑"，通过创新科研管理，建立了以市场为导向的研发体制，仅用西方大公司三分之一的时间和资金，研发出中国首套拥有自主知识产权、全球领先的地面系统和电缆传输系统，从而掌握核心技术，在全球第一家实现远程遥控测井，不仅突破了西方公司对中国测井的长期技术封锁，而且改变了世界测井市场的行业生态。

有了市场和品牌，CNLC主动通过管理制度化、制度体系化，推行全面风险管理，提升公司整体治理水平，低成本、高效率的全球化运作能力使CNLC的人均创利能力、资产占有量、劳动生产率等一些发展性指标甚至超过了斯伦贝谢、哈里伯顿、阿特拉斯这些行业翘楚。

——改变了传统国有企业的文化生态

20多年前，CNLC面临重组后三家企业文化冲突的棘手问题，公司裙带关系复杂，员工犹如一盘散沙，还没有摆脱计划经济体制下"等饭吃、要饭吃"的思想，设备闲置，企业被生存问题困扰，员工既无竞争意识，也惧怕市场竞争，对自己没有信心，对企业未来悲观失望。

2000年后的8年间，通过创新管理体制、企业文化倡导，CNLC打造了一支团结进取、纪律严明、能打胜仗的国际化服务队伍。公司发挥党组织战斗堡垒作用和党员先锋模范作用，以"大庆精神铁人精神"鼓舞士气，激发员工海外创业的奋斗豪情；构建团队合作文化，以共同的价值观和使命感，凝聚人心，鼓励相互欣赏、相互协作的团队精神；培养员工不畏强敌、敢于竞争的自信心；营造热爱学习、积极进取的公司文化氛围，将企业发展目标与员工梦想有机结合，把管理者的思想变成员工的行动，以机制的力量让优秀者成为大多数；以人为本，树立"员工成功才能实现企业的成功，企业成功才是员工真正的成功"理念，最终实现人人都能成功的企业发展目标；实现多元文化融合，将各国雇员团结在 CNLC 的企业文化旗帜下，并肩战斗，共同创造出骄人的成绩。

——改变了 CNLC 人的气质精神

20 多年前，CNLC 还是一个亏损严重、人浮于事、问题成堆的国有企业。对于已习惯吃"大锅饭"的 CNLC 人来说，在国际测井市场占据一席之地还只是 CNLC 做精做强做大的一个梦想。

2000 年后的 8 年间，CNLC 人意气风发，成为中国测井企业探索国际化的主力军。公司领导始终不忘中国石油人的测井梦，有理想有抱负，更有战略思维和大格局，在公司经营管理中既有杀伐决断的果敢，也有从善如流的气度，更难得的是高度廉洁自律，在 CNLC 推行的各项改革中率先垂范，凝聚人心；通过竞争上岗、薪酬激励，激发员工的积极性、主动性和创造性；搭建工程师培训晋级体系和管理人员培训晋级体系，为员工铺就成长阶梯；打造学习型组织，培养员工一专多能、技术全面化，实现人的发展就是企业的发展；以"无论我们走到哪里，无论我们做什么，无论我们为谁服务，为客户提供尽善尽美的服务是我们永远的追求"为服务宗旨，在追求完美的道路上永不止步，赢得油公司的青睐和竞争对手的尊重。

——改变了国际市场对中国国企的刻板印象

20 多年前，CNLC 是一个初入国际市场的"小学生"，HSE 标准尚未与国际接轨，不清楚国际测井惯例，语言障碍影响交流沟通，在项目运作初期只能"摸着石头过河"，吃够了摸索的苦头，摔足了探路的跟头。

2000 年后的 8 年间，CNLC 建立了契合国际市场规范和公司实际的 HSE

管理体系，并且随着公司业务的拓展而持续完善，成为企业新的竞争优势；以标准作业程序（SOP）确保在全球各国市场，任何一支CNLC队伍都能够提供"一致化"标准服务；通过项目管理专业资格认证（PMP），建立制度、固化流程，高效运营全球合作项目；有了提供过满意服务的60家公司的认可和评价，有了壳牌公司给予的全球服务市场首个质量评价满分作资本，CNLC对全球范围的项目运作惯例和不同甲方的标准要求熟稔于心；找准定位，发挥自己的特色优势和比较优势，解决油公司的标志性难题，使CNLC成为优质工程的代名词。

——改变了世界对中国测井行业的认知

20多年前，随便找一个了解国际测井行业的人来询问：知道CNLC吗？答案基本上是否定的，因为中国测井根本没有在国际市场露过脸儿。世界石油市场许多人根深蒂固地认为，像测井这样自身存在着高技术壁垒和市场垄断的行业，理所当然是西方人的长项。至于在西方人印象中还穿长袍、留长辫的中国人，开饭馆行，做测井没戏。初出国门的CNLC名气小，品牌不响，常常连投数标却一无所得，签订的第一个合同价格比西方公司几乎低了20%。

2000年后的8年间，CNLC以189支测井、录井、试井专业服务队伍的国际化实践证明，中国人不仅可以做好测井，而且能够通过技术含量更高的资料处理解释和油藏评价，通过创新服务模式，提供测井、录井、试井一体化的超值技术服务，成为多个油公司的战略合作伙伴。公司在国际市场有了稳固的地位、响亮的品牌和越来越大的市场份额，一次次从西方服务公司手中夺得新的项目，签订的合同价格也比当初提高了50%。CNLC已经成为中国企业的骄傲。

CNLC在国际市场一系列良好表现引起了全行业的关注。国际能源媒体记者敏感地意识到这个中国公司正在不可阻挡地带给世界测井市场新的改变，伊朗、苏丹媒体采访CNLC项目，争相报道这个企业与众不同的经营之道与服务理念。CNLC市场地位显著提高，国际同行把CNLC作为"未来最强大的潜在竞争对手"进行研究，西方大公司纷纷伸出合作的橄榄枝，有的与CNLC在市场新格局中形成了全新的竞合关系。

自此，CNLC游刃有余地融入全球经济一体化的盛典，将几代中国测井人苦苦追求的梦想一步步变成现实。

在全球工程技术服务公司中，CNLC很小，专业性很强，但其10年的国际化实践无疑是很成功的。

按照现代管理学之父彼得·德鲁克关于企业需要设定目标的八大领域——市场营销、创新、人力资源、财务资源、实物资源、生产力、社会责任、利润需求来一一考察，就明白为什么CNLC能成长为一家受到资源国、油公司和竞争对手尊敬的公司。

在1995年CNLC开业之前，中国测井企业从未进入国际市场。而CNLC成立的目的，就是要在国际市场与斯伦贝谢等西方石油服务公司的同台竞争中提升能力，拓展一片新的生存空间，并在国际化进程中获得成长。

所谓企业的目标，就是在一定时期内要达成的目的和要求。不管是定量衡量还是定性描述，不管是企业获得的商业效益、做出的社会贡献还是员工得到的价值提升，在CNLC都实现了质和量的统一。

当初，一个员工总数不过300、名不见经传的中国公司宣称要拿着高价进口的测井设备与世界500强之一、垄断着全球测井份额超过60%的世界测井行业老大竞争，在很多人看来就是以卵击石。然而在别人不可思议的目光中，CNLC真的做了"蚍蜉撼大树"的事儿，并且成功了。

中国测井行业真正实现了"走出去"，CNLC人把与斯伦贝谢等三大公司的同台竞技当作学习本领、加快成长的机会，在有效提升中国测井行业的国际化运作能力和管理效率的同时，提升了行业整体技术服务水平。

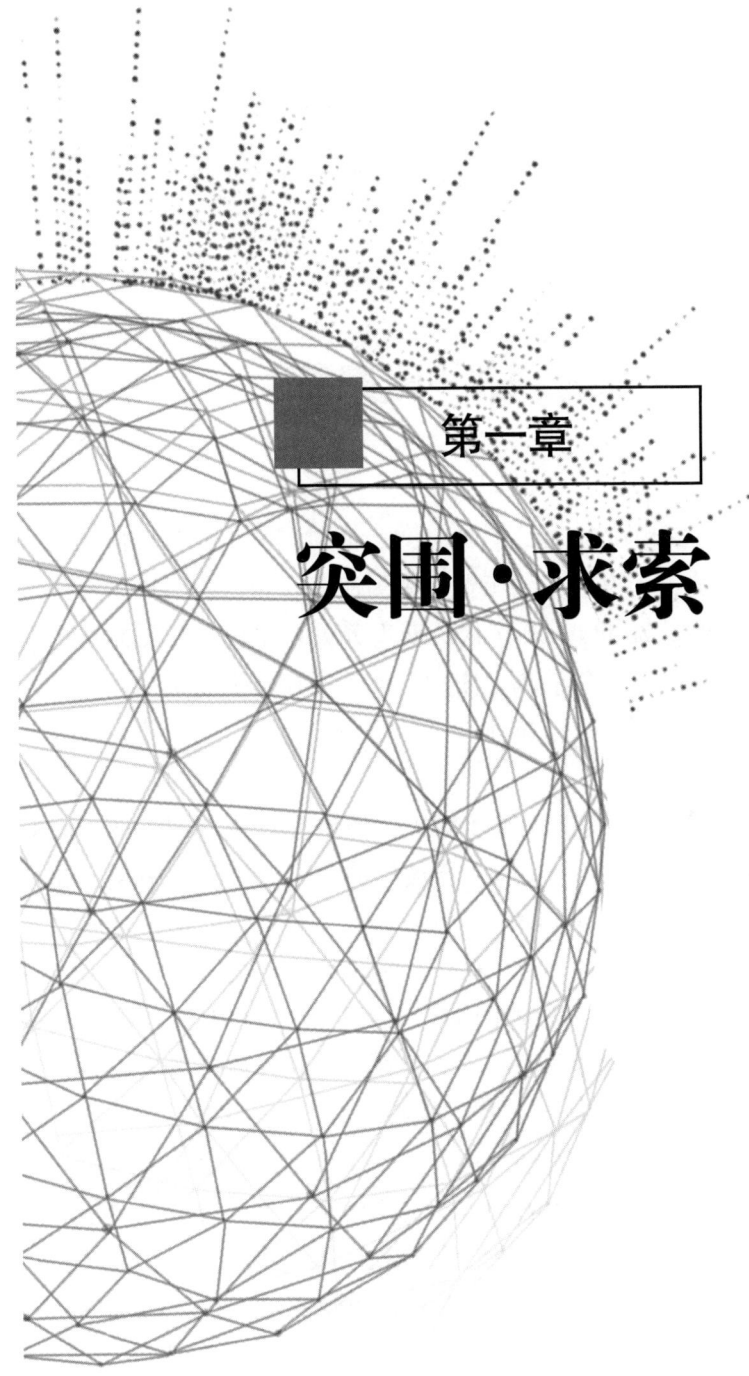

第一章

突围・求索

002 问题 | 如何突破专业局限 探索现代企业路径？

组建中国测井"国家队"

1949年中华人民共和国成立后，百废待兴，面对国家工业基础薄弱、西方技术封锁的严峻形势，为发展石油工业，中国从苏联和东欧引进了石油勘探开发技术装备。然而，20世纪50年代后期中苏关系恶化，苏联撤走所有专家和技术援助。此后经历十年浩劫，中国石油工业在技术领域与西方的差距不断拉大，技术人员断代紧缺，总体水平落后西方国家二三十年，极大地影响了国家石油工业发展。

20世纪70年代开始，中美关系逐步解冻。1975年，由我国工业、农业等领域的专家组成的11人团组，飞往大洋彼岸的美国，打破了中美工业科技界隔绝1/4世纪之久的坚冰。在哈里伯顿公司，当看到喷射钻机钻取岩石就像削豆腐一样，当得知墨西哥湾打3000米的井最快一天一口时，中国石油专家被深深震撼了。要知道，当时中国使用的还是20世纪50年代引进和仿造的苏联和罗马尼亚钻机，遇到坚硬岩石，往往是还没有钻进去，钻头就磨平了，打一口3000米井有时甚至需要一年多。

随着交流日渐频繁，中西方石油工业在技术、设备、理念、管理等方方面面的巨大差距冲击着老一辈中国石油人。他们渴求着先进技术、设备、理念，期盼着与世界先进石油工业全方位交流碰撞。

1978年12月，党的十一届三中全会召开，中国开始实行对内改革、对外开放的政策。

早在同年3月，党中央、国务院领导在人民大会堂召开会议，专题研究海上石油对外合作，随即批准"在指定的海域，购买外国设备，雇用外国的技术人员,用分期付款的方式和所采石油偿还其投资,来进行我国的海上石油资源的开发。"紧接着,正式提出中国对海上大陆架和南方11省区实行对外开放,采取公开招标的方式开发石油资源。

在当时的计划经济体制下,石油工业部发挥的主要是政府管理职能。尽管购买国外设备、雇用外国技术人员开发部分国内石油资源,取得了一定的成效,但并未从根本上解决中国石油技术水平落后西方的问题。

1988年5月,根据党的十三大关于经济体制改革和政企分开、转变职能、精简机构的建议,国家决定撤销石油工业部,成立中国石油天然气总公司(中国石油天然气集团有限公司前身,以下简称总公司)。同年9月17日,总公司挂牌成立。

1993年,面对我国石油资源人均占有量仅为世界六分之一、再次成为石油净进口国的现实,为贯彻落实党中央、国务院提出的"充分利用国内国外两种资源,两个市场"发展石油工业的战略方针,总公司提出,把"对外开放,国际化经营"作为此后10年总公司发展的三大战略之一。

同年早春,我国加快"引进来"步伐,有限度地向外国石油公司开放塔里木、辽河、吐哈等油田。国际石油公司陆续参与我国国内的油气风险勘探,壳牌、阿莫科、德士古、埃索等国际著名石油公司先后进入中国市场。他们不仅带来了先进的技术,还带来了先进的管理理念,这被国内很多石油企业视为中国石油工业开放合作的"国内练兵、国际发展"的学习准备阶段。

在此背景下,总公司决定抽调各油田企业优秀且懂外语的测井专家、购买当时最先进的测井设备,组建一支精锐测井队伍。1994年5月,全国各油田的测井公司经理们聚集华北油田,参加中国石油测井界的一次盛会。在当时的中国石油天然气总公司勘探局局长丁贵明主持下,这些一直以来都用从外国买来的设备在自家一亩三分地上忙活的测井精英们,七嘴八舌地议论着不曾见过的海外市场,摩拳擦掌地想要在国内反承包市场一试身手。但是,大家心里也明镜一般:要为国际石油公司提供测井服务,靠各油田公司一家一户单打独斗不行,测井专业的高技术要求注定小打小闹难成气候。大家很快在兴奋中达成一致:由总公司投资购买设备,16家油田公司出人并出资入股。11月11日,一个崭新的国家级测井公司——中油测井有限责任公司(CNLC)在西安注册。

新公司的定位让人期待：在国有企业中探索实行公司制，建立现代企业制度，成为自主经营、自负盈亏、自我约束、自我发展的市场竞争主体，打造中国的斯伦贝谢！先在国内反承包市场练兵，再研究并掌握国际市场的运作规则和标准，拓展更大的生存发展空间。

之所以做出这样的定位是缘于此前惨痛的教训。当时的中国石油天然气总公司正尝试着走出国门，可是一些企业单枪匹马的闯荡证明此路难通：秘鲁项目刚启动就发现国外那活儿不好干。承担该项目技术服务的胜利油田人，照搬国内"发现一个油田就组织一场大会战"的模式，把各专业队伍一支支带出去，结果发现不但成本高昂负担不起，仅是把各式设备带到人家地盘，要上缴的关税数额就把大家吓傻眼了。类似问题出现几次后，总公司领导意识到新成立的测井公司可以先去探探路，研究掌握国际市场的商务环境、运作规则和作业标准。

"中国测井的机会来了！""这个新公司是要有大作为的！"这样的憧憬吸引着一大批对测井事业痴心不改的有志之士。

很快，以股份制形式组建的新公司资金得到了落实：每股20万元，大油田认购3股，中等油田认购2股，小油田认购1股。当CNLC真正成立时，已筹集到来自各个油田测井公司的注册资金640万元。

资金由各油田入股，人员问题也由各油田统筹解决。大家的积极性很高，先推荐出50名专业工程师，再通过考核优选出其中的18名优秀者，集中到四川进行英语培训，组成了寄托着中国测井希望的第一批人马。

CNLC的领导班子则是由各油田举荐、总公司勘探局协调确定：从四川测井调来经验丰富的吴铭德担任公司总经理，来自江苏油田的杨贻镐、来自华北油田的李越强等担任副总经理。

从五湖四海汇聚到一起的中国测井精英们达成共识，这个新公司是要做大事情的，人要调用最能干的，设备也要买最好的。总公司勘探局投入近2亿元购买了阿特拉斯公司的ECLIPS 5700和哈里伯顿公司的EXCALL 2000，二者都是1993年底才来中国演示过的世界最新型测井设备。

出于同样的目的，那一年，金华龙油气测试公司、北京地质录井技术公司也先后成立。当时，三家公司的直接主管单位都是中国石油天然气总公司勘探局。

　　CNLC成立之初,就是中国国企探索现代企业路径的具体实践。从企业财产组织形式看,16家油田公司出人出资组成股份有限公司;从经营模式来看,CNLC所追求的,就是具有独立法人主体资格的公司制企业,要以现代企业制度改变传统国企的运作模式。

　　在当时的国内外环境中,CNLC这样的发展追求注定要直面重重挑战。毕竟,1995年之前,中国的石油服务公司从未走出国门,作业范围基本局限在所属油气田的"责任田"里,关起门来干自己的事情。当然,这也在客观上使中国的石油行业运作与管理自成体系,从我国石油工业产生的那一天起,就形成了大而全、小而全的一体化运行模式。

　　国际石油市场的运作模式却截然不同:在国外,几乎所有的油公司都是独立的,像马来西亚、沙特阿拉伯等国家的石油公司都很大,但并没有工程技术服务这一类业务。中国石油不但有技术服务,而且种类齐全,分工细致,几乎每一个油田企业,都有测、录、试三个专业,每个专业都是单独运作的一家子公司。

　　因此,当CNLC以一种前所未有的专业化方式成立,并且剑指国际市场时,当时中国石油天然气总公司领导的目的就是要让中国测井业务走向国际,以实际行动证明来自中国的技术服务公司有能力在国际市场做好测井专业。而世界测井行业高度垄断的铜墙铁壁,国内外的专业设置不同,服务模式迥异,也为CNLC的国际化带来了更大挑战和更多机会。

003 问题：中国测井为什么一直受制于西方？

几代人的"中国测井梦"

CNLC 成立之际，中国测井人心情复杂。而在公司成立之前，中国测井行业历经坎坷。

从发现玉门油田到大庆油田出油、胜利油田会战，多少年来，我国石油测井专业一直在努力，却一直摆脱不了受制于人的局面。

石油测井到底是干什么的？究竟有多难？很多人想当然地认为：所谓的油田，就是地下有个储满油的海洋，钻机打个窟窿就能冒出油来。其实，石油是从地下细微得肉眼看不到的岩石缝里挤压出来的。在深达几千米的地下，各个地层岩性不一，构造不同，哪里有油，有多少油，就需要测井这个被誉为"地质家的眼睛"的专业来寻找确定。

简单来说，测井的过程就是将各种高科技仪器下入到地下几千米深的井筒内进行测量，专家依据那些外行人看起来天书一样的测井曲线图表和数据，准确地解释出哪一层是油，哪一层是水，进而计算出油气含量，评估其经济价值。

测井"透视"地层所用的各种物理方法，类似于医院里对人体进行各种疾病的检查手段：医生为血管堵塞的病人进行心血管搭桥，测井人也常常遥控操纵设备仪器在几千米深的地层中放入桥塞，目的是把含水层封上，把产油层打通串联在一起，增加原油产量。医院里有B超，测井则有超声波成像；医生做心电图来观察病人心脏，测井技术员则通过地层电阻率来观察岩层性质变化；核磁共振技术更是两个专业的通用技术，使用频率都相当高。

不同的是，医院针对的对象是看得见、摸得着的人体，而测井的诊断对象却是深达几千米的地层。不仅看不见、摸不着，高精度的仪器还得经受住地下高温、高压、碰撞、震动等极端恶劣环境的考验。

这样的功能和要求注定测井专业成为"高技术的综合集成"，是石油界公认的前沿、边缘综合学科。随着社会发展，科学家研发出的最新计算机技术和各种前沿测量技术，包括定向的、军用的、航天的最新科研成果：从核物理到高分子材料，从导弹引信到中子发生器，从海底声纳系统到激光，上天入地乃至进入人体内部的各种测量技术，都一样会应用于测井专业。

因为难，中国几代测井人非常渴望做好这个行业。

如果说大庆油田发现后的20世纪60年代，中国测井人拿着苏联的技术在设备应用上还不显得十分落后，短短数年后，当计算机革命带来的测井由模拟技术转变为计算机技术时，中国测井独居一隅，只是充当了一回旁观者；20世纪70年代末西方测井大规模应用计算机时，中国测井又落伍一个台阶；差距不断拉大，当我们刚刚拿着巨资把国外生产的大型计算机工作站买回来时，人家已经淘汰了那些庞然大物而改用微型电脑了……

20世纪80年代中后期，各油田测井公司开始大规模引进国际上的先进测井技术，斯伦贝谢的CSU设备，阿特拉斯的3700、5700等测井设备先后进入中国，怀抱雄心壮志的中国测井人寄希望于消化吸收后，通过仿造解决自己的测井技术进步问题，以缩短与世界的差距。但事与愿违的是，经过几十年的努力，大家沮丧地发现，尽管投入了巨额资金，采取了很多措施，但中国与西方的技术差距不仅没有缩小，反而仍在加大。一个不可否认的残酷现实是：中国测井被远远地抛在了后面。

就这样，一步赶不上、步步赶不上的中国测井人始终处于跟风世界潮流、愈追赶差距愈大的尴尬境地。到了20世纪90年代，当西方国家从微机过渡到网络时代时，中国测井的技术和设备应用水平已至少落后了西方世界十多年。

中国测井专业的发展之路一波三折。因为国门关闭、传统体制束缚和资金不足、人才缺乏等因素导致的技不如人，让老一代测井专家壮志未酬，难以释怀。因此，建设中国的斯伦贝谢，打造一流的国际化企业，是CNLC人矢志不渝的初心和使命，成为公司实现国际化蜕变的核心价值和超越赢利的目标，也成为CNLC激励有志之士加入、实现共同进步的动力之源。

客观地看，测井专业自问世以来，一直由西方石油公司占据着主导地位。他们凭借雄厚的资金优势，集合了全球最高端的专业人才，研发最先进的技术和最新型的装备，既主导着技术，又控制着设备，垄断着市场。虽然中国和其他一些东方国家的测井公司努力想摆脱其影响和控制，但在中国测井尚未走出国门之前，西方三大石油服务公司已经占据了世界石油勘探开发市场90%以上的份额。

在许多领域，我们可以靠雄心壮志、吃苦耐劳为国争光，为民族争气，但在测井行业很难实现：一方面，这个专业进入市场门槛高，投入资金高，技术要求更高，这导致仅斯伦贝谢一家企业就垄断了全球70%的市场份额长达六七十年；另一方面，测井行业对整个石油工业来说又太重要，完全依靠西方的技术来解决中国的问题，将是中国石油工业无法承受之重。而且，作为一个新兴的边缘学科，测井涉及的各种专业技术理念，对一个国家的工业基础、技术发展水平要求极高，在当年的计划经济体制下靠自己从零做起，是不可想象的。

而此时兴起的全球经济一体化浪潮、中国石油天然气总公司确立的开拓国际市场战略，为中国测井人的梦想变成现实提供了难得的历史机遇。

CNLC人的肩头担负着几代石油人的梦想，他们念念不忘的是，建设中国的斯伦贝谢，让中国测井不再受制于人，做强做大中国的测井事业，打造一流的国际化企业，在世界测井界占有一席之地……

004  从国内到海外，新公司遭遇"水土不服"？

步履维艰的市场化探索

1995年1月18日，这个日子让许多中国石油测井人刻骨铭心。

这一天，CNLC正式在北京开业，时任中国石油天然气总公司总经理王涛出席开业仪式，埃索、斯伦贝谢等多家跨国公司到会祝贺。在热烈的掌声中，中国测井人的梦想开始起飞。

新公司的前景很美好，一开始就力求高起点，订购了国际一流设备，还要保证有一流的操作水平。在四川完成英语培训的18个人，紧接着又被送到美国去学习操作先进的测井装备。

9月，国际上新型的阿特拉斯5700设备到位，大家迫不及待地想要在市场上一试身手。第一步，就是在国内反承包市场上一炮打响。

同年，12月23日，在中国石油天然气总公司国际合作局负责的合作区块上，CNLC员工冒雪在零下20多摄氏度的辽河油田，开始第一口商业井作业服务。从各油田抽调的精兵强将和从美国采购来的高技术装备强强组合，第一口井作业相当成功，甲方菲利普斯公司特别发来了表扬信。

但CNLC并没有因此打开市场大门，原因在于，公司购买阿特拉斯5700之后不久，各油田测井公司也陆续开始采购，CNLC的设备优势就此消失。

那时候，国内各油田都是相对独立的企业，有自己的测井公司，不分甲方乙方，自成一体。CNLC作为纯乙方单位，在国内没有油田依托，当然被各油田视为"外人"。尽管公司市场人员保证："我们用最先进的设备，出最漂亮的曲线图，不要作业费，甲方只需提供设备人员运作成本就行。"可各油田还是不假思索地优先选择自己的测井服务队伍。

在"自家油田"吃了闭门羹，CNLC 人试探着把目光转向反承包市场。可是新公司只干过几口试验井，没有业绩、品牌，难以说服反承包市场上的国际油公司。

在塔里木，CNLC 市场部人员找到埃索石油公司，请求给一口风险勘探井提供测井服务机会。人家婉言拒绝："我们宁可白给你们 10 万美元，也不能冒险用你们的测井服务。"

看着一边等待提供测井服务的中海油测井公司以及阿特拉斯、斯伦贝谢，CNLC 人换个角度请求："给我们一个机会，与这些公司对比测量，这总可以吧？"

埃索的总地质师也很真诚："你们用的是阿特拉斯 5700 设备，标书上写的操作规程也是人家的。现在阿特拉斯就在眼前，为什么我要用 CNLC？"

带队的副总经理给出一个特别理由："就像你们刚进入中国市场一样，中国给了你们风险勘探机会，你们也应该给 CNLC 一个机会来展示能力，积累经验。"

这个理由让老外愣了下，笑着说："回去等通知吧，你说服了我，看我能不能说服项目经理，给你们一个机会。"不久，埃索同意在一口井上出双份钱测井，让 CNLC 和斯伦贝谢对比着作业。

机会来之不易，CNLC 摆出最强阵容，十几个技术员郑重出场上井，可还没开始作业就看出了自己的差距：同样是一个测井队，斯伦贝谢只有三五个人，每个人都可以顶几个岗位。

埃索在认真比对两家的测井结果后，对 CNLC 的评价很客观：员工非常敬业，技术水平也挺高，顺利完成了测井任务，曲线质量可以接受。

再次与西方公司打交道，CNLC 人遇上了全球石油界赫赫有名的壳牌公司。作业区块是中国地矿部在平湖的一个海上项目。可标书一到手，仅 HSE 一项就让 CNLC 人目瞪口呆：厚厚一本资料，全部要求填空回答。

彼时，CNLC 的基础管理制度尚未建立，大家更多的是凭借经验做事情，HSE 管理更是一片空白。又因为国内、国外的技术差别非常大，有的技术术语、设备名称和配件叫法也不尽相同，加上半生不熟的外语，那标书拿在手中翻来覆去就像看天书。不懂，也不敢跟甲方明说，怕失去机会。攻克甲方招标书成了公司面对的一个巨大挑战……

从 1995 年下半年开始,随着参与国内反承包市场的服务队伍增多、竞争加剧,利润空间变小,闲置装备堆积,CNLC 人决定跳出国内有限的测井市场圈,到更广阔的国际市场开拓发展空间。

初期,CNLC 也曾多渠道商谈过几个海外项目：利比亚项目利润很丰厚,几乎达到了当时国内市场价格的 10 倍,但这个国家正被西方制裁,评估政治、环境风险后,公司在签了合同、即将启运设备时放弃了；1996 年在南美产油大国委内瑞拉注册了境外的第一个公司,和江苏油田合作施工一些只有几千美元的小项目……

1998 年,CNLC 派出两支测井队伍、共 9 名中方员工进入苏丹,拉开了征战国际市场的序幕,这在今天被视为中国测井行业进入国际市场的真正开始。

当时,中国石油天然气总公司(以下简称中国石油)在国外的勘探开发项目启动,给工程技术服务队伍"走出去"创造了有利条件。

位于穆格莱德盆地的苏丹 1/2/4 区甲方股东共有四个,虽然中国石油拥有 40% 的股份,但 CNLC 要想拿下这个测井项目,需要完全按国际市场规则和甲方要求参与公开投标,要面对的强大竞争对手就是一直占据这个市场的老牌服务公司斯伦贝谢。

甲方给出的办法是,CNLC 上一支队伍,斯伦贝谢也上一支。一旦 CNLC 出现问题测不下来,斯伦贝谢当场替换。

作为垄断这个市场多年的测井服务商,斯伦贝谢当然想继续独霸苏丹测井市场,当仁不让地把设备摆在甲方眼皮子底下,一副舍我其谁的架式。

面对这种局面,CNLC 人没有退路。他们十分清楚,要让甲方认可 CNLC 实力,必须在这场比拼中展现解决问题的能力,提供优良的服务。

终于,在多次沟通、技术澄清之后,1/2/4 区的四位甲方股东达成了准许 CNLC 两支测井队作业服务的决议。斯伦贝谢虽然不作业,但在旁边随时待命,费用照收、设备不动,合同延续三个月。

虽然进入了国际市场,但 CNLC 人并没有想象中的兴奋和自豪。从国内到海外,他们说不清为什么每走一步都会面对那么多难题,那种"有劲儿使不上、一做就出错"的窘境打击着他们的信心,也让他们更清楚：闯荡国际市场需要拼的不光是设备和技术,还有管理理念和体制机制。

P 观点 oint

在市场经济环境中，企业存在的价值就在于满足市场需求。作为技术服务商，CNLC"市场化"成长发展的第一门必修课，就是接受甲方的考验，经历市场的锤炼。

万事开头难。面对国内市场各油田公司割据、国际市场三大公司垄断的局面，毫不起眼的CNLC只能硬着头皮闯市场，从国内到国际，在一次次好不容易争取来的机会中与强手"正面交锋"，虽然持有国际装备，技术人员也有竞争力，但还是面临"差距大、短板多"的现实困境。一方面需要攻克语言难关，了解国际规则规范；另一方面亟待转变市场经营理念，提升企业国际化运行管理水平，全方位满足国际市场要求。

测井是一个全过程都要与甲方和第三方合作交流的服务业务，特别容易被"评头论足"，常常被摆在一起比较优劣。这就注定了国际市场对测井专业的高标准严要求，也相应地加大了CNLC在国际市场一举成名的难度。

CNLC推开了国际市场的一扇门，也更多地看到了理想与现实之间的巨大反差，更深切地感受到忧患与危机：在竞争激烈的国际测井市场，如何让公司上下团结一心扛稳中国测井的"大旗"？如何解决企业管理理念、运行机制与市场环境、国际规范之间的不协调、不匹配？如何优化组织流程，确保企业在国际化变革中高效率，全方位接轨世界？如何激发员工的内在创造力，始终保持高水准的战斗力与执行力？如何以技术服务和研发实力尽快培养自己的国际竞争力？

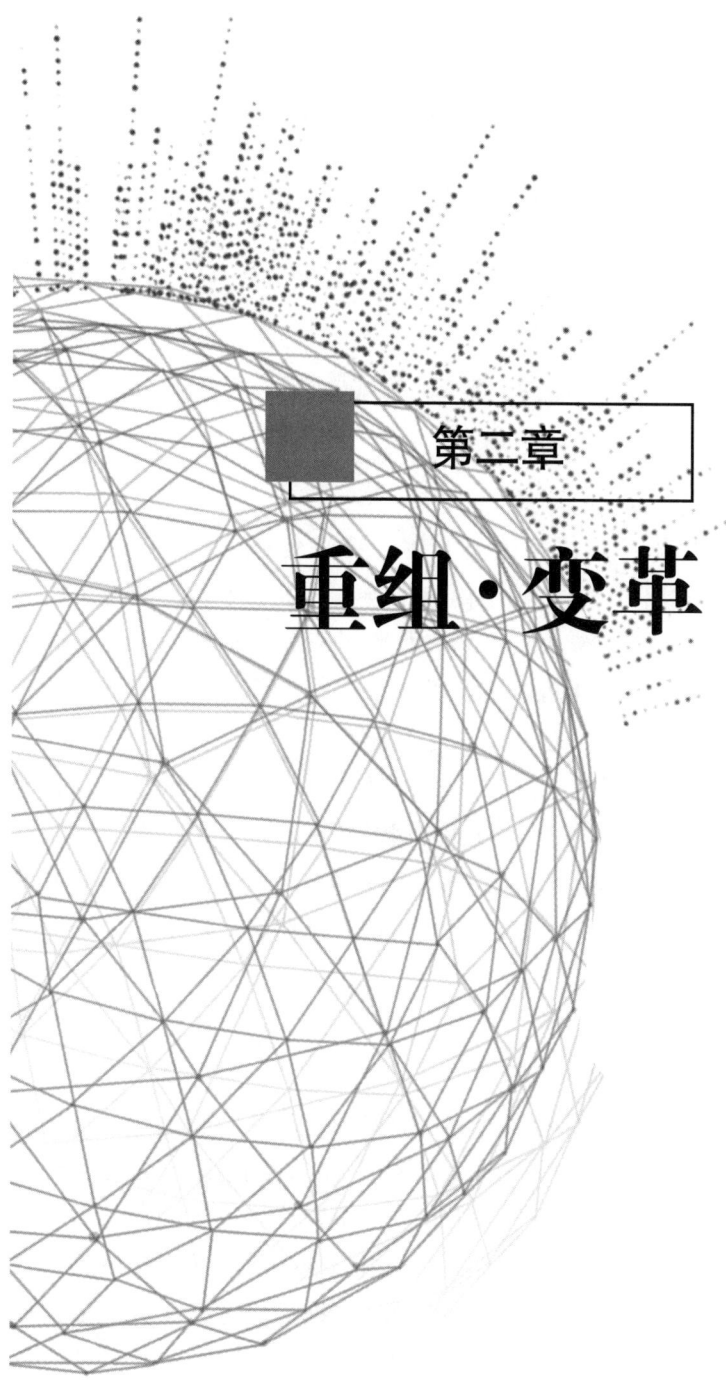

第二章

重组·变革

005 问题 国际化重组能否置之死地而后生？

变革：1+1+1 > 3 吗？

1998年7月，根据国务院机构改革方案，两个上下游一体化的集团公司——中国石油天然气集团公司（以下简称中国石油）和中国石油化工集团公司在北京人民大会堂宣告成立。此举旨在使石油石化企业顺应全球一体化的市场经济要求、参与国内国外两个市场竞争。

2000年，人类跨进新千年，CNLC开始新征程。

起步是艰难的。当时已经成立五年多的中油测井有限责任公司（CNLC）、北京地质录井技术公司、金华龙油气测试公司，装备着总公司购置的当时世界上最先进的技术装备，选拔了当时中国石油界测井、录井和测试专业堪称最优秀、国际化程度最高的人才，却并未如当初所愿在国内反承包市场大展身手，通过为进入中国市场的国际油公司服务，积累经验，学习到先进的管理理念和技术标准，反而沦落到公司亏损、业务枯竭，连员工的奖金都发不出的境地。

如此让人大跌眼镜的结果，有内外两方面原因。从外部看是缺乏市场业务。一方面是技不如人，由于中国石油工业技术水平长期落后，行业通行的国际技术标准、商务准则、HSE理念远未建立，难以达到西方公司的服务要求，加之设备依赖高价进口，成本居高不下，与国外服务公司相比不具备任何竞争优势，进入中国市场的国际油公司仍然选择西方服务公司为其提供技术服务；另一方面是地方保护，国内各油田大多偏爱自己的技术服务队伍，不愿意分一杯羹给"外来户"。就这样国际油公司不合作，国内油田企业的业务也拿不到，三家新公司面临无市场无业务的困境。

从内部看则是内耗严重。由于新公司是由从各油田单位抽调的人员组成，既没有原单位的管理基础，又没有新公司文化融合后的朝气，内部矛盾重重，告状信满天飞，甚至有员工为一元钱打架，员工积怨颇深。

内外部因素共同作用之下，形成了"越闲越斗、越斗越闲"的恶性循环。尽管做了近五年的国际化尝试，参与了几个国际油公司在国内的反承包业务，但几乎都以失败告终。到2000年重组前，昔日踌躇满志的三家公司已到破产边缘。

2000年底，为开拓国际市场，参与国际工程承包、技术服务以及开展机电产品出口等外经外贸业务，中国石油成立中油国际工程公司。彼时的国际石油工程市场，是一个已经被国际石油巨头掌控了90%市场份额的寡头垄断领域。为了让更多的中国石油工程和技术服务企业在"走出去"过程中互相借鉴、少走弯路，中国石油决定以专业化重组改革体制机制，把几家已经走向国际市场的工程技术服务公司统一到新成立的中油国际工程公司麾下，作为主攻国际石油工程技术服务市场的专业化主力军。

以此为契机，同年11月28日，中国石油将成立背景和发展定位一致，分别从事测井、录井、测试业务的中油测井有限责任公司、北京地质录井技术公司、金华龙油气测试公司合并，重组为一个具备综合井筒服务能力的技术服务公司——中油测井技术服务有限责任公司，沿用了CNLC这一英文名称，隶属中油国际工程公司旗下。

此次"三合一"改革重组，虽然着眼于开拓国际市场、提高综合服务竞争力，希望新公司能产生"1+1+1＞3"的效应，但此前三家公司均经营不善岌岌可危，了解内情的人并不看好，而是把这当作是"死马当活马医"的无奈之举。集团公司主管领导给CNLC划出了管理底线：别出事儿就行！实在做不下去就解散公司，人员回各自原来的油田。

合并后的新公司如同烫手山芋，无人敢接手，原中油测井有限责任公司副总经理李越强临危受命，担任新公司的党委书记兼总经理。2001年1月1日起，新公司启动运营。

可以说，在当时摆在李越强面前的是一个小、散、乱、差的"烂摊子"。

第一是"小"。合并前的三个公司规模都不大，组建新公司后员工加到一起只有278人，注册资本仅810万元人民币，股东总数却达39家。公司名义上拥有8.64亿元资产，但由于采购来源复杂，互不配套，真正可以动用的不到2亿元。彼时测井专业进入国际市场的作业队伍只有12支，测试、录井两个专业尚未正式走出国门。

第二是"散"。合并前的三家公司虽然从事的都是和油藏评价相关的高技术服务专业，但互相之间并无直接联系，传统上看各油田，测井、录井、测试三块业务也都是各自为战，没有通力合作的经验。原本独立并且结构完整的三个公司，管理方式不同，企业文化不一，工资水平差距巨大。在很多人看来，当时从三个公司走到一起的员工就是一盘散沙。

第三是"乱"。由于历史和体制原因，三个公司当初成立时，都是按计划经济下的国企模式运作的，合并后领导班子臃肿，内部关系愈加复杂。原来的三个企业领导班子来到新公司后，副处级以上干部就有16人，而根据集团公司的要求，新组建的CNLC领导班子不超过5人，几乎每个人都在担心自己的"奶酪"被触动。

管理人员多，业务人员少。合并后公司的278名员工中，在机关工作的就达到150人，占到总数的一半以上。更麻烦的是，大部分员工从各油田调入。调动一人就要带来一家，不可避免地形成了夫妻同在一家公司的现状。278人中，有58对双职工，一半以上的公司领导、中层干部的家属在同一公司。老公是经理，老婆是主任；或者男的当科长，女的当科员。这样的裙带关系屡见不鲜，家长里短的问题，就可能演变成公司部门间的矛盾。公司内部组织结构和人际关系混乱，人心浮动，改革阻力重重。

第四是"差"。原来的三家公司都存在竞争力低下的问题，在国内市场竞争不过各大油田的专业服务公司，走出国门又没有知名度。国际化事业尚处于探索起步阶段，企业再发展的经济基础薄弱，账面上只有208多万元现金流，亏损却高达2329万元。

对年轻的CNLC和李越强来说，重组后首先面临的不是公司业务发展问题，而是要先处理好各种关系、解决引导不同文化殊途同归的难题。毕竟，基于公司当时的实际，重组后的CNLC可能选择的道路、各种事件必须流经的管理渠道，比人们能够想象到的更窄。

重组后几个月，CNLC的领导班子仍然没有配备起来。有人出主意：一时摆不平，就先放着，或者把原来三个公司的领导班子照原样用起来，既不得罪人，也能先顶一阵子。

这种妥协的建议看起来有其合理之处，但李越强深知，"三合一"改革的初心就是要解决原来三家公司规模不够、机制落后、运行困难、竞争力不足的弊端，照原样走老路怎么可能成功？毕竟，这代测井人的肩上担负着几代人的梦想，大家都想为中国测井事业做点事情，三家公司又经历了反承包市场和初进国际市场的种种磨练，终于有机会按照行业发展规律在市场条件下施展拳脚。这次重组应该是中国测井行业新的机会，绝不能让重组在尚未尝试新体制之前就宣告失败，自我终结。即便改革难题堆成一座高山，也要构建一个真正的变革性组织，想方设法撼动它，跨越它。

他横下一条心：从企业亏损现状和人心不稳来看，大部分人很清楚旧公司存在着巨大的问题。既然已经这样了，还有什么可担心的？就是要通过这次专业化重组，找到适合公司发展的正确途径，摆脱旧体制束缚，置之死地而后生。这样或许能够化不利因素为变革机遇，带领大家杀出一条血路。

从此，李越强开始有意识地把CNLC当作微型国有企业改造试点，尝试在中国石油提供的政策支持下，探索出一条全新的国际化发展之路。

　　企业的功能在于把各种各样的生产要素进行最佳组合，实现资源优化配置和利用。

　　2000年之所以进行国际化重组，就是中国石油党组客观评估所属企业在国际市场势单力薄、难以达成目标任务的客观实际做出的现实决策，希望在市场需求和生产要素不断变化的环境中，及时进行企业的国际化竞争要素再组合，加快培育和发展中国石油企业在国际市场的核心竞争力。

　　CNLC在集团公司框架下实现三家公司合并重组，涉及企业产权关系及其人员、债务、资产、管理结构，以期通过改组、整顿与整合，构建新的生产经营模式，实现现有资源优化配置，从而改善企业经营管理状况，强化企业在市场上的竞争能力，更好地达成经营目标。

　　众所周知，企业重组直接涉及利益格局改变与既得利益调整，最难处理的是人际关系和内部矛盾。此外，CNLC还要解决企业在国际上面临的竞争要求和现行的管理体制、资源不匹配等问题，以及如何实现三家公司的文化融合。

　　CNLC领导很清楚，在当时中国国有企业高度行政化的管理模式下，想要建立独立于传统体制机制之外的国际化的公司管理和运行模式难上加难。正是因为能够直面难题，并创新解决难题，在2000年的那次国际化重组中，CNLC的领导班子决定以破釜沉舟的改革决心，重塑企业管理模式，倡导企业的新型文化，让变革成为员工个人和公司成就一番国际化事业的最好机会，努力使矛盾重重的CNLC焕然一新，让不甘平庸的员工从此振奋起来。

006  搭建什么样的公司组织架构？

谋篇布局"弱矩阵"

作为一个重组新公司，CNLC 在明确"建设具有国际竞争力的专业技术服务公司"的战略目标后，面对的第一个难题是确定公司的组织结构和运作模式。

公司的组织结构和运作模式如何，直接关系到企业以什么样的方式组织配置人、财、物等资源来实现公司的战略目标。

传统的国企，管理模式不外乎直线制、职能制、事业部制。可是对 CNLC 来说，这些都不符合公司"三个专业要求高而实力不强、想要走国际化之路"的实际情况，传统路线行不通。

行不通的原因在于："公司"应该是独立经营的实体，人、财、物需要自主。而 CNLC 当时刚进入国际市场，整体规模比较小，资源有限，再组成三个分散的机关来独立支配人、财、物资源，无法把优势力量集中起来。从专业角度来看，当时测、录、试、解释四个专业尚没有一个在行业中领先，市场竞争实力还不够强。要加快发展，必须拥有高度自主权，这就决定了必须保持相对的专业化。

公司领导找咨询公司出主意，向清华、北大的教授请教，到底该如何设计组织结构？这些管理专家了解 CNLC 的基本状况后，第一反应就是摇头：一套设备就要投入成百上千万、市场面过于狭窄、技术要求太高，垄断竞争下缺乏机会，人才优势也不明显，这样的国企走向国际市场的确有难度……良方没有寻到一剂，冷水倒淋了不少，但公司领导不肯轻言放弃。

看着员工们期待的目光，李越强从英国一个企业战略研究所的模型受到启发，综合考虑公司战略、市场营销、人员素质、公司优势等方面的实际，在综合对比了矩阵式、分散式、网络式，以及事业部制、分公司制、子公司制等现阶段可以应用的管理工具后，别出心裁地选择采用了弱矩阵式的组织结构。

所谓矩阵式组织，就是由纵横两套管理系统组成的矩形组织结构。一套是按项目专业划分的垂直领导系统，另一套是按指挥职能划分的横向领导系统。其创新之处在于，把矩阵式和CNLC原本的三个事业部竞争力还不强的实际相结合，既突出了专业发展，同时又强调三个专业的一体化优势。

在新设计的弱矩阵结构中：纵向上设立测井、录井、测试、资料解释四个核心事业部，是实线。由四个专业技术部经理全权负责人员调配、合同签订、作业施工等，给予机会和空间让专业实力加速提升。拿测井专业来说，在新组织结构中，全球的测井业务都归事业部管，他们自然会更多地关注测井技术发展，考虑更深层次的技术研发。一旦某一个区域取得了测井技术进步，全球立即可以同步获得提高，专业发展就有了保证。

横向上设立机关职能部门和各作业区（区域运营中心），全力支持事业部发展，发挥协调、保障、监督作用，是虚线。

弱矩阵结构模式使该集中的管理与责任集中起来，该放手的权利与业务则下放到位，有效解决了CNLC组织结构设计的难题。比如：进入一个新市场时，前期的市场信息和风险评估由公司市场部去做，但制作标书、前期准备、商务谈判、合同签订直至执行合同，全部由作为模拟利润中心的事业部自行运作。

如果几个事业部在同一个国家的作业区都有业务时，就在一线分成项目部，由各事业部分别垂直管理。公司在当地设立的作业区负责项目组的商务部分、共同的市场问题、后勤支持和当地关系处理。

如此，在CNLC的弱矩阵结构中，共同部分、重叠部分放到了一起；专业、技术、服务则清晰分开。各事业部（项目组）可以集中精力做好技术服务，解决客户难题；作业区则成为各项目的支持机构，以整体优势出面协调、解决各个专业在运作过程中随时可能遇到的共性问题，诸如海关、商务、运输以及与当地政府打交道等问题，为项目部创造良好的作业服务环境，提供到位的后勤保障和支持。

管理界评判一个公司管理得好坏,标准就是看其战略目标、组织结构和管理体系是否能够实现最大限度的统一协调,三者之间的匹配度越高,公司的运行越顺畅,竞争力越强。

要达到这样一个目标,企业成立之初的组织结构设计就相当重要。所谓组织结构,就是根据企业总目标,把企业管理要素配置在一定的方位上,确定其活动条件,规定其活动范围,形成相对稳定的科学管理体系。

没有组织结构的企业就是一盘散沙,组织结构不合理则会严重阻碍企业的正常运作,甚至导致企业经营失败。相反,适宜、高效的组织结构能够最大限度地释放企业的能量,使组织更好地发挥协同效应,达到"1+1+1>3"的高效运营状态。

CNLC选择在弱矩阵上做文章,也是根据企业所处的行业技术特点及内外部条件、环境要求,谋求通过合理分工、机构设置、权力布局、沟通联系,使团队互相配合,协调行动,以实现高效管理,发挥人力、物力、财力等各种资源效用。从纵向来看,按专业形成了一个统一的、自上向下的、领导自如的指挥系统;从横向看,则是各部门、各环节密切配合的协作系统。由此,整个CNLC形成一个有机的整体,让各种资源得到合理配置。

弱矩阵式组织结构同时兼具了事业部式与职能式组织结构的特征与优点,实现了跨专业、跨部门、跨系统协同工作,使各项工作从整个流程管理方面更加完善。同时,这种模式的运行也为解决公司国际化经营过程中做强专业化、提升服务能力提供了平台。

007 问题：团队决策机制如何协调合作不打架？

"弱矩阵"是块试金石

"弱矩阵"管理模式和方案甫一推出，就遇到了各种阻力。许多员工皱眉头不理解：这么交叉重叠着还不乱套了？到底我该怎么干活，先听谁的？最后谁说了算？

作业区经理想：既然这个国家的作业区归我管了，那么在这块地盘上，事业部就别说三道四。事业部经理更想不通：这个专业是我干的，钱是我们挣的，干嘛让作业区跟着瞎掺和……

如此种种，好像每个人的利益都被侵犯了，怨声四起，矛盾重重。

看到CNLC敢在弱矩阵上做文章，就有专家断言：这是在冒险。矩阵式管理最重要的是个人素质和团队协作，而当时很多CNLC人还没有学会合作与配合。更何况刚成立的CNLC尚未解决原有矛盾：来自三个公司的人员素质差异颇大，层次、利益不同；一些员工还习惯于凡事看资历深浅、论职位高低。

为了化解员工对新组织结构的抵触情绪，让大家对"矩阵式"这个新生事物产生兴趣，并借此在新组织结构中凝聚起强烈的团队意识，CNLC领导从头开始，一招一式地教员工在新组织结构中发挥个人作用，以一批刚毕业就接受了公司理念的年轻大学毕业生为国际项目主力军，打下样板，创造出有形的结果。在公司新的氛围中，部分企业老员工也从身边员工的成功中树立起信心，愿意跟着学习，努力跟上潮流往前走。

最难改变的是各层级的管理者。在实际工作中，让一个有能力的人做好一摊儿事情不难，但是，要让几个能人合作做好一件事情，反而不易。对他们而言，管理的角色重要，观念、态度更重要，因此要做出更多的改变。

公司让各层级管理者明白，管理的根本动力是充分发挥每个人的主动性、积极性和创造性。弱矩阵结构就是 CNLC 今后的发展趋势，倡导每个管理者学着把公司的利益放在首位。如果大家都站在个人角度强调势力范围，事业部和作业区的两个管理者较起劲儿来，项目组就无法运作了，因为面对不同拍、不合作的要求，员工不知道该听谁的指令，无所适从。

CNLC 通过三大环节培养各级员工的团队合作能力。

一是设立目标体系，让团队所有人清楚 CNLC 的总体发展目标是"做精做强做大，建设具有国际竞争力的专业技术服务公司"，让每个员工明白，自己在实现这个目标过程中要承担的责任和义务，要给其他员工提供什么样的服务和配合。二是建立一套职责清晰、界面清楚的制度保障体系，用一套工作流程和标准评判孰优孰劣。三是通过培训使团队成员的素质整体提升。

以项目组人员的考核提拔为例，原则上先由事业部考核其专业经营指标，合格后推荐；但公司用还是不用，也要听取作业区的意见，因为他们常年在第一线，更了解每个人的实际情况。

有人问：在弱矩阵式管理中，决策都是团队做的，是否会出现谁都签字却谁都不负责的问题？回答是否定的。因为 CNLC 制定的规矩就是：虽然团队决策，但涉及谁的职责范围谁就负责。

在和国内合作方签订合同时，HSE、财务、审计等部门要和市场部一起会签。这其中，审计部负责条法，财务部负责收益和成本评估，市场部则负责合同价格等。会签突出了专业性管理，让业务最精的人负责他专业领域最擅长的那部分事情。

拿招投标来说，进入新市场时，市场部站在最前面。而在一些成熟国家，则由位于最前线、了解信息最多的作业区拿出标书，在综合分析各种优势、劣势后，作业区提出自己的投标方案，事业部和市场部等部门也可以发表意见。如果作业区想让自己拿出来的投标方案顺利通过，就要想办法把风险控制在最小、把利益考虑得最全面，以此说服各个部门的管理者和主管领导。如果大家找不到比这个更好的方案，那就说明这个方案是最优的。

如此一来，弱矩阵结构中的团队决策机制就此形成。因为所有流程都是交叉式的，矩阵式的，网络式的，原来互不交流、互不沟通、各自为政的做法行不通了，现代企业的特征慢慢呈现出来。

弱矩阵结构最大的特点是团队合作，成功关键在于职能部门和项目组之间的良好沟通和协调。只有纵横两条线上的人员在各个矩阵交点上密切配合，才能真正发挥矩阵的效用。

如果把管理企业比喻为指挥军队打仗，矩阵式布局是将所有人排成一个方阵，每个人之间有一定的关系连接着，然后团队一起行动，强调的是团队作用和整体成功。而中国企业更习惯的条块式管理，大都先在前面插一面旗帜，领导大手一挥"冲啊！"员工就各凭本事冲向目标。这种管理方式更强调指挥者个人的作用。

由此看，CNLC选择弱矩阵结构的确存在冒险成分。因为实行矩阵式管理，对个人素质和团队协作要求很高。而在当时的中国企业中，绝大多数中层管理人员都乐意把权力范围划分得一清二楚，每个人只能有一个上级。但弱矩阵式管理使权力范围变得互相交叉。对于按部就班地在或条或块的管理状态下工作了多年的国企员工来说，等于要接受双重领导，需要付出大量的时间去沟通、协作，难免不适应。

换个角度看，强调团队决策机制的弱矩阵组织结构也锻炼了CNLC人。一般情况下员工不必考虑的事情，在这个矩阵中就得考虑：不仅是竞争对手，还包括合作伙伴。想做成一件事，就得对比、分析、综合来自甲方、政府、公司内部的各种信息，还要动脑筋、想办法说服所有参与者共同执行好。只有想得更全面，拿出更优异的方案，才能得到支持，让人无法反对。在这样一个逼着大家成长的环境里，员工想不进步都不行。

008　问题 | 如何实现干部能上能下、人员能进能出？

岗位竞聘让人才各就各位

新的 CNLC 决定从总部机关着手精简机构，由原先的三个公司机关 150 人缩减为一个只有 30 人的小机关，把原来的 15 个处室缩减为 5 个处室。这意味着原本在机关工作的人员 80% 要落岗……因为牵涉员工个人利益，要摆平方方面面的关系并非易事。有的领导担心这样大刀阔斧的改革会导致新公司更加混乱，但是李越强毫不动摇改革决心，因为他想挽救公司，也看到了大多数员工对改变现状的渴望。

CNLC 的办法简单有效：让大家凭本事竞争上岗。首先公司成立了一个竞聘领导小组，由原三家公司各推举两名职工代表加上额外指定的一位职工代表共七人组成。领导小组将定员、定编、岗位要求等清晰描述之后，在全公司范围内先公开竞聘产生各部门和业务板块一把手，然后再进行全员岗位竞聘。

比如，竞聘部门经理。竞聘领导小组确定竞聘条件，明确相应的能力要求和工作标准，员工自愿报名，外语是门槛，考试合格后再比拼岗位能力。通过对员工工作业绩和日常表现进行动态、静态打分，确定竞聘资格，入围者再面向全体员工进行竞聘演讲，然后由组织打分，分数最高者获得任命。

部门经理确定后，由其决定本部门人员，但前提是要先按照规定的条件给所有报名本部门的人员打分，根据分数高低选择员工，如果未按照分数选人，则需要向竞聘领导小组说明原因。由此双向选择之后，部门内部关系得以理顺，人与岗位形成最佳匹配。

这个办法首先打破了以往靠关系找位置的"潜规则"，改变为靠真本事竞争上岗的新模式。其次,原来15个处缩减为5个处,提高了机关工作效率。

当时,递到公司的条子、打来的电话很多,公司领导始终坚持一个原则:谁来都欢迎,前提是符合公司的进门条件。曾经有两个级别更高的领导直接找到CNLC领导要求安排一个人,结果这个人一样要过五关斩六将,通过竞聘上岗。

如此,过关的直接上岗;工作能力强但外语不过关的,公司提供机会去培训学习;三番五次通不过的,真的下岗也就无话可说了。

同样的标准被运用于全公司,从中层开始,完成了一次全方位调整。

2001年11月,公司配备班子副职时,过程同样独具一格。

19个来自全国测井界的佼佼者,公开竞聘CNLC领导班子副职。一场英语考试就刷下了5个,再通过述职、随机抽题进行英语答辩,6个优胜者上岗:于洪斌、杨贻镐、赵齐辉、顾伟康、徐成才是原来测、录、试公司的领导,而来自大港油田的博士苏庆新则是以工程师身份,通过竞聘走上了副总经理岗位。

从2001年到2004年,CNLC人每年都有机会选择岗位和被选择。在岗的员工经过三次大规模竞聘,完成了全方位调整。合适的人找到了合适的岗位,队伍趋于稳定。但公司为了保持竞争带来的活力,依然规定每三年中层干部重新竞聘一次,每年员工可以重新选择一次岗位。

对于逐步建立新机制的CNLC来说,机制转换也需要过程,没能竞争上岗的员工也要安排合适的位置。为此,CNLC成立了中心基地(后来的东部服务中心),与公司主营业务分开,作为辅助单位开辟新的业务领域。通过分步实施一系列改革,对人员进行培训再调整,安排到更合适的岗位上。

人的矛盾是最大的,但改革成败的关键就看领导干部能否以身作则。这个过程很艰难,之所以能够成功,就在于主要领导不怕得罪人,不谋私利。

总经理率先垂范,先让自己的夫人离开了公司。其实,他原本学音乐弹钢琴的夫人,为了适应新公司的业务要求,早已自费在中关村报班培训拿到了会计证书。但这时候,她没有一句怨言就离开了公司。随后,其他几位领导的夫人也先后到中心基地报到去了。

通过这场变革洗礼,员工的观念发生了深刻变化。要想在一个岗位上坐稳甚至晋升到更有利于自身发展的位置，必须拿出真本领去竞争。公司逐步给有本事的人、求上进的人、想干事的人搭建起一个个干事创业的平台。新的公司里，每个人都有参与竞争的权利，你想干什么就去主动争取，用你的工作业绩去证明你有竞争的资格，用你的竞聘演说去赢得领导与同事的认可。行还是不行，通过一个标准打分衡量，公平、公正、透明地选出各部门管理者。

新的格局下，没有人能弄虚作假地混下去，每个员工都只有一个选择，坐上新的CNLC列车并尽快找到属于自己的位子。如同被公司的清风正气唤醒，大家干劲倍增，CNLC因此变得生机勃勃。

到2001年11月，合并重组一年时，上级主管部门派出审计、财务、纪委联合工作组进驻CNLC，对公司进行督查考核，结论是：自2000年10月至2001年4月，CNLC在重组后的半年时间实现扭亏目标；截至2001年10月，重组满一年之际，CNLC实现盈利3000余万元人民币，营业收入翻一番。

在这一年公司召开的员工座谈会上，有人感叹："重组时还前怕狼后怕虎地不想动地方，现在打死我也不回原来的岗位了。"也有人在新的工作岗位上发现了自我："现在一年干的活儿比过去五年干的都多，学的东西也比过去五年加在一起学的多。谁知道自己还能这么有出息呢！"

在一个公正透明的平台上，在让绝大多数员工认可的基础上，CNLC做到了以大多数员工为本，以企业发展为重，虽然免不了还是有人因利益受损牢骚满腹，但公司还是通过改革一步步、一次次地把适合的人调整到适合的岗位上，把企业推向加快发展的轨道。在整个组织的结构趋于合理的同时，国有企业干部能上不能下、人员能进不能出的问题从根本上解决了。

拥有合适的人是公司最重要的资产。CNLC领导致力于给每个想做事的人、能做事的人一片天地施展才干，通过机制改革实现干部能上能下，员工能进能出，让人才与岗位实现最佳匹配。

CNLC解决问题的关键在于公平、透明、无私。首先，从支撑公司战略实现的最基本细胞——岗位公平竞争做文章，做好岗位描述、岗位定员、竞聘上岗的基础管理。其次，通过公开透明的招聘考核机制，用大家公认的标准，让人找到合适岗位，岗位找到合适的人。提拔谁，全靠能力和业绩，不讲关系和资历。上岗的人高兴，上不去的人也心服口服。这在最大程度上实现了人尽其才、才尽其用。

这种做法与原来靠关系、凭运气有着质的不同。因为这种权利和工作机会不是哪个领导赏赐的，不是被谁照顾来的，而是员工通过自己的工作业绩，凭着把能力提升到一个新高度的承诺与行动向组织换来的，每个人身上的担子和大家关注的目光都会成为他前进的压力和动力。

CNLC能够成功地变革人事制度，让全员流动起来并激发更大活力，核心要件有两个：一是确定制度标准，一视同仁；二是寓情于理，化解改革矛盾。通过规范竞聘上岗程序，明确职位资格要求，以专业化手段营造公平竞聘环境，最终形成"能者上、大家一起做事业"的文化氛围，把员工变成企业持续的奋斗者。

可以说，这次重组改变了CNLC的发展轨迹，也因此改变了与其相关联的这群人的命运。

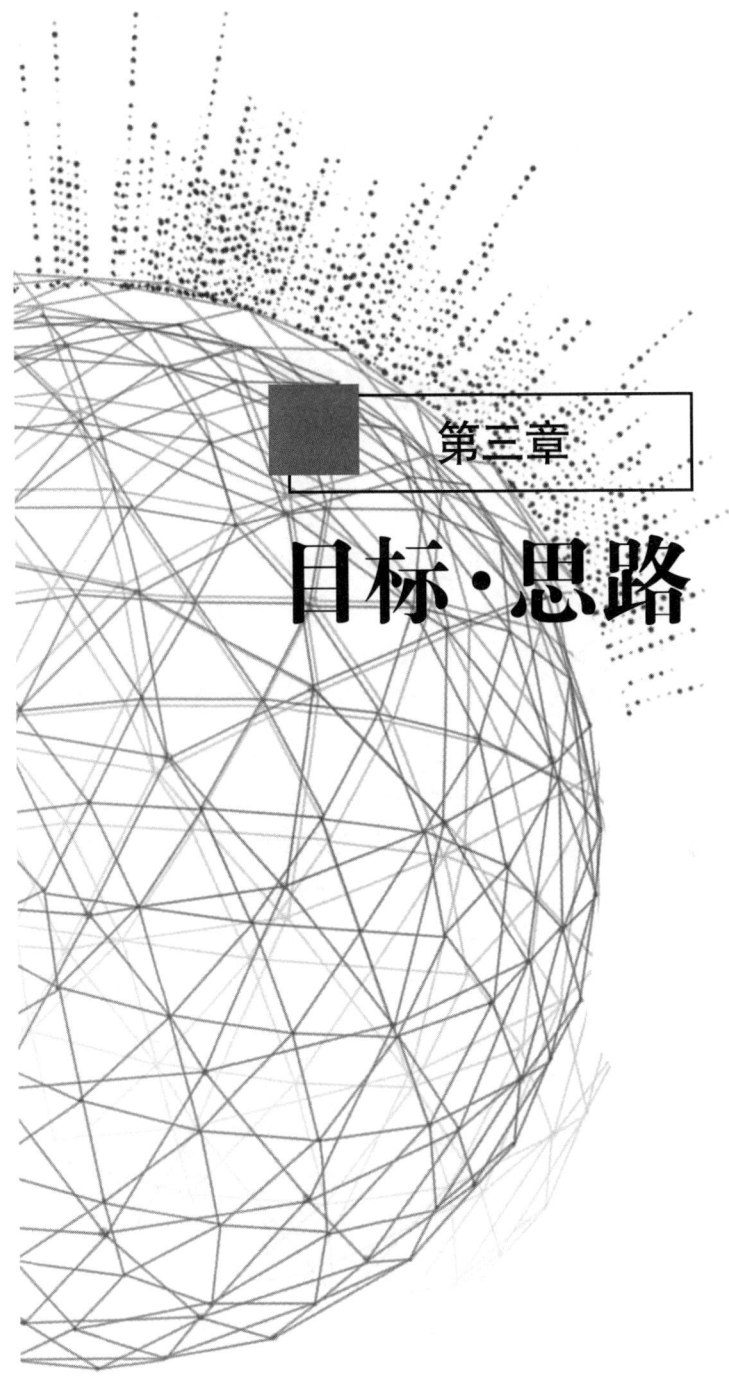

第三章

目标·思路

009 问题 如何确立企业使命，打造共同的价值观？

做个"中国的斯伦贝谢"

我有一个梦想——马丁·路德·金把一句话变成名言。

在中国，也有一群测井人努力共筑一个梦——打造中国的斯伦贝谢，使中国石油工业在油藏评价技术服务领域不再依赖西方，不再受制于人。

因为测井行业太专、太难，又太重要，西方公司对石油测井技术和装备的控制异乎寻常地严格，设置了甚至高于军事装备的层层技术壁垒。测井行业自出现以来，西方石油服务公司凭借灵活的体制优势，一直占据着行业主导地位。可以说，国际市场上所有在用的测井方法、理念、设备、技术几乎统统源于斯伦贝谢、哈里伯顿、阿特拉斯三家西方大公司。

20世纪80年代中后期，国内各油田测井公司虽然有机会大规模引进国际先进测井技术，花费大量外汇从西方国家购置测井仪器，可是一个必须直面的现实是：有竞争力的设备买不到，核心装备人家不肯卖，已经淘汰的装备还在逐年提高价格。那些曾拿着大把外汇去美国排队购买设备的中国人心里都很不是滋味：为什么我们受着限制，还要大把花钱求着人家买东西？

"这辈子，我要让美国人购买中国的设备！"大学毕业在华北油田刚入职的李越强暗暗发誓。发展国产测井装备成为中国测井仁人志士的夙愿，让中国测井走向国际市场获得成长，成了几代中国测井人的梦。

正因为和他有着同样的追求，当年中国石油要成立一个面向国际市场的测井企业、组建中国测井"国家队"时，各个油田的测井公司高手应者云集，他们渴望通过自己的努力，有朝一日让中国测井扬眉吐气。

后来，当CNLC的国际化事业发出召唤时，更多的有志之士加入进来。

公司在大大小小的会议上重申、强化奋斗使命，这些中国测井人的梦想愈发清晰：做强做大中国的测井事业，建设中国的斯伦贝谢，打造世界一流的国际化企业。这一梦想成为公司实现国际化蜕变的核心价值和超越赢利的目标，以及不断激励所有人共同进步的动力之源。

在伊朗，CNLC 副总经理兼伊朗项目部经理王玉新是个知名"外国人"。

在此之前，王玉新读完博士，就进入中国石油总部机关工作，但他每天坐在办公桌前，再忙也总觉得这种生活"缺点儿啥，不甘心。"

2003 年，在出国攻读了两年 MBA 后，王玉新想明白了长期以来困扰他的一个问题：以国际视野看，中国企业的管理到底缺点什么？他觉得管理其实是一门艺术与科学相结合的学问，而自己坐在大机关的办公室里，"种种想法"很难找到出口释放。

2005 年，"你敢不敢来我这儿？"CNLC 总经理李越强一句话吸引了王玉新。

王玉新的豪情被激起："我可以去，但有条件。"他的条件不是一般意义上的给领导出难题，而是主动选择自己的职业道路：到一线去，到基层去。王玉新执意要从集团公司机关来到企业基层的一线项目，并且坚持到海外项目。

王玉新开公司之先河，以 CNLC 副总经理的身份兼任伊朗项目部经理。提着行李箱上飞机前，他向总经理李越强表态："我要用 3 年时间，在海外项目做出个样子！"

在 CNLC，像王玉新这样为了理想而来的人不在少数。除了总经理李越强，李海鸥、肖玉奎也是集团公司选送到海外进修 MBA 的优秀学员，也不约而同地从机关、从国内油田"降级"来到 CNLC。他们拒绝了西方公司几倍于 CNLC 的薪酬和更高的职位诱惑，一致看中的就是 CNLC 这个干事创业的环境，这个公司的管理以及这里有一群志同道合的同事，大家都想为中国测井的国际化发展贡献自己的才干。

他们以奋斗者的姿态在海外市场拼搏，践行着共同的价值观。同时，个人的阅历和经验也随着公司业务的拓展而更加丰富。原来的学识加上眼前的见识，在国际市场脚踏实地地把现代思维变成现实实践。

几年后，当集团公司总部领导到项目调研时，看到王玉新整理的每年一本、摞起来已经有十多公分厚的管理手册时不禁感叹：这样用心干事业，没有理由不成功！

共同价值观是公司文化的核心和基石。这是一个组织把员工变成自己的一员、让每个人都成为企业发展动力的根本。

企业能成功,一个重要因素就是员工能够担当企业使命,愿意接受并遵循组织的价值观。CNLC的实践证明,当一个组织形成共同的价值观,齐心协力去追寻一个共同目标时,会迸发出惊人的潜力和蓬勃的生命力。CNLC人步伐坚定,心甘情愿地去探索一条中国国企的国际化蜕变路径。

确定好的企业使命,并建立支撑它的价值观,离不开时间的培育和艰苦的努力。正是在理想使命的召唤下,那么多CNLC人拒绝了西方公司高薪厚职的诱惑,那么多的人才从西方大公司、从其他级别更高的国企职位上义无反顾地汇聚到CNLC。这是一个致力于把中国测井人在国际市场一展宏图的理想变成现实的企业。

"打造中国的斯伦贝谢,探索一条中国国有企业成长为最优秀的国际化企业之路。"这个目标让一群人汇聚CNLC,日复一日坚定地践行着自己所奉行的价值观,朝着一个方向疾走。当每个员工都把公司的发展目标当成自己的人生追求时,平凡的工作由此变成生命中充满魅力的崇高事业。

他们有着共同的梦想:用自己的智慧和汗水、青春和奋斗,让中国的石油工业在国际市场占据一席之地,在高技术服务领域扬眉吐气……如此,CNLC的成长和壮大,谁也无法阻挡。

010 Q问题uestion 如何激发员工从"等饭吃、要饭吃"转到"挣饭吃"?

狮子与羚羊的故事

2001年元旦,在一个员工携家属参加的公司年会上,总经理李越强用心良苦地分别用英语和汉语讲了一个寓言——狮子与羚羊的故事。

寓言的内容很简单:每天早晨太阳升起的时候,非洲草原上的羚羊知道它要快跑,要比跑得最快的狮子更快,否则就会被狮子吃掉;每天早晨太阳升起的时候,狮子的思想负担也不轻,它必须要快跑,假如跑不过最慢的羚羊,它就会饿死。

这个自然界中"物竞天择、适者生存"的法则触动了CNLC人,故事中蕴含的"无论强者、弱者都要有竞争压力",被视为是对公司上下进行的一场市场竞争总动员。

2000年底重组后,通过定岗定员定职责和竞聘上岗,CNLC让合适的人坐在适合的位置上之后,企业最突出的矛盾就是缺乏资金和市场,导致设备闲置着没活儿干,人员闲待着有劲儿无处使。

当时,测、录、试三个专业动用起来的设备只有10%左右。看着六七个亿的资产躺在院子里生锈睡大觉,嗷嗷待哺的队伍让人心里发慌。没有现成的合同在手中攥着,公司领导急得上火,天天思谋着哪块市场能找到更多工作量,让设备动起来产生效益是当务之急。

那一年,公司的指导思想是:加快重组改制步伐,加大市场开发力度,努力寻找新的经济增长点。

在国内市场有限的情况下,要让人员和设备有用武之地,就得从国际市场拿到更多工作量。但海外市场一直是西方服务公司的天下,其中,斯伦贝谢、哈里伯顿、阿特拉斯三大公司占据了 90% 以上的市场份额，已经在市场和技术、设备上形成了全方位垄断。

这时候，大家在议论中明白了公司领导讲述"狮子与羚羊"的良苦用心：要想在市场上竞争求生存，过去安稳但没有价值的日子过不下去了。CNLC 要改天换地、重整旗鼓再出发，要想在公司干下去，就得有真本事，因为你不去抢市场就要在市场上被别人吃掉，人人都要有竞争意识、有紧迫感。

后来，这个故事被印到了 CNLC 员工培训的笔记本扉页上不断传播，对每一位 CNLC 人影响深远。

通过这个故事的发酵，员工头脑中慢慢产生了竞争意识和竞争压力，增强了"危机感"，转变了"抱着铁饭碗吃大锅饭"的观念，开始面向市场"挣饭吃"，优胜劣汰成了思维主线。

转换观念，选择时机很重要。公司刚重组到一起时，由于尚无规范的管理，也没有打开更多的市场大门，空谈转换观念很难被员工理解接受。

在员工和企业都为闲置设备发愁、被生存问题困扰的时候，CNLC 领导知道，生存问题没解决，说得再多员工也不会买账。只有把市场合同拿到手、填饱肚子才是真本事。

企业重组一段时间后，少数员工已经意识到参与市场竞争的必要性并付诸行动，有人主动去想公司发展需要做什么，考虑着应该积极找点事情干。但大部分员工还习惯于"等靠要"，接受不了别人比自己多挣了一块钱，也看不到别人多干了多少活儿。

狮子与羚羊的故事，其用意就是要把员工的"混日子"心理转变为到市场上"挣饭吃"的观念。这是公司市场化发展至关重要的一步。因为 CNLC 领导看得很清楚，在诸如设备闲置、骨干流失、亏损严重等表面问题下，掩盖的是员工非市场化的思想意识和思维方式。于是，CNLC 实施了企业文化塑造的重要一步：培养竞争意识，转变员工的思想观念。

011 问题 如何找准定位，把握发展方向精准发力？

确立国际化发展战略

重组后，CNLC 的管理者面临一个迫切问题：如何立足当下，引导企业快速发展，在国际市场有所作为；如何以企业未来为基点，寻求和保持持久竞争力？在学习和了解西方国际公司近百年发展历史后，他们思考更多的是中国企业进入国际市场后如何确立公司的业务定位、发展方向和战略目标。

作为中国石油旗下的技术服务公司，CNLC 的原点是中国国企。根据集团公司赋予的发展定位，CNLC 审视自身专业特点，分析行业发展环境，确立了"做精做强做大，建设具有国际竞争力的专业技术服务公司"的总体发展战略目标。

2000 年底，CNLC 公司重组时，集团公司领导给予的政策是：可以在适当时候，在有能力的前提下发挥带动作用，把更多的队伍设备带进国际市场。因为这个行业国内国外差别太大，不仅技术要求高，管理理念和队伍素质同样需要跨过高门槛。

这个定位虽然并非硬指标，但 CNLC 愿意在不断拓展国际市场的同时，和各油田技术服务公司联手，为中国石油测、录、试企业打开一扇国际化大门，开拓一条直达国际市场的绿色通道。

目标明确了，环顾所处的市场环境，研判其变化规律和趋势，CNLC 领导班子依然压力山大。他们自我审视，深入思考：中国测井发展这么多年，为什么与斯伦贝谢、哈里伯顿、阿特拉斯三大公司依然有很大差距？他们从梳理世界测井行业发展历史入手，将其与中国相对独立的行业发展进行对比研究，解析并总结出测井行业的发展特点。

从国际市场来看，测井行业极具挑战性，市场面窄，技术性强，加上这个行业自身就存在着高度的技术垄断和市场壁垒。整个行业能被三家做得成功的企业长期高度垄断，这在全世界也是个特例。

从专业本身来看，测井专业属于油田勘探开发中技术密集和资本密集型行业，不仅对技术、资金要求高，对人才素质要求也非常高，既要有持续的创新能力，还要具备适宜的体制、机制。但是，因为测井的市场面比较狭窄，一般人很难深入认识这个小专业。

尽管人们看问题的角度不同，不可否认的是，测井专业在能源公司的勘探开发中发挥着越来越重要的作用：无论是提高勘探开发成功率，还是提高采收率，都离不开测、录、试技术。

从服务对象油公司的角度看，测井行业一直是西方石油公司主导的行业。国际市场的普遍观念是，这是西方的技术，东方或者中国的石油公司没有能力做这一行业。正因为西方公司"不带中国人玩"，中国石油工业自成体系，从石油工业产生之初，就形成了大而全、小而全的综合一体化模式。

基于这样的分析，CNLC领导开始进行全局性发展筹划：公司要想在国际市场打出一片新天地，需要通过既有别于西方成熟大服务公司、又不同于中国国企常用的管理架构和运行模式进行创新探索。

也就是说，如果CNLC真正想在国际市场干出名堂，需要根据测井专业本身的客观要求和发展规律，结合CNLC的中国国企身份以及中国石油工业发展的特点进行专业结构设计、目标设定，建立起支持专业进入良性循环的管理体制和机制，培育企业持续的创新能力，提高国际市场竞争实力。

为此，CNLC确立了一个长期的发展目标："做精做强做大，建设具有国际竞争力的专业技术服务公司"，不仅明确了公司未来的发展方向，而且有意识地引导各种资源优化配置，进行全方位创新改革，服务于公司国际化发展战略目标。通过弘扬大庆精神铁人精神激发员工的创业豪情，打造符合国际市场规范要求的人才队伍；通过管理创新和HSE理念重塑，提升技术服务实力，打造企业品牌；通过文化建设凝炼企业气质，用共同的价值观凝聚团队，既敢于与强者竞争，又擅于与对手合作；通过提升企业的风险控制能力和创新能力，全面增强软硬两方面的竞争实力。由此使公司在高度垄断的国际市场上占据一席之地，实现可持续发展。

"战略"一词,原为军事用语,意为对战争全局的筹划和指挥。著名的军事理论家克劳塞维茨在其著作《战争论》中提出,"战略是为达到战争的目的而对战斗的运用"。当人们把军事战略借鉴于企业管理时,就将企业战略定义为:以企业未来为基点,为寻求和维持持久竞争优势做出的有关全局的重大筹划和谋略。

CNLC要探索出一条中国国企的国际化发展之路,将"做精做强做大,建设具有国际竞争力的专业技术服务公司"确立为企业的战略目标,并对实现这个战略目标的路径、方法等进行了科学规划。

公司领导注重战略规划的有效性,既要思考战略的正确性,做到制定的战略与组织资源和环境实现良好匹配,又要努力使战略适合企业组织的管理过程。为此,CNLC根据测井专业本身的客观要求和发展规律,规划企业发展战略目标时,既深入研究企业及测井行业的过去和现在,又讲究以全球视野关注内外部环境的动态变化,研判未来发展趋势,发挥中国测井在一体化运作中形成的比较优势,从而切实回答好"想做什么,可以做什么,应当怎么做"几个关键问题,以此确定企业国际化进程中的目标,优化资源配置,保证战略规划的顺利实施和追求目标得以实现。

CNLC创新筹划一整套管理规范,凝聚公司每个员工的力量,让公司各个方面都更适应国际市场的发展需要,各种资源得以优化配置,以支持公司的总体战略目标,从而建立并维持在国际市场持久的竞争优势。

012 问题 怎样走好国际市场第一步?

借品牌 创品牌

CNLC 刚成立乃至进入国际市场之初，既无技术品牌，也没有服务名气。在国内没有"地盘"，在国际市场更是寂寂无名，甚至业内外很多人不知道这个公司究竟是干什么的。

在国内市场使用的设备，主要是 20 世纪八九十年代引进的国际测井技术，包括斯伦贝谢的 CSU 设备，阿特拉斯的 3700、5700 等。

那个时候，中国的测井专业困难重重，还难以摆脱看西方公司脸色的被动局面。技术从西方引进，测井仪器从西方购买，花费了巨额外汇，人家还在合同中设置各种限制：规定装备使用区域，不允许拿着购置的仪器进入国际市场为第三方提供技术服务。

1998 年 CNLC 拉开征战国际市场的序幕时，并没有引发业界特别关注。事先曾多次沟通，在西方公司的默许下，依靠阿特拉斯 5700——当时中国测井企业能买到、也可以拿到国际市场上提供技术服务的世界最新型测井设备，CNLC 人劲头十足地准备投标中国石油参与投资的苏丹 1/2/4 区合资项目。

这引起了业内不少公司的质疑，甚至连国内各油田的测、录、试公司也看不起 CNLC："你们不就是拿着进口设备去国际市场干活儿蹭热度吗？"更有人直言不讳："你们这是为阿特拉斯宣传设备呢！"

CNLC 人不生气，因为这是事实。他们换个角度看企业发展的"门道儿"：用阿特拉斯的设备帮着 CNLC 做宣传！国际市场很多油公司不知道 CNLC 是干什么的，但知道阿特拉斯 5700 是最好的测井设备啊⋯⋯

那好，作为一个"新闯入者"，CNLC 就是能借别人的硬设备闯市场，提升自己的软实力，打造铁品牌。就这样，CNLC以所购设备附带的品牌作为敲门砖，在国际市场展开竞争合作，一次次敲开油公司的市场大门。

那时候，从苏丹到伊朗，从委内瑞拉到哈萨克斯坦，创品牌成了CNLC初进国际市场的核心任务。一个个合同延续下来的结果就是，越来越多的人知道了CNLC是一家优秀的技术服务公司。

2004年，在哈萨克斯坦北布扎奇油田，CNLC挤进贝克休斯占据的市场后，形成了两家各占一半的市场局面。几乎每一天，两家都在面对面地较量：从作业安全、作业质量到作业时效都要当着甲方的面进行比试。当地的井浅，CNLC的优势就是仪器组装起来比较短，每次作业一次就可成功。而贝克休斯的仪器组装到一起比较长，每次作业需要测两次才能完成。

一年后，在甲方占50%股份的当地公司直接对中国石油说：再招标时，把测井工作量全交给CNLC吧！

CNLC在国际市场顺利走出了"借品牌，创品牌"的第一步。在这个过程中，CNLC的管理一步步规范，运作效率一步步提高；品牌越来越响，市场份额越来越大。CNLC人切实感受到了自身的价值，他们的优势、潜力得到了尽情发挥，对企业对自己都越来越有信心。

随着影响力和市场份额不断扩大，CNLC被几家大公司陆续确定为潜在竞争对手，引发竞争反应：哈里伯顿和贝克休斯开始通过延期供货等手段，把"减少甚至中止销售设备"作为反击资源，直接导致CNLC不仅采购设备、项目运作受限，而且市场成本也随之上升。

随后，在每一场市场竞争中，一旦与同样做技术服务的设备商形成对垒，CNLC人就显得很被动，时时可能陷入设备技术受制于人的窘境。

2005年，CNLC在哈萨克斯坦市场再次与阿特拉斯形成正面竞争，并从其手中竞争获得为PK项目提供服务。感受到CNLC的威胁，阿特拉斯正式宣称不再向CNLC出售设备。国际先进测井技术和装备的封锁及垄断形势日益严峻，依托别人的装备参与大规模市场竞争已没有任何希望。

到2005年年底，CNLC借品牌、创品牌之路再也走不下去了。这让已经融入国际市场的CNLC人，不得不以全球化新视角去思索一个中国企业的国际化发展未来，从而切实意识到：借品牌不能借一辈子，最终还得握有自主品牌的技术设备，打造CNLC的核心竞争力。

作为一个市场乙方的技术服务公司,没有品牌就等于没有价值。毕竟,再不济的企业,首先得让油公司和甲方知道你能做什么,然后才能给你机会提供服务,评价你干得行不行,决定花多少钱买你的服务。

应该说,CNLC在国际市场初入别人视线时,就是一个无名小卒拿着从阿特拉斯、哈里伯顿等西方公司购买来的设备,利用设备的品牌优势抬高自己的"身价"。毕竟,那两家公司是全球排名前三的大品牌,提起他们的设备,油公司都认可。CNLC就用别人的设备品牌做好自己的服务文章:我们使用西方的技术和设备来解决客户的油藏问题。这让一直以来都认为测井技术源于西方的客户们更容易接受。

换个角度看,西方公司的品牌设备价值也需要通过技术服务商来实现。如果CNLC买来设备闲置不用,那它就是个摆设。CNLC在国际市场用其设备提供高质量技术服务,就将设备的品牌价值充分发挥出来。

通过"借品牌创品牌",CNLC抓住每一次市场机会,培育自己的服务品牌,提高竞争力,扩大知名度。更重要的是,只要有机会进入一个市场,CNLC人就拼命地用良好的服务转移甲方原本盯在设备品牌上的目光,让他们发现设备之外还有CNLC的服务和技术水平,从而打造CNLC自有品牌。

随着CNLC在国际市场越来越频繁地与西方公司形成正面交锋,来自技术和装备的限制成为掣肘公司快速国际化成长的主要障碍。这时候,CNLC就必须考虑在国际市场技术服务竞争中变换"跑道",创造出独有的、持久的竞争优势。

013  如何创新管理思路 用好战略性举措?

六大组合战略主导 CNLC 前行

CNLC 的总体战略就是"没有战略",此举并非哗众取宠。

CNLC 领导认为,战略不是高深莫测的科学方法,而是在企业发展过程中对自身不断认知、找到方向,在实践中积累形成、不断完善的过程。根据外部环境变化做出的企业战略、决策活动最能体现战略价值的特质。

提出一个明确的战略写在纸上,有好处,但也可能约束公司发展的思路。因此,CNLC 明确战略目标:做精做强做大,建设具有国际竞争力的专业技术服务公司。而把总体战略落实到行动中,这样可以随着形势的变化、公司的发展,以实际行动形成一个更好的战略。

这种"没有战略"的说法与 2005 年哈佛教授的研究成果不谋而合。

但是,CNLC 采取了一系列战略性举措,大力开展管理创新和制度创新,逐步形成了契合公司实际的六个基本发展战略:文化固本战略、品牌战略、软实力领先战略、非对抗性竞争战略、技术创新战略、一体化战略,以快速建立相应的竞争优势,促进公司持续稳健发展。

在国际市场,作为后来者,CNLC 跟其他竞争对手相比,无论是规模还是技术都有巨大差距。公司的技术积累、资金积累、管埋积累都处于劣势,一时之间无法与西方大公司全面竞争。那么,在硬实力、硬指标都不占优势的情况下,CNLC 能在短时间内重点突破、形成优势的,就是包括文化在内的软实力。因此,CNLC 在发展的初始阶段,尤其重视培养文化软实力,以弥补公司在硬实力上的不足。

CNLC 领导知道,这几百名员工肩头担负着几代石油人的梦想,他们念念不忘的是做强做大中国的测井事业，让中国测井不再受制于人，在世界测井界占有一席之地……这样的理念、目标、信念，激发出每个员工的潜能和创造力。

为了这个信念和理想，不管遭遇什么困难，他们无所畏惧：环境的恶劣，公司的弱小，对手的强大，甲方的不信任……不管现实有多残酷，他们是来自中国石油的CNLC人，深信自己和公司一定能够做大国际市场，并将最终得到越来越多的市场份额。但在成为胜者之前，他们必须不断提升国际化理念，掌握国际市场的游戏规则，具备战胜任何艰难险阻的综合素质，这就是CNLC强势的企业文化之源。

为此，CNLC在借品牌进入市场之后，以良好的服务执行好每一个合同，通过每一个员工的付出和努力，一点点建立起CNLC的服务品牌，扩大CNLC的影响力和知名度。为了让所有项目都能统一规范运作，公司全力推行管理有形化和技术有形化，制定规范的管理流程，编写和推行技术岗位的标准化操作规程，建立内控管理体系，实行全面风险管理，把CNLC的执行力和全球运作效率提升到一个新高度。

CNLC人以谦虚的态度，向甲方学习也向竞争对手学习。他们打破过去惯有的竞争思维，提出了非对抗性竞争策略，与竞争对手甚至第三方既竞争又合作，目的是共同解决油藏和工程难题，为甲方提供更高的服务价值。

作为技术服务公司，最终还是要靠技术创新提升企业核心竞争力。

CNLC在应用特色技术为客户提供优质技术服务的同时，创新思维，努力打破西方测井技术装备垄断，在自主技术设备上下大工夫：研发出LEAP 600B并快速打入国际市场；同时又战略性地选择了一条赶超世界水平的研发新路，打破传统研发模式，放眼全球请来业界顶尖的科学家，用自己的创新思路，从美国休斯敦做起，再到国内组装样机。到2008年6月，LEAP800测井系统已按计划实现了第一期目标，全新的井场数据平台系统中，部分技术指标已达到国际同类先进技术水平，一些单项技术甚至世界领先。

重组后的10年间，CNLC的主营业务以年平均30%左右的速度增长，新签合同额每两三年翻一番。人才批量成长、效益成倍数增加，全球同时运行40多个项目，企业规范管理的科学性进一步彰显。

企业战略对于一个企业来说至关重要，决定着企业的发展方向和前景。而企业战略与组织结构的协调关系，更是使企业保持最佳运作状态的重中之重。

在CNLC，战略是鲜活的，动态的，直截了当地与每个部门、每个员工的生产活动息息相关。简单概括，就是选择一个方向和目标，然后全力以赴奔向它，实现它。

在从传统国企到跨国企业的国际化蜕变过程中，CNLC根据企业不同发展阶段要求，依据确定的企业使命，通过战略分析、战略选择与评价、战略实施及控制，在充分分析企业内部条件及外部环境的基础上，确定达成目标的有效战略，并致力于快速转化为全员行动，一步步解决企业原有的重重矛盾，一步步打通从国企到国际化企业的路径，一步步凝炼并塑造着独具一格的企业文化，一步步走近并实现着自己的目标。

在这个过程中，CNLC的六大组合战略互相联系，互相配合。公司领导顺势而为，乘势而上，将公司的战略理想转化为员工的具体行动。CNLC人学习掌握西方公司的规范标准，修炼自己的素质能力，提高服务水平，逐步突破了西方公司的垄断，在激烈的国际市场竞争中站稳了脚跟，并打通整个测、录、试、解释技术服务链，发展成为能提供全套井筒技术服务的专业技术服务公司。

方向明，动力劲。正是在明确的战略目标引领下，在战略实施中真正实现"说到做到""指哪打哪"，CNLC既赢得了最可贵的人心，也赢得了市场。

第四章

HSE・修炼

014 为什么需要重塑HSE理念？

被批判的"英雄"

一个企业要进入国际市场，HSE（Health 健康、Safety 安全和 Environmen 环境）管理体系是必须持有的"入场券"。对于 CNLC 人来说，进入国际市场最大的挑战也是 HSE。

虽然在出国之前，CNLC 已经逐步建立起 HSE 管理制度，但那时候，很多规定是做给别人看、应付检查的，喊的是一套，做的又是另一套，所谓的 HSE 训练很肤浅。尽管不少 CNLC 人已经在国内反承包市场碰过钉子，长了见识，可真到了国外，大家才明白 HSE 是时刻要动真格儿的规范，必须严格遵守。

有一次，CNLC 几位员工在井上装放射源，连续装了 8 次，均因为井况不好而遇阻。现场手忙脚乱地不停通井，甲方就在旁边眼睁睁地盯着操作工程师的一举一动。轮到测井大车司机装放射源时，前面队友多次不成功导致他跟着紧张，总担心放置在两尺长工具上的"源"掉下来。情急之下，他戴着手套扶了一下。这一举动被监督看在眼里，大呼 CNLC 作业不规范，立刻要求开除这个人。

如果说这是员工一时情急在国际市场上好心办了坏事，而另一件事则直接颠覆了 CNLC 员工固有的好坏标准和 HSE 理念。

由于设备从国内到苏丹经过了海上、陆上长途运输，测井时所用绞车的刹车被颠簸得有些松动，导致施工时刹车失灵，明明刹车拉到底了可滚筒还在转。类似的情况在国内也发生过，通常的处理方法就是拿根木棒从滚筒边伸进去卡住。这时候，一看出现了险情，来自大庆的员工陈福像在国内时一样，本能地拎根木棒一个箭步冲上去,眼疾手快地别住了滚筒。

在场的中国人自发地鼓掌:真是英雄之举!有人感慨:"幸亏他反应快、采取措施及时,要不然麻烦就大了。"要知道,一旦电缆坠落井底,盘成砣子,卡住钻头,将给甲方造成巨大损失,甚至可能导致这口井报废。

与中国人的反应不同,一旁的甲方监督勃然大怒:"遇到危险不守规矩,这样不顾生命安全、缺乏HSE意识的员工,必须开除,立即让他离开井场!"

中方员工不理解,也愤愤不平:"为了你们甲方的财产,他冒着生命危险阻止了可能发生的事故。你们不表扬他也就罢了,竟然还要开除?"甲方坚持,人的生命是最宝贵的,井报废了可以重打,损失再多也是有限的,可人死不能复生,生命无价。因此,绝对不允许这样的事情在井场上发生。

甲方为初入国际市场的CNLC员工上了一堂鲜活而深刻的"以人为本"现场课,老外以毋庸置疑的态度诠释了什么是"生命至高无上"。

像这样的理念不同和思维差异让CNLC人猝不及防,原来以为优秀的工作习惯却是不符合国际惯例的。多年来,我们也喊"以人为本",但从学校到岗位,我们接受的教育是"国家和人民的利益、财产高于一切"。在很多中国人脑海里,根深蒂固的观念就是公共财产比个人生命重要。

在企业管理中,各层级管理者自觉地对设备和作业的安全关注超过了对人本身的重视。

正是由于国内测井队伍在设备管理、技术培训、人才培养上与国际惯例存在着诸多差异,客观上造成了CNLC人初进国际市场的被动。严重的时候,每天都因为思维习惯错位、工作方式不同而产生成堆的问题,大家的精神压力很大,工作也十分被动。

面对严峻的现实,CNLC人面前只有一条路:打破旧观念、摒弃老做法,认真了解国际惯例,并试着从甲方的角度看待问题、重塑HSE理念,直至脱胎换骨,适应国际市场需要。

015 问题 如何尽快了解国际市场惯例?

10 万美元请顾问

国际市场作业习惯与国内差异太大，作业要求和工作标准均不相同，加上多数员工语言不过关，工作思维模式也是中国式的，常常很努力却干不到点子上，难以符合甲方要求，甚至导致甲方怀疑中国企业的服务能力。

对照甲方的 HSE 标准，反观我们自身，管理、设备和人员上的问题随处可见。制定的制度多是贴在墙上，难以落实到员工的行动上：井场有吊车作业时，明明知道下面不能站人，但还是有员工穿行而过；装射孔弹时，规定所有人员要关闭手机，可就有人敢在禁区接听电话……

解决这些问题，需要尽可能详细地制定符合国际惯例的制度和操作技术规范。更重要的是，必须首先彻底转变员工的思想观念，培养真正的 HSE 意识，切实把纸面上的制度规定转变成员工的自觉行动。

问题是，CNLC 的很多员工虽然在国内反承包市场初步了解了 HSE 概念，但是对于真正的国际专业标准，头脑中还是一片空白。

在国际市场，所谓的国际标准，就是各个油公司不同标准的汇总。不同公司的 HSE 标准不一，不同国家的环保法律要求不同，管理水平也有高下之分。像壳牌的 HSE 管理是公认的业界至高水平，而委内瑞拉的环保要求则极其严格。例如：井场作业必须先在可能泄漏的设备下面铺上塑料布，一旦发生泄漏，标准做法是用专用吸油布擦干净。如果被发现任何一种油泄漏在地面上，将被处以高额罚款直至驱逐出委内瑞拉作业市场。

资源国、油公司对 HSE 高度重视，要求严格，不管你有任何理由，他们只坚持一条：井场不安全不能开工，HSE 不达标一票否决！

就此，HSE管理成为CNLC进入国际市场时不得不面对、不得不首先解决的薄弱环节。在碰了一连串钉子后，CNLC人开动脑筋想办法：如何以最小代价在最短时间内了解行业规范，摸清国际标准，提升管理水平。

CNLC领导提出一个大胆但事半功倍的建议：在国内一个员工月工资不过2000元人民币的时候，花10万美元请来一位澳大利亚专家担任公司的HSE顾问，在测井队驻扎几个月，对CNLC员工在作业准备、施工过程、与甲方沟通、HSE管理、项目运作中全过程跟踪观察，进行问题诊断，发现一个记录一个、改正一个规范一个，最后形成一本有针对性的HSE改进报告，包括CNLC目前存在的问题以及如何解决这些问题的专家意见。

这也是CNLC进入国际市场后的第一部HSE操作文件，后来被许多员工称为"HSE红宝书"。

转换老观念，改变旧习惯，一招一式都需要从头学起。

对初出国门的员工来说，要改错先得知错，知道正确做法是什么，标准在哪里，不能只靠自己在黑暗中摸索。CNLC花大价钱请来外籍专家，深入测井小队现场观察，及时发现问题，挑出毛病，并有针对性地一一纠错，编写出合乎国际市场要求的测井操作规范，让全体CNLC人可以及时获取、识别适用的HSE法律、法规、规范、标准等等，用最短时间走出一条捷径，对公司的HSE管理进行了一次整体而高效的提升。

"别刹车"使大家知道什么是错的，对员工的理念是一次洗礼；而请专家把脉又让大家明白了什么是对的，通过什么样的路径可以整体提升公司的HSE管理水平。这其中很多对与错的概念甚至颠覆了中国测井人在国内经受了多年的教育与实践。

此举对CNLC之后的HSE管理快速改进提升发挥了重要作用，成为公司国际化管理水平的一次飞跃。

016 问题：能否承诺"任何伤害和事故都是可以避免的"？

HSE 管理理念成为座右铭

国际化重组使 CNLC 员工精神面貌彻底改观。国际市场对 HSE 管理的高标准、严要求，促使 CNLC 下决心从提升理念到创新管理体系，整体打造企业核心竞争力。

公司坚持不折不扣地把 HSE 作为一项全面提升公司整体管理水平的基础工作来扎扎实实做好。一是因为 HSE 是进入国际市场的一个重要门槛。按照国际惯例，大的油公司及服务公司都把 HSE 作为一切工作的前提和基础，所有的服务设施、工作程序、操作规范及工具劳保都必须严格符合相关 HSE 标准。二是 CNLC 人已经意识到，在设备、技术和服务水平相差无几的前提下，HSE 管理是决定成败的关键因素。

2001 年初，在 CNLC 每个员工的工作台面上，都会看到一张有总经理李越强签名的卡片，像座右铭一样摆放在员工目光所及之处：

"每位 CNLC 员工，无论何时，无论身在何处，无论为谁服务，都有责任做好 HSE 工作。良好的 HSE 表现是公司事业成功的基础，公司坚信任何风险都可以预测，任何伤害和事故都可以避免。"

——CNLC HSE 管理理念

这样的 HSE 管理目标追求，提出伊始并没有得到全体员工的理解。许多人认为这是不可能实现的，甚至，领导班子为此也争得面红耳赤。

争论的原因在于，CNLC 的服务领域覆盖了石油服务行业中技术工艺尤其复杂的测井、录井和测试三个专业，作业区域点多、线长、面广，使用着放射源、火工品、化学品三种危险品，主要工艺流程就有 21 个，包括放射、火工、化学品、高压容器、叉吊车驾驶、电工、焊工等特种作业。基层操作岗位则多达 58 个，其中多个岗位属于探索性高风险类别，不仅面临着工程施工中井喷、硫化氢中毒、高空坠物、机械伤害等威胁，还要面对高温天气、毒蛇侵袭、马来热、黄热病、流脑、霍乱等各种自然灾害和传染病，以及枪杀、绑架、骚乱、拦路、围堵井场等社会环境风险。

既然 CNLC 从事的是高风险行业，面对的又是格外复杂的国际环境，"公司坚信任何伤害和事故都是可以避免的"这句话能不能说？相当一部分员工认为，有些事故是难免要发生的，落在纸上的话不能说得太满，对于重组不久的 CNLC 来说，HSE 理念追求还是应该留有余地。

这是 CNLC 加强 HSE 管理遇到的第一个问题。

"这么大的作业面，这么长的战线，不可能都管住。"

"只能最大限度地减少事故的发生，尽可能地减少事故损失……"

大家热议着，探讨着。甚至，有人拿出了测井行业几十年的管理经验和统计数据，一一摆到桌面上，以证明"事故总是难免的"。

那时候，CNLC 还没有接触到杜邦的安全理念。

在各层级广泛讨论、反复沟通后，大家明白了 HSE 方针和理念不是既有数据的反映，也不是对过去管理的参照，而是对未来 HSE 管理寄予希望的结果。

在持续的大讨论过程中，CNLC 领导层也看得清楚：测井的行业特点决定了 CNLC 在国际市场上比别的公司面临更多的 HSE 难题，正因为员工们时刻都面临着"高温、高压、高硫化氢"的威胁，HSE 对他们才有着更为直接和重要的意义。而 HSE 理念通过承诺的形式表现出来，表明了 CNLC 领导层和员工对 HSE 管理的态度和要达到的目标，也是公司和个人对 HSE 管理做出的保证。

后来，大量的事实证明了信念的重要：不仅技术服务风险管住了，原来认为安全风险最大的交通也被管住了。随着公司车辆的增加，许多人原本认为这是个安全薄弱环节，早晚会出交通事故，可因为"任何伤害和事故都是可以避免的"信念和员工的持续努力，公司在国际市场的零交通事故纪录已保持多年。

观点

某种程度来说，HSE 理念就是一个企业 HSE 管理的灵魂所在。建立 HSE 管理体系首先要树立正确的 HSE 理念，需要全员将其视为一切 HSE 政策和行为的最高准则，从思想上理解和认同这种管理体系，从而产生内在驱动力。

"公司坚信任何风险都可以预测，任何伤害和事故都可以避免！"这与以往的经验和多少年的统计数据无关，重要的是信念。进入国际市场前，CNLC 尚处于企业管理的初级阶段，那时还没有意识、也没有能力杜绝事故，但不能因此形成固定观念，认为以后也难以避免。如果管理者和员工自己都不相信尽最大努力就能规避风险，那甲方和合作伙伴又怎么能相信 CNLC 可以做到呢？

为此，CNLC 充分考虑测井行业的特性、公司自身的特点，使 HSE 承诺与企业的经营宗旨、目标战略和发展方向相一致，与公司员工的价值观和素质相契合，既有前瞻性，又有现实意义。

一旦员工认可了自己所从事的 HSE 活动的价值，通过集体认同的价值观，把对 HSE 不同的个人信念整合在 HSE 体系内，融入企业的 HSE 行为、制度建设中，一方面持续强化这种理念，以规范员工的 HSE 心态，另一方面使 HSE 承诺转化为行为保证，具体落实到日常工作和生活中。

对风险本身的认识，决定了公司之后的 HSE 管理体系如何制定，同时也引导着员工对待 HSE 管理的态度和行动。HSE 就是这样有意义的一件事：指导思想不一样，产生的结果也大不相同。

017 如何慧眼识别 HSE 险兆?

全体总动员　造假也奖励

HSE 管理体现在日常工作中，很重要的一步就是风险识别。

为了让全体员工参与辨识工作岗位中存在的危险源、并对其危险级别准确做出评判，据此再制定出具有针对性和实用价值的防护措施和应急预案，CNLC 采取了一项富有创意的 HSE 管理举措：实施险兆（near-miss）控制，设立专项资金，每月拿出上万元奖励那些具有慧眼、善于发现并提出风险规避建议的员工。

尽管有奖励，但一开始员工的积极性依然不高，因为 HSE 意识不强。他们那时还"看不见"、也"辨不清"已经习以为常的操作中潜伏着哪些险兆。

后来，当某项目员工开始上报险兆时，其他人反映：他那是造假，不是真的"差点发生"的。

公司为此展开了讨论，有人认为即便造假也应该奖励，因为这个员工动脑子了，至少注意到这个事件有可能造成事故。反对者认为，大家都造假的话，公司得支付多少无谓的奖金呢？

在员工广泛的关注中，公司决定造假也奖励，因为能造出假来，就说明这个员工有 HSE 意识了。但公司也进一步明确要求，上报险兆的员工要分析出险兆的前因后果，提出防范的措施方案。同时，每个月 HSE 部对上报险兆具有针对性、规避方案有效的员工进行重奖。

从此，发现并控制险兆成为海外项目和作业区员工的一项重要工作。大家立足自身环境，一起行动，用自己的慧眼识别身边的隐患。

苏丹测试项目部在启动一项作业前，规定员工先用两分钟时间，对作业现场进行环境分析，把HSE防范措施和应急预案装在脑子里；伊朗项目部则利用图片考核外籍员工的硫化氢预防知识，让大家一一指出操作中的不当之处……

实施险兆控制几个月后，CNLC就收到了员工上报的330多条险兆信息：工鞋不防滑，员工走在钻台上容易滑倒；工服不合身，容易挂到钻台扶手上；安全帽戴不紧，一低头就可能掉下来，导致操作人员分神；厨房的刀放的位置不对，一旦被碰落，可能砍在厨师穿着拖鞋的脚上；正停在基地的卡车突然倒退，差点撞上刚好走过车尾的员工；穿了一天的工鞋直接放在营房外，第二天发现毒蛇之类的动物爬了进去……

像这样的细节，如果不在现场、没有亲身经历，是难以想象的，但这又是实实在在的险兆事件。有的报告不仅写明了存在的问题，还列出了解决问题的方法。

CNLC把险兆事件当作事故来认真对待。HSE管理部门将员工每周上报的near-miss事件归类分析，从中找出规律，列出需要马上解决的问题。譬如，当连续两个月发现物体打击类事件较多时，他们就知道再不想办法扼制，这方面可能会出事，公司便有针对性地强化岗位操作流程管理，连手动的电动工具等小环节都会引起员工注意，效果立竿见影。

从2001年到2002年上半年，CNLC在全公司又组织各岗位员工进行了两次自下而上的HSE风险识别和评价工作。通过16次的工作安全分析、安全检查表等专业风险识别和评价技术讲座，公司分布在全球各地的作业施工队伍全体总动员，测井、录井、测试三个专业分头行动，21项工艺流程一个不少地从基地准备程序开始，到设备动员、现场摆放、施工作业、设备复原和作业完成六个环节，一项项、一步步地进行风险识别、评估。共识别、确认交通、放射物、火工品、危险化学品、钻井工程监测、有害气体环境下的作业及高温高压作业等危险源104个，确定了高风险危险源138种、中风险危险源94种、低风险危险源252种。

在HSE风险识别、评价、预防、应急和恢复等环节做了大量工作后，公司针对可能失控并带来重大损失的HSE风险，按照专业线和作业区分工协调配合的基本原则，规范了公司的三级应急管理体系，编制了应急管理程序，成为HSE管理抓出成效的关键。

HSE是一种风险管理,以风险评价管理为突出内容。事前预防是管理体系的重点之一,预先发现、识别可能导致事故发生的危害因素,就能在事故发生前采取控制或消除措施,达到防止事故发生的目的。

HSE风险识别的范围和对象包括一切与HSE相关的工作和行为。测井工业是高风险行业,HSE风险涉及每个岗位和每个员工。风险点在哪里,危险源在何处,要靠一线员工在实践中辨识、发现和及时防范。

如果每个岗位人员都熟知自己岗位的风险点有哪些,了解规避风险及应急处理的正确方法,而且在不同的环境和条件下都能随机应变,做出防范准备,制定应急预案,就能运用自己所掌握的安全知识和安全技能顺利摆脱险境,实现真正安全。

熟悉HSE管理的人都清楚,险兆识别和控制是HSE管理的重心。发生的事故不过是金字塔的塔尖,而位于最底层、面积范围最大的就是各种隐患和风险,当隐患和风险累积到一定程度就可能发生质变,演变为事故。为此,预防事故的重点不是盯着"塔尖",而是从"塔底"入手,做好平日的险兆识别和控制。而要做到这一点,必须让全体员工都行动起来。

CNLC在HSE管理中最显著的特点,就是"安全是谁的事情,就真正地把它归还给谁"。每个员工,无论你干什么,这里边涉及的安全就是你的事情,你就必须担负起这个安全责任。

018  为什么学习杜邦安全理念，却借鉴壳牌管理经验？

编制 HSE 管理体系

作为国际市场的后来者，拿着在国内曾高挂墙上的"安全第一"制度比照国际大油公司的标准，CNLC 人顿生小巫见大巫之感。

如何编制自己的 HSE 管理体系？

CNLC 把找差距作为建立 HSE 管理体系的开始：通过调查摸底，真实评价公司的 HSE 现状，及其与国际水平之间的差距。

HSE 管理部门做了三方面工作——到国内各油田了解 HSE 现状，向走出国门较早的东方地球物理勘探公司学习经验；学习国际大牌服务公司哈里伯顿、斯伦贝谢的 HSE 管理方法；摸清楚国际大油公司壳牌、雪佛龙的 HSE 要求等。通过多方对比，了解别人强在哪里，自己弱在何处。

针对世界范围内安全管理理念提出较早、影响最大的杜邦体系和壳牌体系，CNLC 人立足自身实际，以学习的态度取长补短。他们看中了杜邦的安全理念以及一些管理工具，包括开会前的 5 分钟安全经验分享、STOP 工具应用。同时，CNLC 人也发现，壳牌采取的管理工具，像许可证制度、风险分析、HSE 培训、员工行为等，和自己从事的石油技术服务行业联系更密切，更有针对性。

鉴于此，CNLC 以我为主，博采众长，一方面吸收学习杜邦的 HSE 管理理念，提高员工的认识；另一方面借鉴壳牌的管理经验，抓住为壳牌提供服务的机会，将积累的大量风险数据库、案例和管理工具与 CNLC 现阶段特点结合起来，形成了 CNLC 自己的内部管理体系。

"以人为本、全员参与、预防为主、持续改进"的 HSE 管理方针确立后，

CNLC 正式成立了 HSE 管理委员会,以"零伤害、零损失、零污染"为 HSE 管理的终极目标,比照国际市场的高标准,如 ISO 14001、OHSAS 18001、ISO 9000—2000 三个国际通用标准,组织专人研究了上百项世界各国的 HSE 标准,36 部国内和作业所在国的 HSE 法律法规。经过一年半时间的艰苦努力,公司以国际 HSE 先进标准为基础,依据已识别的危险源及评价确定的危险级别,制定出摞起来足有一尺多高、符合 CNLC 实际需要的 HSE 管理措施。

由于 HSE 涉及事项面广量大,一个系统由若干个元素或要素组成,在研究系统各要素的同时,也不能忽视各要素"连接点"的风险性。CNLC 将 29 项不可承受风险确定为公司的重要 HSE 事件,编制了《CNLC 重要 HSE 事件预防措施和应急措施》,在公司和事业部两个层面进行控制。根据每个岗位、每种工作存在的可承受风险和低风险,编制了 272 个三级作业文件。测井、录井、测试三个专业还编写了具有各自特点的 HSE 管理分册,要求基层作业队施工时必须严格按照包括 HSE 计划书、工程施工设计书、岗位指导书、HSE 记录表、HSE 检查表在内的基层五套文件规范操作。

这是一个有机整体,其中,HSE 计划书和工程施工设计书规定了管理方案;岗位指导书则是对 HSE 计划书的展开和补充,其作用是把变化不大的风险分解到岗位并加以控制;HSE 记录表和检查表又详细规定了员工作业活动的过程及其结果。

针对 CNLC 现场存在的三种级别风险:不可承受风险、可承受风险、低风险,项目部分别用红、黄、绿三种颜色表示,让员工一目了然。比如红色代表最顶级不可承受风险,CNLC 逐一制定出控制及应急措施,每次作业时一旦涉及,操作岗位除按照操作程序记录和检查 HSE 工作外,还要经上一级责任人检查确认。不仅如此,公司级 HSE 管理人员还会定期检查该级别风险的管控情况。

HSE 管理体系突出的是责任和考核,CNLC 致力于使每一个岗位都有管理规范、标准、程序,明确每个部门、各层级人员在 HSE 管理工作中承担的责任、任务以及拥有的权限,做到 HSE 工作件件有人管,层层有人抓,事事有人负责。甚至,施工作业时井场物资的摆放位置、到井口的距离、设备工作区和行人通行区的过道宽度都有详细规定……

建立科学而完善的 HSE 管理体系是 CNLC 进入国际市场的必由之路。

HSE 管理体系是基于一系列 HSE 管理计划、程序、标准和准则的管理体系，集健康、安全和环境三位一体。危害识别和风险控制是 HSE 管理核心所在。进入国际市场后，HSE 是 CNLC 起初最薄弱的环节，也是公司整体最重视、进步最快的环节。

尽管 HSE 管理已经成为国际石油公司的基本要求和大趋势，但具体到每一个企业，在建立 HSE 管理体系中，必须结合自身特点，不能搞拿来主义，生搬硬套其他公司成熟的 HSE 体系，适合自己的才是有效用的。同时，建立 HSE 管理体系的过程，也是企业管理自主创新的过程。

CNLC 通过建立 HSE 管理体系，教导员工认可自己所从事的 HSE 活动价值。公司着手建立自己的 HSE 管理体系，通过把不同员工对 HSE 的信念和建议整合在统一的体系内，以此调整员工的 HSE 心态和行为。

体系文件是 HSE 管理体系建立的基础和载体，这些现场实施的管理手册、程序文件、作业指导书具体而细微，包含了各工作岗位可能发生的各种情况以及处置方法，结构设计是否合理，文件是否可操作，直接关系到体系运行质量的好坏。为此，公司 HSE 管理部门深入研究内外部环境特点，对体系文件精心设计，认真编制，仔细审定。他们十分清楚，CNLC 创建 HSE 管理体系不是为了做表面文章，而是要付诸生产实践的。

019 | 问题 Question：HSE 文件如何变成员工的行为?

现场执行追求简便可操作

　　HSE 体系文件开发不易，执行更难。为了把 HSE 管理理念灌输到员工头脑中，进而转化为大家的行动，CNLC 管理者颇费了一番心思。

　　遵循 HSE 管理阶段论，公司领导认为，当时的 CNLC 刚刚走过"出于生命本能寻求安全"的第一阶段，正处于监督执行安全的第二阶段初始，距离真正实现自觉安全的目标，还有很长的路要走。

　　第一步，公司建立了纵向不交叉的 HSE 管理双系统。

　　一个系统由公司领导、事业部、项目部组成三级执行线，公司总经理、12 个作业部经理、25 个项目部经理分别是企业三个层面的安全第一责任人。他们自上而下，严格要求每个岗位按 HSE 操作文件执行，尽力做好事故的事前预防、危险源排查和记录工作，主要任务是教会员工如何执行 HSE 文件。

　　另一个系统由公司 HSE 主管经理、作业区 HSE 总监及项目部 HSE 主管组成三级监督线。公司成立 HSE 管理办公室，抽调专职技术和管理骨干从事 HSE 管理，分别在 3 个事业部设置专职 HSE 管理岗位，又在作业区设置 15 名兼职 HSE 监督。这些监督者肩负重任，每年年初要层层签订 HSE 责任状，他们的监督是企业和员工安全最重要的一道保障线。

　　公司领导认为，伴随着全球经济一体化，HSE 渐渐成为企业走向国际市场的一张通行证。作为一个技术服务公司，在国际市场作业的每一名基层员工，都是企业 HSE 形象的代言人。

　　第二步，为了让项目员工尽快掌握 HSE 管理技巧和方法，CNLC 本着缺什么补什么的原则，分多个层次强化安全培训教育。

制度规矩有了，可真正执行起来并不容易。公司 HSE 管理部门让海外员工利用回国倒休时间参加 HSE 培训，并没有得到员工的理解和欢迎。一些员工觉得，公司一线人手本来就很紧张，再拿出专门时间参加培训，属于个人的休息时间被压缩，前线就更紧张了。但公司综合分析大家的意见后，依然坚持该做的 HSE 培训一定要及时做，并且要做到位，这是提高全员 HSE 素质、让员工有能力实现安全生产的重要一环。教员工学会安全操作之后，在现场执行 HSE 也并非一帆风顺。有人不理解，提出疑问：我们做石油工程技术服务的，在国际市场要靠技术能力和服务水平取胜，HSE 真的神奇到关乎国际市场成败吗？况且，我们在国内干了这么多年，也没出过什么事儿嘛！

受这样的陈旧落伍思想影响，当培训老师到现场推行 HSE 管理时，不少员工认为这只是徒增工作量。作业现场，HSE 监督强制大家上岗前填表时，抱怨声不绝于耳。

客观来看，测井的队伍规模很小，三五个人就是一支服务队伍，工作紧张，压力又大。HSE 工作要求每班作业都要执行五套文件：作业前要写岗位指导书、工程设计书、HSE 计划书，其中涉及不可承受风险的，要制定出应急预案；作业完成后，当班员工还必须填写记录表和检查表；涉及一级风险源的作业，至少要有两个以上的员工确认无误才算完工。对员工来说，这样做的确繁琐。

技术人员直言不讳：大量的 HSE 表格填写起来过于繁杂。不论哪个部门、专业，在现场要做的 HSE 报表都是一大堆，以至于不少人的脑海里形成了一个概念：现场 HSE 管理等于填报表。

其实，一旦员工坐下来仔细阅读领会这些表格内容，就会发现 HSE 管理部门确实花了不少心血，表格设计全面、分项细致，如果认真操作到位，确实可以保护自己不受伤害。

员工之所以抱怨，主要是因为紧张的施工作业需要集中精力全力以赴，填报 HSE 表格被想当然地视为可做可不做的"额外附加"工作。

CNLC 坚持做 HSE 不走过场，不应付任何检查，旨在解决问题、提升公司整体 HSE 管理水平。他们要求员工，做任何事情都要同时考虑 HSE 管理和其他各方面的管理。如果 HSE 不能和生产经营挂起钩来，就失去了推进的意义。

第三步，根据员工意见和现场实际，HSE 管理部门逐渐改善 HSE 执行过程，使各种表格更便于填报。项目上一项项对照，去掉单井计划书中的不关键项，突出风险管理，使HSE节点清晰、流程优化、作业有序、规范、系统。然后将五套文件融合起来，直接在记录和检查表上注明填写时间和填写人。

具体执行中，HSE管理人员坚持向每一位从现场回来的员工询问，了解他们参与HSE管理的感受，在工作中是否真正受益。半个月下来，员工理解了领导的苦心，很多人感慨，HSE真不是表面文章，也不是可有可无的。

慢慢地，HSE成了员工的需要。没有了抱怨，没有了抵触，该填的表填了，该上报的数据报了，甚至文字汇报的内容也多了起来。三个月后，有员工表示，现在如果汇报工作时不提HSE，就觉得少了一项重要内容。HSE既是公司最基础、最实在的管理工作，又是保护员工生命的护身符。

在CNLC，HSE工作受到全员史无前例的关注。

杜邦公司将企业安全生产划分为四个重要阶段：自然本能、严格监督、自主管理及团队管理，这是绝大部分企业在HSE演进中必经的过程。像做其他管理一样，HSE也一样不能跨越阶段，必须结合公司现状，考虑做这项管理需要的基本条件和限制，有针对性地制定适合相应阶段的管理措施。

可以说，CNLC的每一位员工在接受HSE培训过程中，都付出了巨大的努力，通过自身习惯的不断改变，努力与公司的目标保持同步。

CNLC实行的HSE承诺制规定，每一层级中的上级对下属承诺"会尽一切努力来保证你的安全"。而员工则向上一级领导承诺"严格遵守HSE管理规定，按照公司有关规定做好自己的工作"。HSE承诺就此一传到底，成为各层级员工的工作准则。员工一举手一投足已形成定式，这就是标准。

正是依靠基层员工的不断实践和纠正，CNLC的HSE制度逐步完善并走向成熟。由此，员工们越来越看重自己的企业。他们说，在激烈的国际市场中竞争，依靠的不仅是先进的技术和优质的服务，还有全体员工与时俱进的HSE意识与能力。

020 问题 Question：HSE 管理如何实现数据真实行动有效？

"No Blame" 培育积极的安全文化

CNLC 有很多小而实用的安全工具，源于公司坚持多年的安全分享活动。而这要从请杜邦专家授课说起。

课间休息时，CNLC 员工围在一起议论着，感慨人家做得到位，深受启发。这时，公司领导一语点破："既然人家做得好，为什么我们不学习呢？好的东西就要学，好的方法就要拿来用。"

CNLC 立下新规矩：每周生产会之前，先分享一个 HSE 案例。起初，参加的人还需要挖空心思琢磨，甚至一本正经地讲或从书上看来的或道听途说的，讲述的人和听的人都觉得不自然。渐渐地，三年做下来，大家养成了习惯。再开生产会时，大家一坐，开始几分钟时间就是安全经验分享。家里的，项目上的，上班途中的，只要有价值，不怕小，都可以拿来分享。像冬季驾车，大家都穿着棉衣，一定要放慢速度；昨天邻居倒车时剐蹭了，这得注意，倒车镜是有盲区的……这样的分享，常常成为生产会议记录的第一条。

公司总部这么做，各个海外项目部、作业区也上行下效。开始时做不好，有的项目为了鼓励，看哪个员工讲得有价值，当场就奖励 5 美元。一年下来，每个人至少分享了几十条安全经验。积少成多，安全分享时提醒过的案例，真正面对风险时自然而然就发挥作用了。

在分享他人安全经验教训的同时，CNLC 对自身的 HSE 管理则追求真实性和非责备性，要求不隐瞒，不造假，及时上报真实数据。

施工现场不论出现什么样的风险事故，当班人员都必须在第一时间记录下来，按照程序向上报告，在最短时间内把真实数据统计出来。

培养这样的工作习惯，CNLC其实也是从甲方那儿学来的。刚到国外时，中方队伍很不适应甲方的"大惊小怪"。比如，作业施工时要求员工戴护目镜，可有的员工嫌麻烦。壳牌公司对这样的员工采取强制措施：如果不戴镜，就不准参与对眼睛有刺激的工作，因为井场随时存在着损伤眼睛的可能性。

还有员工当班时发生了一些小事故，常常隐瞒不报。有一次，钻台上掉下一颗螺钉，并没砸到人。当班员工没有意识到这有什么危险，自然也没有按程序上报，不以为然地把螺钉捡起来，该怎么干活还怎么干活。其他岗位的当地雇员看在眼里，就写了一个STOP卡上报了。甲方对中方员工的瞒报现象非常不满，也很不理解：为什么不报告呢？我又不批评你，也不会因此处分你，只是为了了解真实情况，弄明白为什么这个环节出问题。

当班员工在随后的讨论中也认识到，钻台上今天掉下来一个东西没有伤着人是侥幸，但这毕竟是个隐患。如果明天再掉下来一个大物件，谁能保证还不伤人？因此，我们首先要搞明白是什么原因导致了坠物，然后采取措施，从此杜绝东西掉下来的隐患，才是解决问题的根本。

这件事的发生，促使CNLC相关部门在HSE管理中适时采用免责（"No Blame"）的正向行为鼓励方式，着手培育积极的安全文化。也就是说，公司HSE管理发展到一定阶段后，经过评估，认为没有员工会故意违反HSE规定，如果真的发生了事故，首先要做的不是追究责任，而是解决问题，找出真正的原因，避免以后再发生同样事故。

CNLC从人本身的要求和客观实际出发，认为如果不免责，经历这个事情的人难免担心说了真话反而受惩罚，下意识地推卸责任，即便不造假，也不会实话实说，这样就难以找出真正原因。

为此，CNLC树立"事故是一种资源"和"小事故，大分析"的HSE管理理念。在项目每周的安全例会上，首先要评述项目最近的事故和险兆事件，及其调查分析进展。即使只是米饭里发现一个铁屑的险兆事件，"什么时间、如何发生的、原因是什么"都会在第一时间公布出来，让所有人员知悉。之后，项目会利用TRIPOD工具进行分析，一查到底，直到找出导致险兆存在的真正原因，并制定出切实可行的预防措施。

当然，在明确HSE事件奖惩规定和HSE事故管理规定之后，CNLC对员工出现的故意违章事件严格处理，没有人可以豁免。

HSE管理的精髓在于，如果员工把"事故以及发生事故的原因、发现事故以后采取什么样的措施，如何防止再发生"的经验分享给他人，由此使这个行业的所有人都能避免发生同样的事故，这样的作为不仅保护了自己，也对他人、对公司做出了贡献。

CNLC的技术服务主战场是国际市场，HSE业绩的积累来自公司所有员工一点一滴的作业表现。因此，在CNLC，HSE管理的最终目的是让每个人都安全。鉴于测井行业又是放射源又是火工品，而且作业分散，风险性更高，CNLC致力于持续培养员工和企业控制风险的能力，提升员工的安全意识、安全能力，培育公司的安全文化、安全环境。不管是工作中还是生活中，都能够随时识别风险，确保安全。

当HSE管理到一定阶段，HSE意识已深入人心，如果还是发生了事故，这时候HSE管理不再以处罚为手段，而是通过查找事故发生的真实原因，研究杜绝再次发生的方法。同时要在最短时间内把事故及原因、如何防范的信息传达到CNLC全球所有项目，以求同步共享，全员引以为鉴。由此，一个项目上的事件可以警示所有人，一个事件发生后，整个CNLC杜绝再次发生类似事件。

一旦人为出了问题，规矩面前人人平等。没有了例外，也就没有了侥幸心理。

执着地、规范地做一件事，是容易见到成效的。几年下来，CNLC员工形成了良好的HSE作业习惯。

021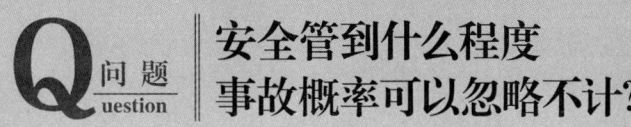

"有交通事故？肯定不是 CNLC 的！"

在国际市场，由于大家都绷紧了安全生产弦，容易出现问题的地方不是作业现场，而是交通。

CNLC 在海外有各种类型车辆 200 多台，所有专职司机都享受严格的"特殊安全"待遇：签订《机动车辆驾驶员安全责任书》后，全面执行准驾证制度、严格系安全带制度；每辆车均配备了车装限速器、行车记录仪……

在海外项目，如果一辆车要执行任务，比如 13 点整从营地出发前往 80 公里外的作业现场，司机要提前 10 分钟对车辆进行"三检"，制定路程管理计划，领取《派车单》，填写《行车前车辆检查单》。确认车辆性能良好后，准时从营地出发，路上最快行车速度不超过每小时 60 公里。行车 40 公里后，停车检查车辆的轮胎、管线、车辆仪表状态以及刹车系统工作状况等。15 点整，安全到达作业现场。

在这短短 80 公里的路程中，公司通过多种措施控制车辆风险。

——执行公司准驾证制度。CNLC 所有驾驶员除了持有本国驾照外，还要通过公司考核，拿到公司颁发的内部准驾证才允许摸方向盘。此举限制了一些手中有证而技术较差的人员驾车。

——执行公司安全驾驶管理规定。驾驶员出车前必须领取派车单，据实填写驾驶前、驾驶中、驾驶后车辆检查单。此举有利于及时发现车辆的不安全状态，消除安全隐患。

——所有车辆装备安全带。凡是 CNLC 的车辆，车上座位全部要装备安全带。车辆发动前，司机有责任要求所有乘坐人系好安全带。此举保证了所有司乘人员在紧急情况下得到安全带的有效保护。

——所有车辆安装速度监视器 VDO 或限速器，最高限速为 60 公里/小时。一旦超速，监视器自动报警，提醒司机已经超速。监视器记录的行驶数据可以下载到本地计算机读取分析，便于基地有效监控驾驶员的行为。

这些措施有效扼制住了交通事故的发生。在安全规定均执行到位的情况下，CNLC 人很轻松，不怕接到一线随时打来的电话，主管领导也不会因为种种担心而睡不着觉。

有一次，苏丹市场传来消息，不知哪个作业队出了交通事故。别人争相打听，提醒 CNLC 的油田合作方经理："会不会跟你们在 CNLC 工作的人员有关？"那位经理不假思索地说："有交通事故？这事不用问，肯定不是 CNLC 的！我领教过了，他们的管理算是做到家了，要是出事儿才叫见鬼了呢！"

原来，此前一个月，这位经理刚从苏丹调研回来，在项目一线有一段与 CNLC 司机打交道的亲身经历。

那天，他乘车前往井场，因为天热不想系安全带。但他不系好，CNLC 的司机就拒绝发动车子。同样，从一线返回时怕误了飞机，他想让司机开快点。可 CNLC 的车辆装了限速器，在什么样的路况应该开多快的速度都有明确规定。司机虽然一再道歉，却始终坚持按规矩来，急得这位经理直埋怨这个公司的人"太不灵活"。

路上休息时，巧遇另一家公司的朋友，邀他换坐那辆更好的"牛头"，并保证可以开快一些，早点送他到机场。但 CNLC 人表现很"古板"，拉着他就是不让换车。因为按公司规定，无论哪个公司的人，只要与 CNLC 有了关联，就得全程负责其安全……

整个过程虽然让这位经理感觉不爽，备受管制，但回到家却又对 CNLC 的管理肃然起敬：开始真不适应，但想想他们能把安全做到这份儿上，真是很保险。怪不得一说跟 CNLC 出去，我们公司的员工都争着去呢！

这样严格的交通安全管理，在 CNLC 人看来不过是"日常操作"。公司有规定，我们自然应该执行好。而对于来自合作伙伴的赞扬，CNLC 人并不满足。他们认为，对于 CNLC 的国际化探索来说，HSE 只有起点没有终点；对于 HSE 管理水平来说，没有最好只有更好。随着公司在国际市场不断拓展，HSE 管理要持续改进，HSE 体系也要与时俱进。

CNLC人意识到，安全管理如同斜坡滚球，任其自然发展就会迅速下滑。而公司建立的HSE管理体系就是阻止其下滑的关键，只要在实际工作中执行到位，就能彰显体系管理的效果。

具体工作中，CNLC最大的特点是做事情实打实，不走过场不应付。一切工作的出发点都是因为企业发展需要，是项目部工作需要，也是保护员工的需要。李越强总经理常说给HSE管理者的一句话就是："你们做HSE管理，就是在做善事！"

在CNLC，责任不是写在纸上、挂在墙上，而是有一整套的制度机制来保证人员到位，措施到位，执行到位，监督到位。

公司领导坚持认为，HSE管理的重点不是事中救火，也不是事后追究责任，而是事前预防。CNLC人一直试图了解并掌握HSE管理规律，进而从根本上解决问题。比如在风险评价时强调定量分析，在制定安全制度时注重少用抽象概念，多用量化指标，简明易懂，适用于每个人，从而为HSE体系实现最优化的管理提供科学依据。

虽然公司从事的是高风险行业，战线长，管理幅度大，但项目风险再多也是有数的、可控的，哪怕一年就解决一部分，第二年至少可以控制住这一部分。如果把所有风险点都控制住了，出事故的概率就减少到最小。

正因为CNLC的交通事故风险实现了全面受控，才有效扼制了交通事故的发生。

022 问题 做好 HSE 能获得市场奖励？

CNLC 的竞争新优势

重组三年后，CNLC 的 HSE 业绩提升了一大步。良好的 HSE 表现，加上高水平的技术服务，CNLC 常常成为甲方和当地政府表扬的对象，甚至公司在市场上 90% 的合同延续与此有关。

CNLC 参加新项目投标时，再没有油公司和合作伙伴质疑其 HSE 管理水平了。公司每年新拿到的项目合同中，70% 是因为在执行上一个合同时 HSE 业绩优异而打动了合作者，进而签订了新的项目合同，双方成为真正意义上的战略合作伙伴。越来越多的油公司对 CNLC 的服务充满了兴趣。

在苏丹，若论 HSE 表现，包括西方大公司在内的所有测井服务商都有 HSE 案件记录在册，业绩良好无出 CNLC 之右者。甲方发来的表扬信不断，新的陆地和海洋技术服务合同也接踵而至。令人兴奋的是，伊朗国家石油公司在没有招标的情况下，主动将已经到期的合同再延长半年；在伊朗南部最大的油田，油公司取消原定的测井招标，直接将项目交给 CNLC 这个"最满意的战略合作伙伴"。

受益最大的除了公司，还有全体员工。几年下来，因为全方位加强了 HSE 工作，CNLC 的几个安全硬指标：千人死亡率、千人重伤率、千车死亡率、重大火灾事件全部为零，百万工时可记录事件率则直线下降了 40%。当苏丹作业区一名员工因缺钾而虚脱、发生生命危险时，作业区启动应急人员救助预案，在最短时间内用直升飞机把患病员工紧急转移到喀土穆医院，使其得到及时治疗，脱离危险。

2004 年，公司请来澳大利亚等国 HSE 管理专家，专门对公司建立的

HSE管理体系进行诊断评价。此外，CNLC评审、发布、实施了88个ISO标准、105个API标准、19个ANSI标准、19个IEC标准和297个法律法规以及中国石油天然气行业标准。同年10月，CNLC通过了挪威船级社（DNV）的HSE体系认证审核。挪威船级社是国际领先的权威认证机构之一，有140多年的历史，拥有许多国家认证机构的授权。获得其认证审核并非易事。CNLC拿到该证书后，成为当时中国石油行业在海外作业公司中第一个获得国际第三方认证的企业。

几年下来，CNLC坚持不懈地定期对HSE管理体系进行内部审核和评审，再根据审核、评审的结论和建议，由HSE管理部门和基层单位一起制定实施改进计划，完善HSE管理体系，确保其持续的适应性和有效性，螺旋式提高公司整体HSE管理水平。这样的努力，使HSE管理既得到更多国际合作伙伴认可，也为公司拓展了竞争力增长空间，打造出一个中国企业在国际市场后来者居上的现代样板。

CNLC建立HSE管理体系，一方面是它确实能提升公司的安全、环境和健康管理水平，实现了从经验型、事后型的传统管理模式到"事前风险评估防范"的现代化管理模式转变，确保员工人身安全，项目顺利执行；另一方面是因为作为一个有效的健康安全环境管理体系，HSE得到了世界上大多数石油公司的共同认可，从而成为国际石油市场共同遵守的游戏规则。

相比国际大石油服务公司，CNLC的HSE体系建设还有很长的路要走。应该说，公司的HSE还刚刚起步，只是因为认真对待，扎扎实实解决好每一个存在的问题，才成效凸显。想要更上一层楼，只有抓住一切机会，在实践中检验，在持续改进中完善提高。CNLC请来澳大利亚专家诊断评价，请来挪威船级社（DNV）专家对公司的HSE管理体系进行外审，就是进一步改善HSE体系的强有力手段，焕发出HSE体系在一个中国企业的旺盛生命力。

第五章

市场·布局

023 问题 如何推销"CNLC"抢抓市场机会？

从"王婆卖瓜"到"捕获伊朗市场"

在油气服务市场，一个企业要想拿到订单，一靠服务能力，二靠响亮品牌。可这对初涉国际合作、既无业绩也没有名气的 CNLC 来说，都是短板。

刚开始同埃索和壳牌接触时，人家问："你们的作业成功率和仪器时效如何？"员工回答："挺高的，达到 90% 以上。"

对方听得直摇头，不知所云。其实，国际市场的惯例是按百万工时来计算作业时效，而员工回答的则是作业一次成功率。

如此，就算语言交流顺畅，CNLC 人从思维方式到内容沟通都存在问题，连一见面时的公司介绍都不规范。西方公司直接说自己有什么样的技术装备，有什么样的服务实力。而 CNLC 人一开口就不自觉地与竞争对手比较，我们比谁要好，跟哪个先进公司用的设备是一模一样的……

殊不知，这样的做法反而犯了国际市场之大忌。在 CNLC 与埃索打交道时，一位好心的"老外"提醒了他们。

第一次为埃索提供服务后，现场看好 CNLC 的一位总地质师好心地提出一个建设性意见：你们刚进入市场，要想引起油公司的注意，应该像斯伦贝谢那样到甲方推销自己，到埃索、壳牌、埃克森等公司的总部去告诉他们，中国有这么一个提供测井专业服务的 CNLC，告诉他们公司有什么样的理念、承诺、能力，能为甲方提供哪些方面的技术服务。

一语惊醒梦中人。受到高人指点，CNLC 人也努力学着"王婆卖瓜"，着手准备宣传资料，突出公司的价值理念和服务能力。当时还没有PPT这样的多媒体宣传手段，公司领导就自己动手制作了几张胶片，在幻灯机上打出来，效果不错。接着，他们利用到美国验收设备的机会，在阿特拉斯销售部经理帮助下，第一次走进壳牌、埃索、菲利普斯、埃克森等大公司的总部和办事机构，在休斯敦面向西方公司自我推销，实现了 CNLC 国际首秀。

虽然每家公司只是象征性地给了 CNLC 几分钟机会，可就在那三五分钟时间里，CNLC 真正把脸转向了世界，油公司也了解这个中国公司正在努力地走进他们的视线。

CNLC 还借机拿到了油公司送上的宣传手册，在了解油公司的同时，也学习人家自我推销的门路，学会了"商务推介、技术澄清"这样的规范用辞，慢慢掌握消化其内涵。

此后，CNLC 再面对西方油公司时，一次比一次大方得体，还专门到苏丹、伊朗、利比亚等重要产油国组织专题技术报告会，通过参加对外展览、进行客户回访、接待外国油公司参观等多种形式的推介活动，一步步扩大 CNLC 的国际影响力。

1998 年，正在四处推销、寻求市场合同的 CNLC 获悉，伊朗国家石油公司要对测井业务进行全球招标，他们把这当作在非中国石油投资市场获得突破的好机会，借机把 CNLC 的资料送上门去。

同时，公司市场部通过多种渠道收集相关信息，深入分析研究后认为，伊朗石油和天然气资源丰富，但在这个已探明石油储量和天然气储量位居世界第二、仅次于俄罗斯的全球主要石油生产国市场上，多年来，石油测井技术服务一直由世界第一大石油技术服务公司——斯伦贝谢所垄断。

这次伊朗国家石油公司之所以要全球招标，主要是感受到了被西方公司垄断的弊病：伊朗石油界已经形成服务公司制约油公司的局面，伊朗深受其苦。而且，由于伊朗属于被美国制裁的对象，两国关系紧张。20 世纪 80 年代，双方在波斯湾剑拔弩张，声称要用导弹攻击对方的油轮和海上钻井平台。

其实，这次招标就是伊朗国家石油公司有意引进新的服务公司，以摆脱斯伦贝谢对其陆上测井长达 60 多年的垄断。这对 CNLC 来说，是一个难得的市场机遇，更是一个巨大的挑战。

明知山有虎，偏向虎山行。CNLC 人太需要这个市场来证明自己了。他们全力以赴地准备着，研究分析伊朗油田的地质构造、技术特色和标的要求，按照国际规范制作的标书在规定时间内发至德黑兰。

现代市场经济环境中,企业存在的价值就是满足市场的需要。而找市场,签合同,又是企业初入国际市场最难的事情。

所谓道生一,一生二,二生三,三生万物。对于要在市场上生存的CNLC来说,市场就是公司的生存之"道"。

因为实力需要用市场业绩证明。一个企业想做什么,能做什么,可以做到什么程度?自己口说无凭,得用数据、案例、甲方评价、专业机构的评语等来证明。因此,企业初创、什么都没有的起步阶段最艰难。

自我宣传推介就是在公司还没有名气和市场、业绩的情况下,确定谁是CNLC的客户?他们在哪里?如何才能接触到这些客户?又如何让全球测井行业的更多甲方、合作伙伴了解CNLC,知道CNLC有什么样的技术和装备,有多强的服务能力和多高的作业质量……

所以,第一步,CNLC人先学习在不与其他同类企业比较优劣的情况下,用简洁易懂的语言客观描述,让客户知道"CNLC是谁,能干什么"。

发现市场机会重要,但要抓住机会还必须深入分析研判市场与客户,一旦弄清楚客户的真正需求,成交的几率就提高很多。那么,在伊朗客户心目中,CNLC能创造什么其他服务公司创造不了的价值?通过综合评估,CNLC认为有能力满足伊朗国家石油公司的测井技术服务要求,更重要的是,这个中国测井公司可以打破西方测井企业对伊朗油气服务市场的长期垄断局面。

024  谈判桌上"必杀技"如何炼成？

一组照片成"底牌"

不久，伊朗国家石油公司评标委员会派出一个专家组飞赴北京，颇有兴趣地专程对 CNLC 进行实地考察。

在香山饭店，CNLC 人热情地接待了初次会面的中东客人。几场介绍 CNLC 技术、装备和以往作业业绩的报告会之后，伊朗客人又到公司的井场和解释中心实地考察，这些看惯了斯伦贝谢设备和作业的专家也频频点头，对 CNLC 表示出极大的信心。

专家小组离开北京时，团长穆罕默德直言："我们对 CNLC 很满意，请你们尽快到德黑兰来，进行实质性的商务谈判。"

面对伊朗市场上千万美元的国际技术服务大单，不管是甲方，还是乙方，都十分重视。

对于 CNLC 来说，中东历来被认为是全球石油奥林匹克竞技场，是最有价值的高端市场之一，初出国门的 CNLC 要想撬开中东市场，难度可想而知。

对于伊朗国家石油公司来说，他们已习惯于把斯伦贝谢当成这个行业的标杆，这家来自中国的公司能否满足伊朗的要求，是否有能力改变伊朗油气测井行业的垄断局面，还是个未知数。

在奔赴德黑兰的飞机上，CNLC 人怎么也没料到，在这座位于丝绸之路上、第二次世界大战签署德黑兰宣言的古老城市里，他们将与伊朗代表唇枪舌剑，进行艰苦卓绝、长达三个月的拉锯式谈判。

下了飞机，入住饭店，谈判前的准备工作一刻不停地进行着。毕竟，伊朗项目对中国测井人来说是一个全新的领域和市场，对这个国家的一切都不熟悉，事先从甲方那里得不到任何消息。CNLC人只能在谈判开始前，尽可能多渠道了解伊朗税收、金融、海关、保险等方面的法律法规，以确保打个有准备之仗。

谈判桌上，CNLC人把中国经典的兵法计谋一一演练在唇枪舌剑间：有时以守为攻，欲进反退；有时舍卒保车，暗渡陈仓。面对面的智慧较量常常从日出瀚海直到大漠黄昏，甚至在对方礼拜的时候，CNLC人还在谋划着谈判的细节和突破口。他们清楚，对于国际大的招投标项目来说，谈判水平的高下基本上可以决定这个项目的盈亏。CNLC初入伊朗市场，谈判结果自然需要平衡好双方的利益。

按照伊朗国家石油公司原来的要求，中方要支付合同总额17.5%的社会保险费用，装备入关伊朗时还要承担高额关税。CNLC人觉得不能接受，夜以继日地查阅繁杂的伊朗法律法规，终于发现了一些有利条款，从而使伊朗方面做出让步，同时在谈判桌上促使伊朗银行出具履约保函，为公司争取到最大利益。

谈到作业油田时，按照国际惯例，甲方要为乙方提供作业营地。伊朗谈判代表穆罕默德指着地图说，"油田在这里，我们已按照合同条款建立了一个标准营地，你们可以直接使用。"

耳听为虚，眼见为实。带队的李越强不敢轻信，他利用第二天周日的休息时间，乘飞机直飞距德黑兰千里之遥的阿瓦兹，按图索骥。当他一步步费力地找到位于戈壁沙漠中的营地时，眼前的实际情况使他大吃一惊：营地已废弃多年，连最基本的生活条件都不具备，根本无法入住，更别说在井场进行作业和仪器维修了。他略一盘算：这个营地要修复到可以重新使用，起码需要再投入上百万美元。用随身携带的相机拍下营地里里外外的状况，他胸有成竹地回到了德黑兰。

第二天，谈判继续。CNLC人拿出照片说："先生们，这就是你们提到的营地，它的情况非常糟糕。请求甲方按照国际作业规范和伊朗有关健康、安全、环保的标准，彻底修复这个营地，提供我们队伍施工所需的基本条件。"

伊朗代表一下子愣住了，没想到谈判对手会在这么短的时间内把千里之外的现场情况了解得一清二楚。几个人互相交换了一下惊讶的眼神后，同意了中方的意见。

知己知彼，百战不殆。

谈判就是一个双方互相妥协、不断扩大共识的过程。所以，谈判前既要明确双方的谈判目标、自己的底线、对方的诉求，也要通过分析比较双方一致的利益和可能产生的分歧，制定谈判桌上的应对之策。

谈判过程中思维、口才固然重要，但是最核心的问题，还是准确把握谈判内容，而这种把握常常是基于中华文化讲究的"料敌从宽"，没有调查就没有发言权。

任何谈判都是一个不断思考、交换意见和彼此让步的过程。对于在实现谈判目标的过程中可能出现的关键问题，需要深入探究，因为谈判桌上有针对性的策略往往来自对对手的深入了解，而这恰恰是 CNLC 谈判人员在初入伊朗时遇到的最大问题，"像面对一座陌生的城堡，什么消息都得不到。"

这又是关乎项目运作盈亏的一场谈判。于是，CNLC 人根据谈判进程，预判现实情况，通过深入细致的调查研究，掌握了可以一招制胜的底牌，在谈判中才能游刃有余，出其不意地拿出证据，让对方感到措手不及，不得不做出让步，以最好的方式获得自己想要的结果。

当然，即便是发现了对方"不坦诚"的一面，也要慎重看待对方的错误，尽量展示出尊重的态度与合作的精神。毕竟，双方都希望对方的让步能为自己赢得更大的利益，成功的谈判应该是双方都有收获，目的在于寻求双赢结果，并为以后的合作打下良好基础。

025 问题 "失之东隅，收之桑榆"是怎么回事？

1.5% 的降价与 500 万美元的预付款

两个多月后，谈判进入尾声。

一天，伊朗国家石油部副部长穆罕默德来找李越强："祝贺你，李先生。国家石油部长阿里·哈沙米先生要约见你，我们的谈判就要成功了。"

哈沙米是伊朗前总统的侄子，在伊朗政坛、军界和石油行业颇具影响力，算得上一位言出必行、一言九鼎的政治权威人物。

问了一些合同谈判情况后，哈沙米话锋一转："这场谈判已经到了最后。我想告诉你的是，我们同时还与英国和美国的公司进行着谈判。李先生，我要求你把合同报价再降 5%。"

李越强心下暗惊，哈沙米的确不好对付。如果按照他的要求，这两个多月谈判桌上唇枪舌剑争取来的利益将全部付之东流；如果拂了他的面子，同样会影响来之不易的成果。不过，这句话也传递了一个信息，哈沙米提出条件，隐含了伊朗方面希望与 CNLC 谈判成功的意愿。

"部长先生，"李越强直视着哈沙米真诚地说，"我们的报价是合理的。如果再降 5%，将会直接影响作业质量，这是甲方和 CNLC 都不愿意看到的。"

"我在谈判中的意见从来没有人敢反驳。"哈沙米面有愠色，"你们不降价，还有英国公司和斯伦贝谢呢。"

李越强冷静地据理力争："部长先生，您说得对，西方服务公司已经在伊朗服务了 60 年，他们的价格远在我们之上。如果 CNLC 退出竞标，伊朗市场将要承受的是更高的垄断价格。"

一语中的。哈沙米不吭声了，因为这正是伊朗石油界和政府一直很头痛、想方设法要改变的市场局面。李越强见机行事，乘胜扩大战果："我们虽然是一家小公司，但作业标准和服务质量不比西方公司差。我们还承诺为当地雇员提供良好的培训，甚至可以提供到国外培训的机会。这样，你们就可以建立起自己的测井队伍，发展伊朗的石油工业。我们还设想在德黑兰建设一个测井解释中心，为油田提供延伸服务……"

哈沙米听得入了神。要知道，这些恰恰是伊朗国家石油公司所急需的。

"部长先生，"李越强又抛出一个砝码，"中国石油企业几十年来形成了一个不同于西方的完整石油工业体系，技术服务公司与油公司长期共存，拥有很多特殊的实用先进技术。我们可以解决伊朗有很多位于军事基地、机场和高压输电线路附近的油田测井问题。您知道，出于安全和技术原因，其他公司都不敢在这种环境中作业。"

哈沙米瞪大了眼睛，这正是他长期以来想要解决的老大难问题。他站起来握住李越强的手说道："我们对这些技术很感兴趣，相信我们的合作会非常成功。但按照惯例，所有的石油合同到了我这一关必须降价。您也不能例外。"

听话音，部长显然已退让了一步。李越强稍一思索，也给出台阶："这样吧，我们可以再让1%。""不行。"哈沙米大声喊道，"1.5%，这已经是底线了。我还从来没有给过哪家石油公司这样的优惠。这次我已经破例了！"

"好吧。"李越强笑了，"您是一位非常高明的谈判专家，我非常佩服部长先生的智慧和执着。好，我们就降1.5%吧。"

哈沙米挣足了面子，又得到了最需要的服务，心情很好，开始谈论一些轻松的话题，气氛也变得更加友好融洽。这时候，李越强仿佛无意中想到什么似地随口说道："部长先生，为了尽快履行合同，伊朗国家石油公司是否可以提供500万美元的前期运作费用？这样我们的设备可以马上启运，这笔钱就在将来的工程款中扣除。"

"没问题！"哈沙米不假思索地一口应承下来。

走出部长办公室，李越强的助手不甘心地问道："您一直据理力争，怎么在最后关头却又让出去1.5%呢？"

李越强压抑着心中的兴奋，拍拍同伴的肩膀说："你去看看国际汇率和伊朗的金融法规就知道了，一来一往加上存款利息，这500万美元的先期支付可比那1.5%合算得多啊！"

现代管理学之父彼得·德鲁克认为，企业的目的只有一个——创造顾客，所以企业有两个基本功能——市场营销和创新。在这场长达3个月的拉锯式谈判中，CNLC正是围绕"营销自我和创新思路"，实现与伊朗的成功合作。

这场谈判开公司先河，成为CNLC在国际市场上赢得重要国家石油公司合作的一个经典案例。

对于谈判双方而言，这既是一个难得的合作机遇，更是一个巨大的现实挑战。CNLC是第一次接触非中国石油投资市场，是一个全新的领域，自然期望甚高。因此在谈判中更多的是用技术、智慧、能力来解决问题。

而伊朗国家石油公司的这次招标，目的就是要打破国内已经形成的西方服务公司制约油公司的局面。但毕竟是第一次引入来自中国的测井公司，真实的能力尚没有见识，必须倍加小心。

魔鬼在于细节，谈判取得突破、与伊朗达成协议的关键点在于，CNLC能够站在客户的角度尽可能多地把握其深层次需求，并有意识地制定以客户为导向的市场营销战略，把客户需求与CNLC自身具备的技术服务能力及特点结合起来，找到了他人解决不了而对方又很需要的"痛点"，这就是双方合作的共同利益基础。

谈判是一门艺术。

CNLC在确保自身利益的前提下满足伊朗国家石油公司看重的条件，回应其合理关切，理解并证明自己有能力满足其需要，由此达到双赢目的。

026 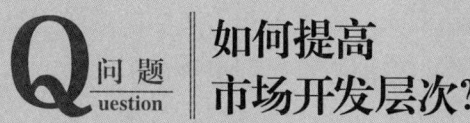 如何提高市场开发层次？

建立全员营销的市场体系

从2002年开始，CNLC开始树立起一种新观念：公司是一个整体。市场营销到一定阶段，就成为整个公司的事情。

在公司重组初期，六七亿闲置资产急待市场，拿来合同最要紧，西瓜要抱，芝麻也要捡，目的就是让设备动起来，让人忙起来。那个时候不管黑猫白猫，能捉住老鼠就是好猫。市场部拿到一个合同，其他部门、项目部员工执行得漂漂亮亮，让甲方满意就是最高要求。

等到公司大部分设备都进入市场，甚至全球装备不够用、人员忙不过来、动不动就得组织各项目互相调配资源时，再不管三七二十一地把合同拿回来，已经不是公司的最大需要了。

这时候，CNLC的战略重点转移到了优化资源、优选市场、提高市场层次上，不仅要把今天的事情做好，还要想着明天的市场：这个合同结束后，设备到哪儿去？谁是公司价值最高的客户？对他应该提供什么样的营销策略？全球项目如何布局？寻找这些问题的答案，需要市场部和作业区、各专业携手合作，全方位维护好客户关系。

按照CNLC的运作方法，拿来合同的是市场部，真正维护市场的却是各事业部、物流、研发等部门员工。每一个部门和员工在为客户提供服务时，都要从自身角度，想方设法去扩大和延续市场，提升服务价值。工程师也同样承担有市场营销的责任，他们的营销对象就是甲方的监督、现场人员，不仅要把资料处理解释好，还要广交朋友，让甲方从上到下，每一个层次的人都对CNLC产生好印象。

为此，CNLC开始构建涵盖全员的立体化市场营销体系：以市场开发和市场营销作为两条主线，按照公司的组织结构赋予每个部门、每个层面、每个业务的不同职责，承担起各自的市场营销责任。从市场营销战略制定，到具体的市场营销活动安排和年度计划、行动方案，分层次，按目标，把责任落实到每个人。

就此，一系列标准化制度、合同、招投标模板建立起来，原本市场部的工作逐步变成全员的事情。市场部以市场管理体系建设和维护、营销策略管理为主，其他部门按照公司拟定的标准化合同、招投标模板，直接拿出合格的标书。

新的营销体系中，领导层、职能部门、作业区和事业部各司其职，不同层次的人分做不同的事，对不同的问题负责，形成了公司全员共担市场开发的新局面。

领导层通过参加挪威的高级石油公司总裁培训班，每年拜访政府要员和客户，定期了解油公司、服务企业的具体需求和下一步计划，做好重点公司的客户关系维护。

市场开发部负责统一协调公司市场营销活动，主攻新市场开发；作业区的责任主要是市场维护，协助市场开发部进行新市场开发。

原本只负责作业的四个事业部也新设了市场营销岗，除了用作业业绩和服务质量证明CNLC的实力外，还要为市场开发提供不可或缺的技术支持，协调市场与作业的关系。

苏丹作业区把市场开发分为三个层次：现场工程师、地质师作为一线客户经理，与甲方现场监督和管理人员建立密切的合作关系；专业经理、解释经理以及财务经理作为二线客户经理，随时和甲方USER以及作业部门、财务部门交流沟通，在日常工作中建立密切的业务联系；市场部经理和作业区经理的主要公关对象则是甲方中高层关键人员。

一旦拿到合同，作业区和事业部以"服务质量是我们的市场生命，让100%的顾客100%地满意"为宗旨，通过每一次作业、通过每个工程师为油公司提供尽善尽美的服务，力求进一步扩大市场。每一个身在其中的CNLC人都是市场营销员，又由于分工不同，在市场营销中担任着不同的角色。大家携手合作，互为支撑，织成CNLC的立体市场营销网络。

如果说市场营销就是管理有价值的客户关系，CNLC打开更多国际市场大门后，在精准选择高价值客户的同时，更看重如何选择未来的目标客户、如何决策公司未来的盈利模式。

这时候，公司市场营销的重点不再是简单的签合同、卖服务了，而是要转移到统筹考虑市场结构优化和整个市场布局的大问题，以及如何在近期市场和未来市场之间建立联系，以当下支持未来。

公司通过建立全员营销的市场体系，把过去市场部一家的事变成了公司所有人的事。市场部的主要任务则变成了站在公司层面，面向未来和全局，制定分阶段实施的战略目标，研究市场，强化管理。

这个要求在一开始有很多人不理解。一方面，创新总是具有挑战性，"制定规则去规范其他部门"对市场部的管理能力提出了更高要求。另一方面，已习惯于拿合同的市场部，总觉得制定管理规范和未来目标这样的工作，不如经过策划谈判、斗智斗勇地拿回合同更有分量。

但对整个CNLC来说，对未来市场进行预测性研究，进行战略性思考，不仅影响到当下市场，还关系着企业的研发方向、未来发展。因为只有准确预判未来的服务是什么形式，市场需求是什么趋势，才能找准研发创新的方向，弄清市场需要什么产品，能在多大程度上满足甲方要求，可能创造什么样的价值。从某种程度上说，这次市场营销战略调整正是为CNLC未来的市场竞争铺路架桥。

027 Q问题 如何增强市场开发针对性?

细分目标市场　提供增值服务

2003年开始，CNLC把国际市场划分为四大区域——非洲、中东亚洲、美洲和独联体，籍此通盘考虑全局，优选目标客户，特色运作。每个区指定专人负责，实行分区开发管理。进而细分目标市场，建立客户档案，不断完善客户资料，加强对客户和项目的研究，根据其需求采取不同的市场开发策略，以提高市场开发的针对性。

各作业区和事业部根据市场特点扩展服务领域，挖掘服务潜力，争取合同内增值。

在哈萨克斯坦，CNLC在处理扎那若尔油田的测井资料时，发现在KT-Ⅰ和KT-Ⅱ层间约3000米处有一处较好的储集层，油气特征明显。在将结果告知甲方并引起高度重视的同时，员工顺势介绍并展示了CNLC的测试装备和服务能力，甲方当场决定请CNLC对新发现储层再次进行中途测试。

在苏丹为3/7区块提供测试服务时，CNLC工程师主动向油公司提供了全套干扰井设计方案。甲方因为这一合同外的收获分外高兴，第二年又将这个地区的6口干扰井测试服务合同全部以议标方式授予CNLC。

巴基斯坦石油技术服务市场比较成熟，是非中国石油投资市场，集中了几乎所有竞争力强劲的国际测井公司。在与行业高手同台比试中，CNLC又一次运用特色技术，在MARIGAAS测试项目中成功解决了西方石油公司一直回避的高压气井高含二氧化碳、高含硫化氢等技术难题。

在委内瑞拉，CNLC从最初为中美公司一家服务，逐步扩展到为委内瑞拉国家石油公司（PDVSA）及其他油公司提供服务，从最初较为单一的射孔服务逐步扩展到测井、录井和定向井多种服务。

在同一个市场中，CNLC不管哪个专业先进场，都会努力创造条件，带动其他专业跟进，形成专业综合服务优势。苏丹3/7区的主要作业者是海湾石油公司，CNLC凭着在苏丹市场三年多优质测井服务创下的品牌，接下来又中标了测试和录井项目，带动测试和录井服务队伍也进入苏丹市场，实现测试专业在海外市场零的突破。随后又引入化学堵水、NMR录井等服务项目，不仅实现了合同保值增值，服务对象也扩展到了APCO、SUDAPAK等公司。

CNLC十分注重与甲方的交流与沟通，努力为甲方解决勘探开发中的技术难题。项目部把每一次测井作业都当作优质工程来对待，把每一份测井资料的录取都看作是中国测井的荣誉。良好的服务获得甲方的高度称赞，这一年，甲方发来的书面表扬信就有20多封。

对于提供过服务的油公司，CNLC充分挖掘人力资源潜力和特种作业服务能力，在发挥测、录、试一体化服务优势上下工夫，通过参与油公司技术方案设计，帮助解决油公司遇到的地质、油藏方面的技术难题，建立与油公司长久的战略合作伙伴关系。

2007年下半年，在哈萨克斯坦一个区块，CNLC工程师在下完套管的测固井作业时发现了一个严重问题，连测30多口井，数据都显示质量不过关。这意味着打完的井交不出去、拿不回钱。甲方急了，下令所有钻井队停工查个究竟。事关重大，CNLC的压力更大。甲方干脆又请来贝克休斯和斯伦贝谢进行测井对比，最终与CNLC给出的结果一样——质量不达标。

这时，CNLC人开始换个角度站在甲方立场想问题：这些井的质量是从什么时候开始不过关的？在同一区块什么因素改变了？如果固井工艺没有变化的话，材料怎么样？他们提醒甲方去查，果然发现了一个重大变化。套管是新购进的，而且正是从不合格的那口井开始使用的。再查这批套管，比原来的套管多了一层防腐涂剂。请教国内专家后才知道，就是这层防腐涂剂在测井的曲线响应上产生了微空隙，但并不影响生产。

CNLC花了几个月时间，终于使甲方苦恼不已的事件真相大白，使提心吊胆的当地政府和甲方都长舒一口气。

像这样的增值服务，CNLC人不求报酬却有心地做了很多。一系列高水平服务持续扩大着CNLC的影响，越来越多的油公司向CNLC敞开大门。

市场很大，需求不一，无论哪家企业都会受限于实力和资源，不可能同时满足所有客户。

市场细分就是企业根据自身条件和营销目标，以需求的某些特征或变量为依据，确定自己的目标客户，以差异化服务为客户创造更高的价值。而增值服务的核心则是根据客户需求，为客户提供超乎常规的服务范围或服务方法。

国际测井市场竞争激烈，迫使CNLC在维护原有市场、寻找新的目标市场时，必须结合自身优势，制定高效的市场开发策略。

CNLC每进入一个市场，认真分析研判目标客户的需求，根据不同客户的特征，把市场划分为较小的单元，提供高品质的技术服务，凸显CNLC的差异化服务特色。公司从为客户解决问题的角度出发，满足客户的迫切需要，并在服务过程中打动客户，从而建立持续的合作关系，创造卓越的客户价值和满意度，拓展更大的市场。

在市场份额逐步扩大之后，CNLC对国际市场的要求提高了，不再像初期以争取项目数量和市场规模为主要目标，而是对每一个将要进入的项目和市场进行潜力和效益评估，变初期"以规模优先"为后来的"以效益为主"，注重发挥公司独具特色的测录试一体化服务优势，为客户提供更精准的油藏评价服务。

国际化重组五年后，CNLC寻找新市场的压力减少了。一方面，闻名找上门来的油公司多了，更重要的原因是，CNLC的现有市场拓展得更快了。

028 问题：如何在甲方身上打下乙方烙印？

培训甲方就是培育市场

在加快培训当地雇员的同时，CNLC 还专门抽出时间，组织专业团队，为全球各地的甲方人员举办不同类型的管理、技术、监督培训班。

2005 年 5 月 16 日，来自哈萨克斯坦、苏丹、阿塞拜疆、利比亚、巴基斯坦、叙利亚 6 个国家的 28 名客人，齐聚 CNLC 北京总部，他们是来参加 CNLC 组织的岩石物理和井筒技术国际培训的。

8 天时间，学员们通过图文并茂、形象生动的幻灯片，听 CNLC 工程技术专家全面介绍公司包括录井、测井、测试、综合地质研究解释四个方面的主营业务及技术实力。时不时有人举手提问，课堂变成了讨论现场，专家干脆走到台下交流。每天的课程原本定在 17 点结束，但常常"拖堂"一个多小时才能下课。

课间休息时、演讲结束后，意犹未尽的客户代表又找到自己关注的技术宣讲人，在大厅里继续会上的研讨。看到这样的情境，你很难相信演讲者与受众竟然是甲方和乙方的关系，倒像是一群朋友在恳谈，一众专业技术人员在交流。

像这样的培训，CNLC 一开始是应甲方要求，先从最大的海外项目基地苏丹着手培训甲方地质监督。培训方案一拿出来，正合苏丹石油公司高层之意，因为苏丹最缺乏的就是中层技术人员。

第一届培训班，CNLC 自己提供内容，邀请石油大学的教授讲解，在培训甲方的同时，也培训自己的员工。第二届培训班，CNLC 逐步增加公司自主适用技术，针对苏丹 1/2/4 区的需求进行专项培训。到了第三届培训班，

CNLC全面起用自己的工程师和专家，并把培训对象扩大到服务过的所有国家的客户和所有合作伙伴。

从2003年开始，CNLC尝试着以客户培训方式把海外甲方、油公司等客户请到中国来，让他们直接与公司总部的各个业务部门近距离接触。

习惯成自然。从那以后，每年的5月份，CNLC都要用两周时间在北京举办培训班，培训对象是油公司新招员工，内容包括测、录、试基础知识。几年下来，CNLC目光长远的培训大见成效，超乎当初设想。在苏丹，公司培训的几届技术人员中，有很多已经在政府及石油部门担任要职或在1/2/4区等项目担任国家代表。

培训内容涵盖CNLC的测井、录井、测试及综合解释各个方面，并且特别注重实用效果的全套技术交流。为此，CNLC人要时刻跟踪了解客户的需求，甚至更早地预测到他们的需求，以便在客户刚产生意向时，及时推广新技术或者适用技术，拓展业务范围。

CNLC人认为，作为提供服务的乙方，如果让油公司选择你，就必须让他们的决策层了解你，让中间层选择你，向应用层证明你的技术和服务确实能够解决问题。这三个环节都到位了，才能实现好的结果。

客户培训的作用是显而易见的：在客户遇到问题之前就已经了解到CNLC的各项技术，哪些技术能解决什么样的生产经营难题，等到公司真有需求时，自然而然地就会想到CNLC。在苏丹1/2/4区，甲方就是在培训班事先了解了CNLC的技术后，针对其地质特点，引进了CNLC的碳氧比（C/O）测井服务，解决了含水率难以精准确定的难题。

CNLC做这项工作时将目光放得更远：就算客户一时用不上公司的技术也没关系，只要是做油气勘探开发的公司，早晚会遇到一些生产作业问题，这就是潜在需求，当然也是潜在市场。

更为重要的是，通过CNLC客户培训搭建的交流平台，不同国家、不同公司的客户来到CNLC的总部基地，了解到CNLC众多的服务对象，也自有心得：原来CNLC可以同时为这么多公司提供服务。伊朗客户在培训班上了解到CNLC拥有全通径测试工具APR时，不胜欣喜："你们还有这样的工具？"旁边的苏丹客户接过话头："这个工具在我们公司应用效果相当好啊！"没多久，APR工具就被引入伊朗了。

许多人不理解,乙方怎么能培训甲方呢?双方不是服务与被服务的关系吗?而这正体现了 CNLC 创新的服务理念,以客户需求为导向的市场营销策略。

一个企业,怎样更好地服务目标客户?首先要主动思考自己的价值主张是什么?在 CNLC 人看来,乙方虽然是为客户提供井筒技术服务的,但要服务到位、服务超前,就要在深入了解客户需求的基础上先行一步,深入一步,把握他们的潜在需求。

正是认识到"我可以提供给客户什么"背后更重要的是"客户真正的需求是什么",CNLC 把服务内容拓展到对客户的新员工培训和新技术推介。这一方面提升了客户对石油工程技术服务行业的认识水平、评判能力;另一方面也让 CNLC 的技术标准、服务方式、专业知识甚至企业文化在客户脑海里打下深刻烙印。

客观来看,作为国际市场的后来者,CNLC 在与非中国石油客户打交道时发现,甲方和东道国提到的测井行业几乎所有标准和设备名称,都来自于西方三大公司。这是因为国际市场 90% 以上的份额在其手中,不仅设备、技术、标准来自西方,甚至连甲方的人才也是西方公司培育的。

因此,CNLC 必须努力打破壁垒,让客户多层面认知自己。培训,就是希望这些没有太多技术背景和烙印的新人,在进入测井行业之初,对 CNLC 有一个先入为主的印象。而这样的超值服务,也深受甲方公司欢迎。不少国家石油工业起步较晚,CNLC 所提供的服务正是甲方迫切需要的。

029 问题 如何提高国际油服市场话语权?

国际研讨会吸引八方宾客

在海外市场份额稳步扩大的同时，CNLC 人发现，虽然公司的施工队伍能够以最佳表现将技术能力和服务水平展示给油公司，但就单个客户来说，他们对 CNLC 的了解还是有相当大的局限性，可能只知道公司已经展示出来的某一方面，并不了解 CNLC 更多的技术和强大的综合实力。为此，公司需要建立一个更高层次的交流和沟通平台。于是，他们想到了举办国际技术研讨会，让更多客户有机会整体地、深层次地了解 CNLC。

2003 年，CNLC 大胆地尝试把海外甲方公司的客户请到中国来，让他们直接与公司总部的业务部门近距离接触交流，甚至还带客户到中国石油各地区公司参观，让他们全面了解 CNLC 背后是中国石油的整体实力，促进集团公司整个测井行业在海外的大发展。

CNLC 人明白，以我为主，把各个国际市场、不同油公司的高层请到一起面对面交流，其实是一把双刃剑。

在公司还不够强大、和西方公司相比还有很大差距的时候，如果把不同油公司的高层请到一起，他们会不会在交流中把 CNLC 的劣势反映出来？公司在某一个项目、某一次作业中的毛病会不会因此被放大？但公司内部经过讨论认为，CNLC 要强化与甲方高层互动，仅靠跑上门一家家去沟通远远不够，只有建立起一个平台和机制，才能对公司的未来发展产生深远影响。

于是，公司领导决定举办国际研讨会，与原有的技术培训在内容上和人员层次上形成互补。如果说技术培训使甲方的应用层人员在运作项目时更得心应手，并为决策层提供参考。那么在国际研讨会上，来自各国高层次的与会代表可以直接将意见反馈给本公司的决策层。

研讨会的效果超过预期，最有效的就是苏丹、伊朗和利比亚。长期以来，在利比亚油服市场唱主角的是西班牙雷普索尔公司，CNLC一直想进入这一市场。在2005年CNLC举办的国际技术研讨会上，与会的当地一家油公司高层对CNLC有了更多了解。随后，CNLC打进了利比亚油服市场，并从初期提供单一的录井服务，逐步增加到测井服务，服务客户也从一家扩展到两家。

基于国际技术研讨会上客户提出的需求，2006年后，CNLC更加强调为客户提供一整套解决方案。过去面对客户时，公司提供的样本是"我们能干什么"，现在的样本是"客户需要什么"。因为公司已经针对具备一定勘探量、开发量的目标市场进行了大量前期调研。

当甲乙双方形成了互相需要的合作伙伴关系，当甲方虔诚地拿着解释资料找上门来"一定要听听CNLC的专家怎么评价"时，公司就拥有了持久的竞争力。

举办国际技术研讨会取得了良好的市场效应，CNLC一发而不可收，每年都要举办一期国际技术研讨会，提供十几篇技术论文。这在后来也演化为中油国际工程公司的统一行动。

随着CNLC在国际市场影响力的扩大，其号召力也直线上升。2007年，CNLC在北京举办技术与应用推介会，来自21家国外油公司的80多位来宾在百忙中从五大洲汇聚北京。他们即使自己负担全部费用，也要前来分享CNLC的先进实用技术。为了保证技术交流的质量，公司不得不对参加会议的客户进行了人数限制。

对CNLC了解得越多，合作伙伴们就越感兴趣。因为这个公司的技术创新太快，几乎每年都有新进步。

马来西亚、越南、印度尼西亚三个国家组成的合资公司PCPP总经理杨富华感慨良多。他了解CNLC进入国际市场10年间的整个发展历程，看得出这是一家有实力的国际化油气技术服务公司，却还是难以想象CNLC的发展如此快速。他真诚地建议总经理李越强："如果有机会，一定要把公司的研讨会搬到吉隆坡去举办，肯定会引起震动！CNLC的实力会让业内人士大开眼界，刮目相看。"伊朗国家石油公司表示，CNLC已经成为不可或缺的战略合作伙伴，非常欢迎CNLC进一步扩大伊朗市场。

什么是服务,让客户满意;什么是更好的服务,让客户感动。CNLC做到了。

正是为了让国际市场的合作伙伴更全面地了解公司,得到更超值的服务,持续拓展合作共赢,CNLC建立起国际研讨会平台和机制,请来不同市场和国家油公司的高层管理者,在展示服务优势和技术实力的同时,让甲方、乙方面对面地互相切磋各种井筒技术发展及应用,共同推动世界石油工业的发展。

参加国际研讨会的客户深切体会到CNLC的良苦用心。他们眼中的CNLC已经走过了"单纯卖服务"阶段而进入卖品牌时期。从产品营销到客户营销,有时候客户还没有想到,CNLC已经通过各种途径,比客户更早更多地了解其井筒需要什么样的服务,哪种技术能够解决其面临的难题,甚至在国际研讨会上提供的解决方案比客户自己的更准确、权威。这样用心的服务常常让客户充满惊喜和感动,也更加信赖CNLC。

从国内市场到国际市场,从培训甲方到举办国际研讨会,CNLC始终扮演着一个为客户解决油藏问题的专家角色,尤其注重以甲方需求为出发点,努力为其提供解决问题的实用方案,在帮助甲方达到勘探开发目的的同时,一步步成长为甲方离不开的战略合作伙伴。

经过10年来不间断的实力打造和信誉积累,CNLC人终于形成并强化了"CNLC"这个中国公司在国际石油技术服务领域的响亮品牌。

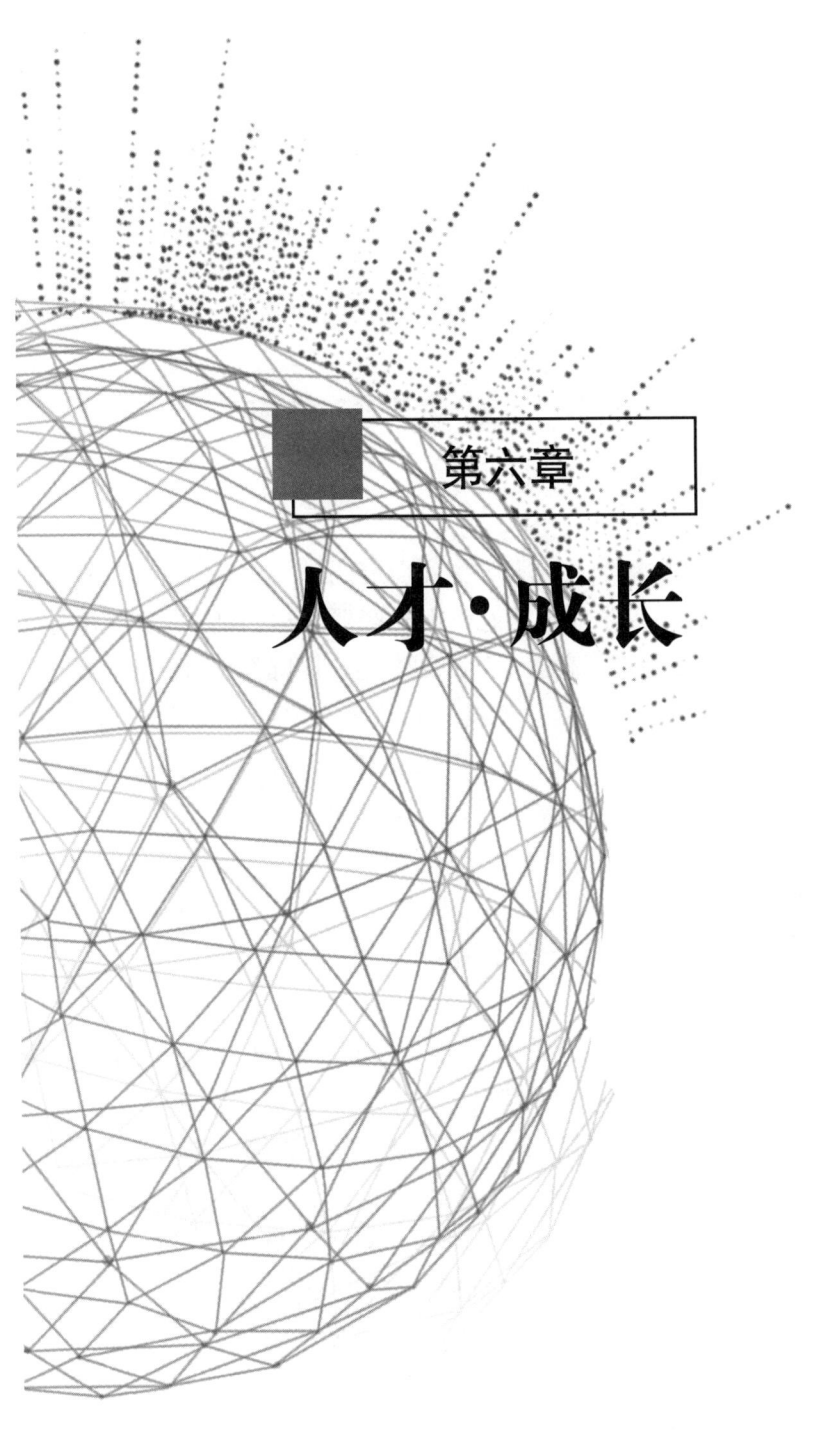

第六章

人才·成长

030 问题 "1358"人才培养工程成就了谁？

八年时间，"菜鸟"变专家

2004年7月，又一批新毕业的大学生和研究生进入CNLC。他们都是过五关斩六将的高材生，不仅学业成绩好，而且职业目标明确："学测井的都知道CNLC，这家公司已经走上高速发展的快车道，国际舞台机会更多。"

让毕业生们兴奋的是，CNLC早就搭建起一个人才快速成长的国际化平台。从他们走进公司的那一刻起，就开始接受CNLC给予的职业生涯指导。公司已经为分配到每个岗位的大学生定制了成才通道。

这是一个以激励、引导为主，包含技术和管理两方面人才晋升发展的职业生涯规划——"1358"人才培养工程，明确了一名优秀的本科或硕士毕业生进入CNLC后，各个阶段要接受的培训内容。

按照培训计划，一个新出校门的毕业生8年时间就可以成长为行业专家。而第一年的入职培训、第三年的转岗培训、第五年的一线工程师管理培训、第八年的专家晋级，既是关键的晋级点，也是关键的培训点。

何为"1358"人才培养工程？具体来说，"1"是指第1年的入职培训。内容包括为时一周的公司概况培训、三周的HSE意识能力和岗位资质培训、一个月的专业技术技能理论培训、一个月的外教英语口语培训和三个月的"名师带高徒"现场操作培训，脱产培训时间长达半年。这一连串培训为新员工顺利进入岗位、独当一面地开展工作打下了坚实基础。

"3"是指第3年的专业工程师技术技能提高培训。CNLC利用每年的新设备引进机会，重点选派中级三档以上的优秀技术人员赴美国、英国、法国等国际大公司进行两至三个月的理论知识和技术技能培训，使其在技术技能、项目管理基础、市场维护、设备管理、物流管理等方面提高业务能力，把优秀工程师逐步培养成技术骨干。

"5"是指第5年的高级工程师纵向技术提升培训和基层管理人员项目管理（PMP）等微观管理培训。这对专业技术人员来说，主要是按照工程师培训晋级体系，通过参加本专业的新知识和新技术提高培训，更新知识储备、提高业务技能。

另外，CNLC所从事的海外井筒技术服务点多面广、装备先进，技术要求高，需要一批具有丰富专业背景的项目经理队伍。专业工程师经过5年技术培养后，他们当中将有一部分优秀人员被充实到项目经理队伍中，或者成为项目经理的后备人选。公司通过多种途径，组织他们参加国内外为期两至三个月的项目管理培训或送其攻读项目管理学位，在PMP培训、财务管理、人力资源管理、行政管理、技术纵向提高等方面，更系统、更专业、更有效地提升他们的微观管理能力，帮助他们实现从石油专业技术专家向项目管理专家过渡。

"8"则是指第8年的技术专家横向技术扩展培训和中层管理人员的宏观管理培训。

对于技术人员，CNLC主要是按照工程师培训晋级体系，培训本专业或相近专业、相关领域的知识技术，重点关注现场工作经验、技术水平、资料解释和处理能力、综合研究能力等，培养他们成为具有丰富经历的全能型技术专家。

对于管理人员，CNLC特别关注经过3年基层实践锻炼的项目经理，考察他们的专业技术水平和项目管理能力。达到应有水平后，其中优秀的项目经理将被选拔为公司中层干部，或者成为中层后备干部。公司会选派他们攻读国内外著名高校的MBA、PMP硕士、工程硕士、博士，使他们的技术横向扩展，提升宏观管理能力。

在CNLC实施的人才培养工程中，一个从石油大学刚毕业半年的员工来到苏丹项目，身在海外一线，让他感慨良多的，不是与国际大公司比拼竞争的辛苦，而是竞相学习的氛围。每天晚上，项目部几乎所有人都在学习，他好像又回到了大学教室。这样的工作与生活比大学读书时更充实，这样的努力程度比起求学阶段有过之而无不及。

人是企业最宝贵的资源。人所具有的目的性、主观能动性和社会意识决定了其是企业经济活动中居于主导地位的能动性资源。

CNLC要成长为一个国际化公司，要做精做强做大，建设具有国际竞争力的专业技术服务公司，需要一大批与公司发展同呼吸、共命运的国际化人才。

为此，CNLC强化员工的职业生涯管理，有计划地帮助员工提升综合能力，既能够充分开发人力资源，满足员工个人的成长需要，也可以实现员工个人与企业之间的协调发展。

CNLC要在国际市场上获得成功，首先致力于让每一个员工都能成功。"1358"就是一个毕业生在CNLC的进步阶梯，进步快慢全由员工自己决定。对于一般能力的员工来说，只要努力完成本职工作，按计划要求参加培训，读完该读的书，每年就有可能向上晋升一级。当然也有学霸谋求更快进步，而CNLC在进步人数的总量、每年上升的级数上不设限。对每个员工来说，只要愿意就能进步，想走多快全凭自己的能力和付出的努力，头上没有天花板。

这样的激励员工是看得见、感觉得到的，每个人成为了自己命运的主宰。在这里，每一位员工一旦走上CNLC的工作岗位，就处于一种动态的能力建设循环中。所有岗位都是流动的，每一个人都在不停地进步着。如果你比别人进步慢，危机就会追上你；如果你进步最快，得到的机会也自然更多。

031 问题 如何为员工设计职业生涯路径?

51 个进步阶梯

除"1358"人才培养工程外，CNLC 人力资源部门又精心地为新进公司的员工搭建了职业路径的 51 个进步阶梯。

一个新人加盟 CNLC，从见习工程师到专家，或者到部门经理，共有 17 级，每级分三档共 51 个进步阶梯。培训部门为每个员工制作进步表格，只要努力，每年都可以有进步。

这是一个快速成才的路径，顺应了年轻员工的上进要求，激发出他们极强的自学能力。加上传帮带到位，一般来讲，一年上升一两个台阶不成问题。只要不断努力，员工就能按部就班地登上最高台阶，但还是有人试图破格晋升，两年登上五六个台阶，用最少的时间完成这一职业规划。

在浓厚的学习氛围中，CNLC 人利用别人聊天、打扑克、喝酒的时间去学习"充电"，达到了惊人的进步效果。只要完成了相应培训，掌握了相关技术，学会了规定知识，就会被鼓励提前登上更高的台阶。如此一环紧扣一环，阶梯一个接着一个，学不完的新知识，掌握不完的新技术，要跟上公司发展，就得成为一专多能、不断进步的人。

这让新员工切实感觉到：CNLC 是一个蓬勃发展的公司，天地大，机会多。他们都有实现自我价值的抱负，急于在企业的发展中有所作为，也在深入了解公司之后，看到了一个趋势：CNLC 已经走上高速发展的快车道，有机会进入这个企业的员工自然也拥有了足够的发展空间。

员工们的成长渴望和 CNLC 国际化发展对人才的需求高度契合，为公司日后培养和造就众多优秀人才埋下了伏笔。

鉴于CNLC所从事的国际化业务，公司对员工们的学习能力也提出了更高要求。当叙利亚项目需要从美国公司采购一台设备时，一般情况下，设备会从美国厂家直接运抵项目现场。而这时候，将要使用这套设备的员工还在国内，连设备的样子还没见到，却必须在出国后第一眼看到设备时就能够动手安装并直接使用。

如何做到这一点？CNLC人的做法是先将设备说明书看个明白。因为有超强的学习能力，员工可以直面问题，应对各种专业考验。

一次，在苏丹1/2/4区，测井事业部的毛神飞巧遇刚上项目的老同学。当时CNLC刚购进一台绘图仪，毛神飞正拿着厚厚的英文说明书看得起劲儿，身边的老同学看他很快就找到了要点，学会了操作使用，十分惊奇："毛神飞，在学校时，你的英语水平还不如我呢。进了CNLC，你出息了啊！没有仪器对照，光看英文说明书就能弄得明明白白，比我强太多了吧！"

其实，不止毛神飞，很多毕业时站在同一起跑线的同学，经过几年不同环境的学习和锻炼，慢慢就有了高下之分。用员工们的话说，等同学聚会时，看到过去比自己成绩好的同学，现在不如自己进步大，感觉在CNLC这几年确实收获很多。

这套科学的进步阶梯意味着，只要有追求、想要有所作为的员工，就可以沿着公司搭好的梯子、铺好的道路，一天天努力向前。他们不会放松自己的学习，更不会降低对岗位工作的要求。他们会尽最大努力提升个人能力，实现个人价值。而只要他努力进步了，层级就会提升，个人收益也会同比例增长。

当然，CNLC也有相当一部分从各油田聚集而来的"老测井"，他们已有十几年没学英语了。到了CNLC，有了适合的土壤和环境，刚出国时英语说不好，英文看不懂，只能逼着自己学。像副总经理于洪斌，多少年如一日地学个不停，也练就了相当不错的听说能力。

很多员工在年复一年的培训、日复一日的成长中，偶尔回头看看走过的足迹，突然发现自己的进步超出了当初的想象和预期。于是，有人感慨："上大学时就听说，学习测井专业，一辈子能当好一个地质工程师就不错了。可到了CNLC，五年时间掌握了三个工程师的技术，再过两年就可以当专家了，真不相信自己这么能干！"

企业的成功首先是员工个人的成功。

51个进步阶梯正是CNLC为了使员工个人发展与企业发展统一起来而对他们在培养、使用等方面做出的特殊设计与安排。一方面帮助员工学习完成工作所必需的技能、知识,并熟练地运用到工作中,另一方面也在实现员工个人价值的同时,推动企业高质量发展。

与众不同的是,在充分开发人力资源的同时,CNLC的学习培训规划凸显了对每个员工自主性选择的尊重。

一名员工从进入CNLC当实习生到退休,一路向上,有多个层级学习台阶引导着持续进步。从入职教育开始,员工就可以在公司的职业生涯体系中,自主选择自己的职业路线,清晰地看到自己的发展方向。重要的是,每个员工都清楚要实现某一个目标,需要在该阶段做哪些功课,付出什么样的努力,能得到什么样的结果。

这套管理体系调动了员工的内在动力。每个人都明白,我现在处在什么位置,处于哪个台阶,知道还要做哪些努力才能上到另一个台阶,收入和待遇会增加多少,距离最高的台阶还有多远。

在CNLC,再大的领导都不能阻止一个普通员工的进步和成长。只要你达到标准了,就一定能靠自己的本事跳上另一个更高的台阶。

在这样的环境中,没人再偷懒,人人都在尽最大努力提升自我,实现自己的价值最大化,沿着公司规划好的职业通道发展。

032 问题 如何快速提升团队战斗力？

全方位培训　全过程成长

8年时间，一个初出校门的大学生成长为某一领域的技术专家或者管理专家，对于很多中国企业员工来说，已经是进步神速。

从斯伦贝谢转而加盟CNLC的培训部副主任白庆杰对此并不满足。在他看来，公司员工都很年轻，平均年龄只有31岁。他认为年轻人的青春短暂，只有想方设法帮助他们快速成长，才能让员工在短时间内实现自身价值的提升，让CNLC在有限的时间内快速增强实力，锻造市场竞争力。

为此，CNLC通过全方位培训，让员长获得全过程成长。

在此目标引导下，公司建立了由人力资源部牵头、业务部门指导、事业部和培训中心组织实施的培训管理体系，每年投入培训费人均5000多元，组织技术培训、管理培训、HSE培训、外语培训班60多期，分别针对总部机关、事业部、作业项目三个级别进行专项培训。

公司尽力为各层级管理者提供培训提升机会，不管人手如何紧，工作如何忙，坚持不间断地送员工到国内外大学学习深造。在公司员工规模只有400多人时，一年派出国去学习培训的人就有几十个。送领导班子去攻读MBA，送中层管理者去读硕士和管理。

同时，公司面向一线员工建设培训学校，规划更多、更合理的培训，把常规培训跟生产一线需求无缝对接，设计既系统化又有针对性的培训课件，并且全部用英语授课、测评、实习。无论是中方员工，还是外籍员工，都享有培训权利，保证不同国籍、不同类别员工都可以参加培训。

为提升培训效果，公司规定每一层级管理者都负有督促培训员工的责任。就是说，总有上一级的管理者在员工头上举着"鞭子"：为每个员工制作进步表格，每个月、每一周，你进步了多少，应该做的事情完成了百分之多少，每天都在动态变化着。如果在规定时间内，没有达到晋级要求，你和你的顶头上司都会感到惭愧。

全员学习的环境和全程进步的氛围，使CNLC能在短时间内让参差不齐的人共同提高，最终培训出整齐划一的人才来。

到2004年，中方员工的外语合格率已经达到100%，海外作业区全部实现英文办公，而外籍雇员也比国际化重组时增加了11倍。其中，苏丹作业区的雇员本土化程度超过了70%。

CNLC人的团队学习能力有多强，仅从伊拉克项目部就能窥斑见豹。进入该市场半年后，伊拉克项目部从3人增加到8人。大家来自不同部门，除曾宪江外，其他人几乎都算是第一次接触LEAP600B测井设备。

为了尽快提高项目人员的团队战斗力，快速掌握LEAP600B测井设备使用方法，项目部发明了PK培训法。只要没有上井作业任务，项目部就成了学校教室。先定下一个测井项目，每个人轮流上讲台，就自己的认识说明该用什么样的原理，如何操作、如何解决问题。下面听课的人要针对具体的施工细节，提出不同问题让讲述者解答。有时，大家争论激烈、相持不下时，就找资料或通过实际操作来验证孰对孰错；有时，上午"老师"讲，下午就让刚听完课、整理完笔记的"学生"复述出来。如果学生能讲得明白、操作正确，就说明他真正理解了，学会了。

接受过CNLC服务的甲方都反映CNLC员工技术好、水平高，却少有人知道，很多测井作业附加项，比如LEAP600B测井设备第一次测成像等，CNLC工程师早在上井前已通过学习操作技能、钻研新的测井技术方法，模拟演练多次了。比如，在雪地里连接成像仪器，他们会反复练习，直到分毫不差。学习使用液压桥塞工具时，他们反复拆卸分解液压桥塞，再重新组装。如此举一反三，快速提高。苏丹、伊拉克、伊朗项目部的很多员工不仅成了多岗位"技术大拿"，而且在全方位思考中持续创新。

在全公司范围展开的全方位培训，形成了良好的学习氛围，使公司上下的学习能力快速提升，呈现出个人追求和企业发展相一致、同频共振所产生的最佳效果。

观点

人才优势是企业在市场竞争中制胜的最重要因素,人才队伍建设是企业最根本的建设。CNLC 在人力资源开发中遵从其内在规律,面向全员培训,使人才的开发、分配和使用保持动态平衡。

CNLC 把个人的发展作为公司发展的基础,建立了人力资源向人力资本转化通道:制定政策给员工创造进步的条件和环境,以制度保障人人能成功,个个都优秀;结合市场需要,搭建各种平台,提供多种培训帮助员工成长,使员工的潜力最大限度地发挥出来,使团队的价值在国际化实践中淋漓尽致地体现出来。

在倡导学无止境的成长平台上,每个员工都是参与者。公司的人才培养体系针对测井行业技术密集特点和国际化语言要求,创造一切机会和资源提升员工的理念、技术、沟通、服务等综合能力,具体包括工程硕士培训、项目管理培训、专业技术培训等,这些又和公司的工程师培训晋级体系、薪酬体系、激励体系挂钩,在经营管理中全面调动起员工的积极性、主动性。

在许多时候,人的潜力是被掩盖着的,CNLC 的用心之处就在于把每个员工的学习潜力最大限度地挖掘出来。当所有人都在为自己、为公司发展而用心用力时,注定会加快个人的成长和公司的发展速度,提高企业的发展质量。

正所谓一花开放不是春。在 CNLC,一个人进步不算成功,重要的是所有员工共同努力,共同进步,共同推动公司发展。这才是他们认定的 CNLC 成功标志。

033 问题 如何让员工自我掌控职业生涯轨迹？

晋级体系：两条路线任你选

原本 CNLC 和国内很多企业一样，员工只有走行政管理这条路才能得到更多人认可，更快地享受待遇提高、工资增长。但 CNLC 作为技术服务公司，85%的员工要上作业一线提供专业技术服务。曾经，苏丹 3/7 区的一位员工，本来是个出色的技术人才，可是因为技术岗的薪酬待遇有限，尽管知道他不适合管理岗位，公司事业部为了不亏待优秀员工，还是提拔他当项目经理。这样的提拔对那个员工来说却不堪其苦，但在其位就得谋其政，一个月不到，竟然两次晕倒在岗位上。因为心里紧张，几乎都要神经衰弱了。

公司事业部分析，他自己做得很出色却不会带着别人干，确实更适合干技术。也许把他放回技术岗位朝专家路线发展才更合适。

这件事启发了公司人事部门，为什么不为员工多搭建一条成长路线呢？

2003 年，CNLC 借鉴斯伦贝谢实践了几十年的做法，结合公司实际，开始建立工程师培训晋级体系，一开始就为员工的职业生涯设计了两条路径，任其选择技术路线或者管理路线，有针对性地培养两支队伍：技术专家型队伍和综合管理专家型队伍。

工程师培训晋级体系分专业和工种定量描述各技术级别的标准和培训内容，并鼓励工程师一专多能。这一举措改变了工程师的发展路径：由原来一个人干一件事就干一辈子，转变为先把一件事做精、再熟悉掌握与此专业相关的各技术工种，从而成为国际市场的技术服务多面手。

工程师培训晋级体系建立后，公司接着着手建立管理人员培训晋级体系。基于胜任素质模型的管理人员培训晋级体系，是针对那些一开始就走管理路线或者试图从技术岗位转向管理岗位的员工。他们应该如何发展？管理人员培训晋级体系比工程师培训晋级体系的创新难度更大，因为技术容易用指标衡量，而管理却难以量化。这个体系为管理岗位人员搭建起进步阶梯，同时也为那些认为自己具备管理潜质，希望从技术岗转到管理岗的员工提供了更多选择。

工程师培训晋级体系为各专业工程师设定了较高的技术标准和奋斗目标。甚至，两条成长路线还可以平行转换。对于员工来说，就算已经沿着技术通道走了一段，如果发现自己更适合管理岗位，横向上也有调整渠道。如果你确实达到了一专多能，就比别人更有优势、更多机会。

比如，一个做仪修的工程师，全面掌握专业技术后，可以要求换班去学地质，用几个月的时间掌握要点后，两个工种都能独当一面，就可以朝着队长的方向发展。当了队长，培养重点就从做事转到管人方面，不仅自己能干好，还要带好整个团队。再下一步就是培养与甲方沟通、与合作方打交道的能力，然后就有机会晋升项目经理。

等到完成培训、真正晋级时，对一个员工的考察要从三个方面进行：针对参加的培训、掌握的技能，考核其能力素质；针对干过的专业工种、工作数量质量、客户评价，考察其业绩；再兼顾个人的资历经验，形成全方位评价的晋级框架。

CNLC 建立的两套培训晋级体系，使员工不管选择哪条路线，都可以对照培训晋级体系的各级别标准，循序渐进地进行培训、学习技术、操练实践，一个接一个台阶地进步。这激发了员工的学习热情，也把学习变成一种持续竞争。员工不仅要跟别人比，更多的则是跟自己比。只要通过相应考核和量化评估，就可以得到晋升，薪酬待遇自然也水涨船高。

在各海外作业区，业余时间学习的人多了，闲聊的人少了，到处是一派钻研业务、学习知识的景象。苏丹作业区 2003 年参加工作的硕士研究生崔可平感慨地说："我的所有同学里，我在 CNLC 是最忙的。工作之余，这里的每个人都在学习，我常常觉得自己又回到了大学的图书馆。"

三年下来，不仅各个项目上的工程师一拨拨地成长起来，管理干部也有了第一梯队、第二梯队的储备。在伊朗，公司副总经理王玉新很自豪地宣布："伊朗项目可以同时拿出三套班子，任选一套都能把项目运作得很好。"

在CNLC，人力资源管理的重点就是，在合适的时间，将合适的人安排到合适的岗位上，真正实现人尽其才，事得其人，人事相宜。

有了两条职业生涯成长路线，CNLC每个人的职业发展方向由自己说了算：在一线的操作工程师、解释工程师和项目管理人员，可以根据个人特长和公司发展需要选定自己的发展方向和路径：做管理可以走上部门经理岗位，做技术则可成长为行业专家。

这个体系让CNLC的主体技术人员——工程师，有机会真正掌握自己职业生涯的轨迹和速度。站在起点，每个工程师就能明明白白地看到自己如果走技术路线，应该在哪个阶段做出哪些努力，最终会得到什么样的待遇和成长。

晋级标准公开透明而且准确量化，谁行谁不行，不是让更高职级的人去主观评判，而是通过一个个模板、标准去考核，有依据地衡量现场作业工程师的业绩和技术水平，结果放在桌面上。

当反映个人能力的层级和他的收入之间挂起钩来，对员工来说，一直当工程师或者一直当部门主管，随着经验的丰富和能力的提高，待遇同样会不断地提高。由于当管理者并不见得比当专家有更大收益，大家也就不会硬挤在一座独木桥上了。

CNLC因此变得人才济济。每个员工都可以通过工程师和管理人员两条路径看到自己的成长过程，并有机会在公平成长的环境中提升个人价值，抵达职业生涯的最高点。

034 问题 如何实现"上岗靠竞争，取薪比贡献"？

薪酬体系：能者多劳，多劳多得

新型人力资源管理体系建立起来后，CNLC 在薪酬待遇上也废除了原有的行政级别。结合管理体系，公司用共同的目标来调动员工的积极性。

基于 KPI 和胜任素质的 BSC 绩效考核体系，CNLC 评价一个部门工作时，着重从四个方面来考核：内看内控、HSE、质量体系等基础管理的流程建设；外看与客户沟通、服务的关系；从财务、市场完成指标看现状；从部门团队的学习成长、进步速度和工作能力关注未来。

这四个指标和企业战略目标紧密关联，综合到一起，就全面反映出一个团队在支持企业未来战略目标实现过程中发挥的作用大小。

当然，考核的结果最终要落实到每个岗位和员工，还要根据各岗位目标完成情况具体审核。

每年年初，各部门经理根据岗位描述，明确分配每个岗位的员工具体负责哪些工作，明确完成时间、达到标准、所占权重。双方在讨论沟通后签字认可，成为部门经理与个人之间的目标承诺书。

到了月底、季度末或者年底，各部门岗位考核的依据就是逐项对照检查：工作是否完成，完成的程度，根据衡量标准应该打几分？参与打分的不仅有部门经理，还有员工个人。两个人打出的分数相对比，一致的通过；不一致的，不管是评价完成得不好还是没有完成，双方说出各自的理由，再定出下一步的完成计划。如此，岗位描述准确，责任清晰，员工每天都有工作计划，不会没事做；经理只要遵循年度计划推进工作，也不必总是加班，各部门、各岗位员工的主动性和创造性得以充分发挥。

有了导向清晰的考核体系，CNLC各岗位员工工作积极主动。在苏丹做仪修，不管白天黑夜，只要需要，肯定就有人在及时维修设备。那时候前线的工作量总干不完，仪器要定期保养，仪修工程师每天晚上都要干到半夜，第二天早上6点钟又开始工作。虽然很艰苦，但员工心里畅快，因为有成就感。更重要的是，一线工程师多干一份工作就可以多拿一份钱。一个月测了几口井，干了多少种技术活儿，该拿多少钱，自己就可以算个一清二楚。总的原则就是干得多拿得多，激励作用发挥得淋漓尽致。

在国内，VSP作业要由物探公司一个专门小队来完成，如果震源需要用炸药，一个小队至少要上20人。而CNLC倡导工程师技术全面化后，只是把VSP作为一个测井项目，一个人就能"拿下"所有测井技术作业。"干这么多活儿，没想过应不应该，就觉得好不容易签订了合同，怎么着也不能让西方公司再把我们挤出去。"

薪酬机制的改革，使竞争上岗的员工又接受了按贡献大小享受不同薪酬的分配制度改革。原来的大锅饭分成了等级不一的小灶：一年下来，收入最高的和最低的相差超过10倍，既能够激励人的积极性，又保持在员工能够承受的范围内。

CNLC将人才素质标准、培训晋级体系标准、薪酬体系标准量化公开，谁能晋升，谁不够格；谁的工资高，谁的工资低，不必人为评判，而是用同样的标准去考试衡量，让每个员工可以掌握自己的命运。

CNLC的身份是中国国企，工资总额不能超过规定。也就是说，篮子里的菜就那么多，拉大分配档次意味着一部分人多拿了，另一部分人就达不到原有水平了。尽管收入拉开了距离，但因为公平公正，全程透明，CNLC做到了让少拿钱的员工心服口服。而真正意义上的多劳多得，进一步激发了员工的竞争意识。

当员工意识到"不干活不行了，靠关系不好使了"的时候，迸发出来的潜力也是惊人的。

仅从伊拉克市场来看，2006至2007年，项目部把6个工程师培养成了专家，而且全部一专多能，每个人都能独立完成所有测井作业，为市场进一步拓展奠定了人才基础。几年后，伊拉克项目部梯级扩张，项目从1个增加到8个，从1个小队增加到9个小队，中外员工达到近百人。

将欲取之，必先予之。

事业上让员工不断提高自己，有向上的空间，精神上让员工有机会实现个人价值，能够自我满足之后，CNLC也力求在物质上给予员工应得的报酬，以此激励他们为公司发展做出更大贡献。

薪酬体系的设计与企业的战略规划直接相关，目标是引导员工立足岗位，尽心尽力帮助企业在市场竞争中取胜。CNLC在设计薪酬体系时，充分遵循按劳分配、效率优先、兼顾公平和可持续发展的原则。设计的薪酬架构，按照承担的责任大小，需要的知识能力高低，以及工作性质要求不同，在薪资上合理体现不同层级、不同职系、不同岗位在企业中的价值差异。单就个人收益来说，做一名技术专家不比做部门经理收入低。甚至，海外作业区经理、专业经理、项目经理与工程师的收入比，绝大多数情况下，后者都比前者高。因为他们按每月甚至每天的产值计算奖金，多劳多得。

合理适用的薪酬体系可以吸引、激励并留住有价值的员工，最大限度地增强员工的责任感，充分发挥员工的积极性和创造性。

科学的激励机制激发了CNLC人的内生动力。越来越多的员工意识到要竞争、要学习、要长本事，竞相到最能体现自身价值、发挥自己能力的岗位去建功立业。积极的思维必然导致积极的行动，一个由充满竞争活力的员工构成的组织，也必然能创造出巨大的成绩。

035 问题 如何衡量不同业务、不同部门的业绩贡献？

"样本比较法"量化薪酬标准

CNLC 员工的薪酬由三部分组成：依据岗位重要程度确定岗位工资，依据能力评价确定技能工资，依据绩效管理确定奖金。

CNLC 的设计思想是：岗级从低到高，基本福利、级别津贴在整个层级中所占比例基本一样，真正的差别在于绩效工资和岗位工资。从岗位工资看，岗级越低的员工，岗位工资所占比例越小。公司的依据是，岗级越高，对人的素质要求越高。拿高级专家岗位和技术工程师岗位进行比较，就会发现两者工资比例差别非常大。

而从绩效工资看，则是岗级越低绩效工资所占比例越大。一线工程师干一份工作量就可以拿一份钱，一个月测了几口井，干了多少工种，"秀"了多高的技术，都可以根据相应的规定，一项项算清楚。

对于公司的中层干部和项目经理们来说，绩效工资在岗位中所占的比例并不大，因为岗位越重要，所做决策对未来影响就越大。CNLC 要求他们具有高素质，更多的不是干好一两件事情，而是关注企业的未来，始终努力做出正确的决策。

令人骄傲的是，CNLC 用"样本比较法"解决了令很多咨询公司都头疼的问题：不同部门之间如何横向比较和衡量业绩。世界范围内，也少有公司愿意做管理人员的素质评价，因为其最大难点在于难以量化。

拿业务范围大相径庭的两个部门——市场部和审计部来说，一个是拿市场合同的，另一个是纯做管理把关的，要比较和评判两者谁对公司贡献大、谁的绩效更高并不容易。

CNLC 的做法是：两个部门各拿出自己业绩分数最高、最低的两个人，让各专业评价组推选人员组成综合评价组，对每个部门抽出的业绩最高分、最低分进行排队，然后计算出部门的相对加权，平均后乘以各部门的分数，最终得出合理评价。

之所以如此动脑筋，是因为考核评价涉及每个员工的切身利益。公司领导坚持认为，在对人的管理中，要让大家都服气，最难的就是公平。而 CNLC 追求的就是最大限度的公平。既然公司想让员工立足岗位成长，想让员工为企业发展做出尽可能大的贡献，那公司的薪酬体系就必须反映出 CNLC 的文化和 CNLC 所推崇的价值观。

现代薪酬管理有四大目标——吸收组织需要的优秀员工、达到绩效目标、起到激励作用、尽力做到公平原则。围绕上述目标，CNLC 在人性最基本的需求基础上设计薪酬机制：按照不一样的层级，最大限度地量化确定出一个公平比例关系，建立一套科学的岗位评价方法，准确评价各个岗位的重要性或"相对价值"，使员工的薪酬待遇和能力贡献以及岗位紧密相关：在什么岗位操什么心，做多少贡献拿多少钱。

CNLC 这样做，目的就是回报员工对公司做出的奉献，体现对员工价值的认同，实现提倡了多年的"能者多劳，多劳多得"。

智慧解决不同部门之间的横向比较和业绩衡量问题，是 CNLC 设计"样本比较法"的亮点。在 CNLC 的薪酬架构中，不同岗位管理人员的素质评价变得可以量化对比。这就使企业内部不同职务序列、不同部门、不同岗位的员工薪酬相对公平合理，也引导员工不必强求核心业务部门或者重要工作岗位，只需结合自身实际竞争最适合的岗位，为企业做出力所能及的贡献。

通过可量化的薪酬标准来分配收益，真正体现了岗位价值和个人贡献。CNLC 人因此形成了共识：适合的才是最好的。没有能力的人，就是把你放到那个位置上，你也干不好，结果是你难堪，公司利益也受损。

第七章

项目·管理

036 问题：如何解决现场作业"没章法"？

"第一次作业成功了！"

1998年春节刚过，CNLC的两支测井队踏上了苏丹的土地。

对CNLC人来说，第一次走出国门很兴奋，但更多的是压力。他们太渴望一炮打响，让所有甲方——不管是中国人还是外国人都对自己刮目相看。凭着在国内作业多年、见识过各种各样复杂井况的丰富经验，他们有必胜的信心，也愿意做出一举成功的承诺。

但现实与理想之间存在着巨大反差。眼看开工日期就要到了，可设备还在海上漂着呢。

合同里白纸黑字写得很清楚：如果设备不能按期到达，合同就要延后至6月份。不仅先前向甲方做出的承诺变成空头支票，已经出国的员工也得在苏丹闲待两个月，好不容易争取到的机会也可能因此丢掉。

因此，苏丹项目一天几个电话，急三火四地催促，可北京总部也控制不了海上漂着的船啊。这种有劲儿使不上的情况让项目经理赵齐辉心急如焚，常常当着弟兄们的面，在电话里说着说着就提高了嗓门，甚至放声大哭。

皇天不负苦心人！在海上漂了近两个月的设备，清关过卡到井场，总算按期抵达。但是，最考验人耐心的还是放射源这样的特殊物资，因为手续麻烦，直到4月12日才空运到井场。

4月15日开始施工第一口井。

不知是凑巧，还是有意考验，按甲方要求，要施工作业的第一口井是CNLC人在国内从未尝试过的组合仪器测井。

甲方通知上井了，可现场没有成熟的仪修条件，也没有维护调试设备的时间，经过长途海运、陆路颠簸的设备仪器，很难保证不出一点故障。这种情况下，就连单支仪器下井，都没人敢拍着胸脯打保票，何况要下组合仪器测井呢？

面对种种不确定因素，这一次作业成败却直接决定着公司在这个国家项目的进退，CNLC人该承受多大的压力！

经过极其紧张的9个小时，仪器一支接一支地提出井筒，一张张数据图纸送至甲方……

第一次作业成功了！

不过，短暂的兴奋后，他们很快恢复冷静，开始更多地思考这次作业过程中出现的问题。

几年前在国内反承包市场，CNLC第一次为埃索公司服务时，甲方事后的评价是：提供的测量数据是合格的，但现场管理和组织、HSE管理还有很大差距。

CNLC人提起当年也备感汗颜：差距是显而易见的。进入井场时，当员工们从测井大车鱼贯而下的一瞬间，CNLC就被甲方否定了。因为，按照HSE规定，作业车前排乘坐者只能是司机和小队长，后面的密闭车厢里只能装载设备配件，其他员工应该再安排其他车辆乘坐。但那一次，CNLC一个小队的人就在甲方眼皮子底下从测井车厢里一个接一个地跳了下来。作业时，每个人表现很积极，争先恐后地抬设备、拿仪器。但在甲方挑剔的目光中，这支队伍反而显得没有章法，秩序混乱。

这一次，苏丹市场与国内反承包市场又大不相同，太多不可知因素对作业施工形成了不可忽视的干扰：在海外别人的地盘上，按国外的标准作业。不确定甲方的指令是否听懂，不知道操作过程是否合乎规范，这让CNLC人备感紧张，忙中出错，愈发暴露出项目管理中存在的短板。

因为不了解国际市场项目运作情况，第一批人员初到作业区时连基本的办公用品都没有，第一份计划书是从甲方要来纸张手写的，和其他公司一摞打印计划书放在一起显得很刺眼；入关时不知道要办什么手续，很多文件缺失；到了作业现场发现各式各样的设备带了一堆，真正要用的配件还是缺这少那；现场没有仓库，常常等井场要用时，才紧急采购调运，国内海外都显得手忙脚乱……

CNLC人知道，追求一次成功率，是打动甲方的关键，也是合同延续的保证。

但在实际作业中，评判测井作业成功与否并非只是应用仪器测量井下油气并提取数据的过程，还有测井过程中的程序合理与作业效率：在安全环保前提下，展现技术能力、作业技巧，在单位时间内高效完成任务。

作为高端技术服务项目，测井与钻井、物探有很大的不同。从作业准备阶段开始，员工只要上了井场，每个作业过程、每个细节、每个岗位，都需要和甲方沟通交流，讨论技术问题，协调工作进程。可以说，每个员工的一言一行都在甲方监督之下，言谈举止都被甲方看在眼里，听在耳中。换言之，这几乎是对公司作业水平和服务能力的全过程演示，也是在一点一滴、日积月累地塑造着公司的形象。

应用科学管理的方法来分析和组织工作并不容易，但CNLC人已经意识到这是自己必须努力的方向。

CNLC刚刚走进国际市场时，传统的作业方式不适应了，习惯的工作环境改变了，评判成功的标准不一样了。在规则不同的新竞争环境中，能否找到有效的办法，合理组织测井生产过程中的各种生产要素，以花费更少的时间和成本，提供到位的高质量技术服务，CNLC人面临着前所未有的挑战。而项目管理，陡然变成CNLC在市场竞争中的一个现实短板，也因此成为他们下决心要提升的管理重点。

037  上场就遭遇最厉害的对手是福还是祸?

与斯伦贝谢"背靠背"比试

2000年3月,CNLC开始在伊朗测井作业。第一次走进纯粹的国际测井技术服务竞争市场,遭遇的竞争对手还是行业老大斯伦贝谢。

这一幕把不少人的记忆拉回到1998年初,两支测井队伍初到苏丹1/2/4区时,进入市场的仪式就是:CNLC上一支队伍,原来一直占据这个市场的老牌服务公司斯伦贝谢也上一支队伍。双方背靠背比试,面对面竞争。

那一次,大家打得很艰苦,最终在苏丹市场打出了一片新天地。

这一次,CNLC的"出场秀"同样是与斯伦贝谢短兵相接:甲方要求两家公司在同一口井上先后进行同样内容的测井作业,也就是所谓的"背靠背作业",目的是检验CNLC的水平究竟比斯伦贝谢差多少。

对没有多少国际经验的CNLC人来说,斯伦贝谢的高水平是众所周知的,CNLC的管理缺欠也是显而易见的。二者的比试不是一个重量级的,胜负早在赛前就有了分晓。这就是CNLC人初入国际市场面对的残酷现实:实力高下如此悬殊,差距不仅表现在技术设备上,更表现在管理水平上,CNLC拿什么谋求胜局?

这样的考场检验的不是技术功底,而是要当着甲方和竞争对手的面儿,把自己的管理底细全都抖落出来。不少人对竞争结果感到忧心:"我们就是不行!""跟斯伦贝谢竞争就是拿着鸡蛋碰石头!"这样的论调不在少数,有的人甚至失去了信心,这也无形中增加了上场工程师的压力。

尽管这些技术已经操作了成百上千遍,测井工程师们还是紧张得直冒汗:"公司已经在这个项目上花费了两年多的时间和心血,终于等来显示身手的时刻。""这可是几千万美元的大合同，成败在此一举。"这样的念头盘旋脑海，陡然紧张起来。这哪是检验 CNLC 的技术功底，分明是要探探一线操作工程师的心理素质有多高。

斯伦贝谢首先出场，轻车熟路地测了 17 条线交给甲方。之后，在甲方、竞争对手数十双眼睛注视下，CNLC 工程师上场了。由于成败与否关系太过重大，仪器还没下井，操作员已经紧张得双手发抖……结果很惨，事先做出的一切努力都白费了，测了 23 个小时还没完成。

忙乱之际，意想不到的问题发生了：只听"喳喳"两声，事先明明检查过的测井车传动轴断了。整整 4 个小时，焊接、调整、修好车再接着测。最后，虽然作业成功，质量优良，但过程中的胜负已见分晓。

出师不利的员工们几乎全掉泪了，出征伊朗的头一仗打得太窝囊！第二口井再测时，换了设备也换了人马，可结果并没有改变，还是一败涂地。

面对这样的失败，员工们难以承受的是，自己已经在这个行业干了十几年甚至更长时间，自认为在这一行是掌握技术最好的那部分人，谁知到了国际市场才发现自己如此心虚，在国内同样的项目干过很多次，为什么我们依然没有信心？

50 岁的老员工易图遒硬着头皮站出来，面对甲方的不屑，忍辱负重地解释："我们的设备已经漂洋过海运来了，队伍也经过了你们现场考察。这次测井车现场突发故障是难以预料的，而测井仪器经过长途运输，确实不太稳定，恳请甲方再给 CNLC 一个机会。"

对伊朗来说，第一次引入来自中国的测井公司，虽然第一炮没打响，也不甘心就此放弃尝试。

一番软磨硬泡竟然打动了甲方，CNLC 人得到了另一个机会。但甲方提出了更高的要求：每支仪器只能下一次井，必须一次作业成功，人和设备能不能留下来，等测完了看结果再定。

显然，甲方已经认定 CNLC 没有实力完成这个具有相当难度的测井任务。憋足了劲儿的 CNLC 人决定抓住这次难得的机会背水一战。也许是因为豁出去了反而消除了心中的压力，他们像表演高难度动作一样，做到了万无一失，超水平发挥，23 支仪器全部一次下井测量成功。

这次成功的回报就是，CNLC 真正打开了伊朗测井市场的大门。

"出场秀"遇上最强的对手。

走出国门之前，CNLC就十分清楚地定义了"竞争者是谁"——三大西方技术服务公司。而走出国门之后，与被视为行业最高标准的斯伦贝谢背靠背比试，几乎是CNLC每进入一个新市场，都要上的一堂必修课。

不少人底气不足，并因此而气馁。但是，公司领导却引导大家换个角度看问题：成小事靠朋友，成大事要靠"敌人"。有机会与最厉害的对手竞争会带给CNLC很多好处。"既然斯伦贝谢是世界第一，我们还能找到比它更好的对手吗？他们比我们强大很多，技术实力、项目管理水平也高出很多，能够与这样的对手同台竞技，CNLC可以在国际市场提高得更快，这是我们应该珍视的学习机会，而不是开拓市场的困扰和障碍。"

面对强劲的竞争者，CNLC并不满足于尽人事、听天命。他们在一场场现实比试中全力追赶，在一次次绝地反击中激发员工的潜能。

既然不可能在国际市场绕开斯伦贝谢，就不必惧怕"硬碰硬"。借此机会，CNLC开始注重培育员工不畏强手、敢于竞争的意识。在苏丹、伊朗等市场，越来越多的人把与斯伦贝谢的正面交锋当作一笔学习本领的财富、一次加快成长和提高知名度的途径和机会。

同时，他们开始认真思考，有没有办法改变竞争的内容或者方式？如何才能发挥自己的优势来主导竞争？哪些创新可以改变甲方的需求，或者带给客户更高的价值满足感？

038 问题 为什么要采用西方工作模式?

按"对手"的标准执行

面对伊朗市场的巨大挑战,CNLC人付出了比国内多出数倍的努力。

为了做到一次下井成功,使资料符合甲方要求,CNLC测井工程师进行了长时间的准备,但并不了解还要把下井的仪器串做成图放在资料上,也不知道这里需要彩图,那里则需要黑白图……

没有什么道理可讲,因为在这个市场上服务了62年的斯伦贝谢是这么做的。这样的小事常常弄得员工不知所措,几乎每天晚上都要忙到半夜一两点钟。

CNLC在伊朗项目用的是阿特拉斯的测井系统,设备不同,连最直观的结果——资料标识都与斯伦贝谢的是两个模样,这让甲方觉得不适应:"为什么你们不能拿出和斯伦贝谢一样、一看就明白的图呢?"

在国内测井时,裸眼井作业从来不要求安装井口防喷器,而在伊朗则被视为必需步骤,因为这里多是高温高压高含硫井。

现场地质监督的不间断监视也给CNLC人带来巨大的压力。每次作业时,工程师把仪器下入井筒后,甲方监督就在旁边用不信任的目光盯着。仪器拉上来后,测定一组数据,按道理是允许再下一趟的,如果两次测得的数据一致,说明仪器的稳定性好,资料是准确的。除此之外,测井仪器再下井,甲方监督就要开始计时罚款,一口井下来,被扣几百美元是常事。

在苏丹,由于作业程序和工作方案全部由甲方制定,CNLC员工只能严格按要求完成每一个工作环节。但是,因为出图格式与斯伦贝谢不同,甲方看着不习惯,就要求CNLC人改按他们的规矩来。在国内,遇到复杂井况,测井公司可以直接提出来，将不同的测井仪器分开下井，一项一项测。而在苏丹，甲方一开始就要求一串仪器整体下井。这让现场工程师很担心，万一仪器在井下卡住了怎么办？

虽然很多员工在国内已经从事测井多年，但国际市场对测井的要求并非单单把资料数据从井筒中测取出来，还包括像处理工程事故，生产测井、射孔、地震测试这样的工程作业。由于工作习惯不同，甲方监督盯着作业全过程，甚至在国内戴着劳模桂冠的员工，在这里都被甲方判为不合格。由于语言不过关，员工们总觉得低人一头，对甲方的要求不管合不合理总是"YES"，反而让甲方监督给出"服务质量不过关"的判断，影响了施工作业。

可以说，伊朗的测井服务技术体系都是由斯伦贝谢公司建立的。甚至，从政府官员、国家石油公司的管理人员到甲方一线执行人员、操作工人都是在斯伦贝谢培养下学会石油工程技术服务的，从上到下都习惯了其工作标准和方法，理所当然地将其测井资料、标识等作为行业标准。

客观来看，这个行业的确一直是西方石油公司占据着。普遍的概念是，东方或者中国公司很难承担这样的工作。人家骨子里就认定了，这个行业太难，是西方的技术，东方的公司很少接触，无从做起。

直到1998年，还没有来自亚洲的测井公司能从这个市场分一杯羹。当CNLC以一种崭新的方式进入国际市场，在亚洲公司中还是第一家。这就从客观上要求CNLC在进入市场之前，必须做足更多的功课，证明来自中国的公司有能力做好测井这个专业。在进入市场之后，先适应这里已经建立多年的规则和标准。

面对诸多挑战，CNLC人不断地沟通、了解、学习、进步，凭着负责任的精神和不认输的劲头，让甲方一点点改变对CNLC的看法。

039 问题 如何高效运作全球服务项目？

批量"生产"PMP　项目管理标准化

在国际市场与高手较量几年后，CNLC人更清楚自己与西方大公司之间的差距。

他们自我反思：CNLC表面看是"技不如人"，实质上是管理问题太多。一些项目开始运作时，前期闹出了很多笑话。本来是伊朗项目需要的装备却运到苏丹去了；前线项目需要一个配件，结果一下子送来了20个，堆在库房里几年也用不完；而急用的设备催了无数遍，过了半年还没到……

2004年，公司开始推行项目管理，一方面陆续派人去美国等地参加PMP、IMP等管理培训，一方面建立制度并固化流程，努力把一切工作过程都标准化、程序化。

从此，所有项目经理上岗前，必须经过PMP培训。曾志清是CNLC第一个攻读工程项目管理的硕士研究生。在两年的学习过程中，他边学边在公司的海外项目上应用。学以致用的结果是，他获得了班上公认的优异成绩，大家一致推荐他去考全球BG项目管理证书。

随后，一批又一批CNLC人被送到美国去学习项目管理，考取PMP证书成为晋升项目经理的基础门槛。大家发自内心地感慨："搞项目的人，学了项目管理之后，与学之前的认识完全是两个概念""以前只知道要做这些事情，现在还知道了为什么要这样做，做到什么标准""以前每年只知道做计划，现在知道如何排定项目的优先级，知道如何选择与企业发展方向一致的项目来实施……"

培训学习让CNLC的管理者在实践中学会了使用"项目管理"这个工具，

他们在全球管理内容各有侧重的作业项目，根据不同的工期和作业要求，合理配置人、财、物资源，以系统的方式统筹思考。不管是开辟新项目，还是维护老项目；不管是做合同内增值、处理甲乙方关系，还是加强员工培训，都变得更加得心应手，公司的整体执行力也因此大为增强。

3年后，CNLC拿到PMP证书的员工数占到了中国石油总数的近三分之一。

这时候，CNLC按照项目管理理论和自身业务实际，测、录、试专业都建立起一整套项目管理标准和模板。

新市场的合同一签，动员会就是项目启动的标志。生产协调办公室作为项目协调中心，各事业部成为项目运行中心，物流管理部则是物资支持保障中心。各部门有条不紊地按程序运作，从哪儿调用工程师，准备什么设备，与物流确定运输方案，将合同合理分割，设备到哪个港口集结包装……

拿到项目需求清单，各路人马在第一时间就位，每个阶段涉及的人、财、物如何运作，各专业都有一套标准流程和执行模板，参与其中的每个员工一清二楚，各自按照标准开始自己分内的工作准备。

这时候项目经理要做的，就是通过各部门的周报、日报关注工作进程，督促检查每个阶段的关键控制点。

只要项目开工时间确定，项目启动计划会立即开始倒排时间表，计算出国内设备的上船时间、集港时间、设备购置完成时间，以及此前的合同签订、价格谈判时间等。与项目有关的各方衔接紧凑，效率大大提高。

CNLC的项目管理因此也上升到更高层次。因为程序衔接紧密，项目运行效率进一步提高，CNLC接连打了几场漂亮仗。

最典型的土库曼斯坦项目，10月初才决定由CNLC提供服务，12月5日就要开工，涉及测、录、试三个专业的设备和人员、多达30票的海、陆、空联运。其中，测试设备需要分别从国内、苏丹、巴基斯坦等地汇集过去，测井大车则要从迪拜先海运再陆运过去。国内外、前方后勤各部门协作，争分夺秒但忙而不乱，全部作业都按计划保质保量完成。

巴基斯坦项目启动时，短短一个月，设备、队伍全部动员到井场，优质完成了第一口测井作业。这也是CNLC投产最快的一个项目，得到甲方人员的交口称赞。

在国际市场，做技术服务不像盖房子，盖完了就撤离。CNLC更关注的是与客户长久合作，通过培养高素质的项目管理者，建立制度和固化流程，努力把一切事情都高标准、高效率地做到最好。

与其他服务公司不尽相同的是，围绕建设具有国际竞争力的技术服务公司的总体目标，CNLC人考虑更多的还有：通过项目运作实现"市场赢利、客户满意、培养人才"三个小目标。

在全面推行项目管理过程中，正是通过PMP培训，CNLC打了一个短平快的项目管理水平提升仗。从此，CNLC在运作一个项目时，比一般的项目管理者更关注"时间上高效、成本上降低，质量上保障"三个核心问题。

通过流程标准化，CNLC使作业服务最基本的活动单元——项目管理实现最优化。同样一种业务，不管谁去组织运作，不管在哪个国家，都是按照集纳了CNLC特殊管理诀窍和技术诀窍在内的项目标准和管理流程去执行，以此保证项目的总体指标和阶段性指标最优。

在规范的流程控制下，不同人做出来的每一项工作，既保证符合相应国家海关、法律以及甲方的要求，也不会出现中间被打回来重做的不合格项，组织过程中更不会出现丢三落四的问题。哪怕分几路到达项目的设备配件，只要组装到一起，就可以投入施工。项目管理流程建立起来后，项目运作成本大幅下降，管理效率进一步提高，服务质量和HSE水平显著提升。

040 Q问题 如何确保任何情况下都能提供尽善尽美的服务?

"保证作业一次成功"的秘密

2006年3月初,哈萨克斯坦PK项目紧急邀请CNLC接替某西方公司,承担油田所有测井作业。这给CNLC人提供了一次"非常态"下确保作业一次成功的挑战。

CNLC哈萨克斯坦作业区经过慎重考虑,决定从千里之外的ZHANAROL项目紧急调遣5700设备及测井队伍奔赴PK项目。小队以急行军速度于3月7日晚抵达PK基地,设备检查尚未完成,甲方就发来作业通知,要求当晚到距离PK基地近200公里的一个井场作业。

由于行程紧张,测井队对油田位置、地质情况、钻井状况与甲方的作业要求等一无所知,经过千里长途运输的设备也需要全面检查。万千头绪中,操作工程师张利军一边积极和甲方沟通,获取尽可能详细的信息,一边按照QHSE基层五套文件的要求积极准备生产,并针对道路不熟的情况专门制定了预防措施。

3月8日凌晨,小队到达指定井场。首先组织召开作业前安全会,然后通电测试设备开始作业。工程师严格按照SOP流程组织作业,24个小时作业完成,CNLC的第一次出场获得了甲方满堂喝彩。随后,测井小队又奔赴300公里外的另外两口井,同样以优质高效、尽善尽美的服务获得甲方的好评。

像PK项目这样紧急的服务虽非常态,但"作业一次成功"却是CNLC人在项目实施阶段的服务常态。

CNLC人坚持"七分准备,三分作业"。从基地着手准备设备开始,员工按操作流程完成设备检验、仪器维修、操作检查、做标准刻度等一系列工作后，再请甲方检查确认配件、设备已全部准备到位。

CNLC人还有一项前期工作是，事先勘察基地到井场的路况，了解其坎坷颠簸程度是否会对设备造成影响，沿途的电线是否干扰设备通过，甚至把员工中途吃饭的地点都安排妥当。因为车上载有放射源，整个路途所花时间必须严格控制，确认安全。

作业前，CNLC的工程师们尽可能地搜集、查阅作业油田尤其是区块的地质资料，特别是对之前这个区块作业出现的地层地质问题进行有针对性的研究分析，同时向甲方了解井况，掌握作业关键点，与钻井队交流套管接口的位置，向绞车司机交待清楚井底深度，确保以合适的速度把仪器准确送到井下。

测井前，CNLC人不厌其烦，还要再通电校验一遍仪器，做好仪器保养、设备维护、地面模拟等准备工作。作业完成后，再做一次测后刻度，保证前后一致，所提供的测量数据准确无误。

在苏丹1/2/4区块，CNLC以一流的技术设备、标准的现场管理，经过18个月的艰苦施工，先后完成了16口探井的录井资料，实现了油气显示发现率、资料全准率、曲线合格率、地层卡准率4个100%，地层剖面符合率达97%，地质完井总结报告优质率达98.4%。甲方大尼罗公司地质勘探总监对施工质量进行了多次检查与考核，CNLC提供的资料均被评为优秀。

通过提供优质的服务，CNLC与甲方建立了良好的合作关系。每次作业前，CNLC的项目经理和作业经理都会和甲方细致沟通，协商如何减少作业时间。因为进行测井工作会占用钻井平台，甲方需要为这个时间付出费用。如果CNLC能用最少的时间高质量地完成作业，就为甲方节约了费用。为此，常常是甲方计划用一天半完成的工作，CNLC工程师争分夺秒，尽可能在一天内完成。

客户当然乐意与这样的乙方合作，提前半个月就通知CNLC要进行什么样的作业成为一种工作常态。双方提前讨论如何优化工序，提高效率，CNLC再根据现场需要，制定出一整套工序流程，常常给甲方带来惊喜。

过去是客户有什么问题，CNLC来解决；现在，CNLC人在多层次的交流中更注重了解、发现甲方的潜在需求，提早做出准备，提供更多更有针对性的解决方案。

准备是一切工作的前提,是执行到位的基础。

要执行好一个测井项目,关键在于做好测井过程中任务的分解与结合,按照生产过程连续性、比例性、节奏性、适应性的要求,确定各生产要素相互结合的方式以及各生产单元的组成规则,合理组织各部门各岗位的协作关系。

你准备好了吗?当每一个CNLC人、每一支CNLC队伍在上井服务之前都肯定地回答了这个问题,关键时候上得去、困难时候顶得住,就实现了在当时的环境条件下,以最小的劳动耗费,取得最好的作业效果的目标,达到了公司在国际市场"无论何时何地,都能提供尽善尽美服务"的要求。这也是CNLC人达成"作业一次成功"的服务基础。

CNLC人知道,几乎所有项目合同,拿下"第一个"都是最难的。只有一丝不苟才能保证作业一次成功。追求一次成功率,是打动甲方的关键,也是合同延续的保障。

按照国际惯例,一个服务商在一个区块或一个合作项目上如果连续七年提供服务,甲方就不再招标,改为议标。因此,CNLC的追求是:只要一开始接触,就全身心地投入,力求为甲方提供更多的超值服务;只要开始合作,就成为战略合作伙伴,随后是越来越大的合同额和越来越长的合作期。

CNLC严格推行项目管理,身体力行地实践"时间、成本、质量"等资源的优化配置,探索最适用的管理模式,实现工作有程序、岗位有标准,从而达到"市场赢利、客户满意、人才成长"的新高度。

第八章

物流·高效

041 问题 为什么说物流关乎市场竞争力?

放射性源造成的大麻烦

2001年10月18日,刚出校门一年的陶宏亮第一次出国上项目,登上伊朗航空公司的飞机,他心里很紧张。由于项目上急用几个专业配件,而正规的货运手续太繁琐,难以在规定时间内运达。CNLC相关负责部门无奈之下走了一步险棋,让几个员工分别把急需配件混在行李中带上项目。

入关时,担心伊朗海关查扣这些配件,陶宏亮忐忑地推着行李车排队走在过关旅客的最后边。海关人员径直走过来查问行李箱里装的是什么,紧张的陶宏亮据实回答是测井配件。海关人员一脸懵,显然没听懂这个专业名词,但也不肯就此放行。打开行李箱,检查人员看那物件也不像武器之类的违禁品,就打发陶宏亮带着那些特殊行李通过了。

在国际市场运作的前两年,这样的事不止发生一次两次。

这是因为,CNLC走进国际市场,全球供应链不仅使供货周期延长,而且也带来了更多不确定性因素。相对于国内运输,国际运输中政府的介入程度更高。CNLC的物流涉及办理出厂证、许可证、进出关、关税等流程,由于各国法律要求不尽相同,需要办理的手续五花八门,像产品的产地证明、安全检验证明等,还要到各国政府有关部门专程办理。

国际运输不仅涉及海运、空运、陆运、联合运输等多种运输模式选择,同时还要解决诸如时区、汇率、语言障碍、单证格式等现实问题。最初,物流部门的常规做法是,准备好前线需要的货物之后,再找几家货运公司进行招标,谁的价格低、时间上又可以保障,就确定用谁。如此,每次运输都需要一次招标,每次出关都要折腾一番。

物流供应成了 CNLC 最累的一个部门，员工几乎天天加班，不停地给物流合作伙伴打电话、发传真。交涉的问题很多：设备准备不齐全，证明文件不合格，出海关时发现箱单不符、入海关时手续不全被卡……

2008 年是我国奥运年。从 7 月到 10 月，国内所有危险品停止运输，但海外项目运作不能停，原来两个工作日就能解决的问题，跑上半个月也无济于事，公司物流部门因为政府审批这一关被困住。

此时，CNLC 在伊朗中了一个大标，一线生产停工待料，需求急迫。奥运会结束后，公司用一个月时间办完所有手续，于 11 月 10 日包飞机把一批射孔弹运到了伊朗。

作为物流部门，压力最大的是要随时满足全球多个国家和项目的物资需求。相比钻井、物探等专业，测井是小专业，但进行海外支持时，物流的运作难度却超乎一般人想象。因为测、录、试专业在市场运作中必须解决其他专业涉及不到的难题：雷管、导火索、射孔弹、火药、放射源和火工品运输，这些在任何国家都属于危险品或军火管制类物资。

即使计划好的货运，也会因为各种突发事件执行不顺。可以说，前边不管哪个部门负责的事情，其所有工作缺陷都会在最后能否将物资及时安全运抵项目的运输过程中暴露出来。

有一次，一批放射性源需要从利比亚中转巴黎运到苏丹项目，由于运输代理公司的疏忽，在存有放射性源的罐装货物上贴标签时，本应粘贴"放射性辐射"标识，却误贴成"普货"。

货物在巴黎转机时，机场管理人员通过放射性检测仪在普货中查出了放射性物资，直接扣下货物。这件事让物流部门处理了三个月，甚至惊动了国际原子能机构，连北京疾病防治中心也被牵涉。

任何物流供应链问题都将直接导致生产被动，不仅造成项目运作的混乱，还把最宝贵的时间耽误了。虽然货物最终还是从巴黎起飞运到了喀土穆，但 CNLC 当初对甲方做出的承诺已难以兑现。

手忙脚乱的时候多了，CNLC 人慢慢琢磨其中的门道：既然全球化供应链隐藏着众多不确定性，那么哪些因素是可以确定的，或者可以相对提前计划调度？如何才能减少靠组织会战解决紧急运输问题？这样的思考和摸索，为公司日后建成全球一盘棋的物流网络打下了基础。

通用电器公司前总裁杰克·韦尔奇说过,如果一个企业在物流供应链运作上没有竞争力的话,就干脆不要竞争。这引导CNLC认真思考在物流管理上实现科学化与系统化的真正意义与宝贵价值。

走出国门后,项目跨国经营和国内运作完全是不同的概念。对CNLC来说,因为业务分布在全球17个国家,全球供应链延伸数万公里,跨越五大洲,保障供应繁琐而艰巨。由于各个国家、地区在法律法规方面的要求各不相同,并且时时刻刻都在变化中,这就为供应链埋下了无数的潜在中断风险,特别是政府审批这一关,会因种种因素增加不确定性。可以说,供应链节点越多,潜在的延误风险也相应增多。

不管是从全球市场的角度还是从中国石油企业的隶属关系来看,CNLC只是一个小企业,但其在全球的物资采购数量和供应运作范围却相当于一个大型企业:每年六七亿元的物资要在全球17个国家和地区流动并投入使用,CNLC的物流运营成本约占公司总成本的30%。

因此,在国际化初期遭遇一系列物流难题后,CNLC人开始注重每一个细节,努力从三个方面提升物流管理效率:一是应用科学管理的方法来分析研判市场形势和组织物流工作。二是从优化局部流程入手,逐步扩大至全系统,整体提升物流管理效率,有效规避风险。三是借助外部资源,运用国内外的成熟物流网络,以科学系统的工作流程来调配全球资源,实现全球物流畅通无阻。

042 Q问题 集中采购过程如何实现人员分权、程序受控?

制度保障"阳光采购"

早在2003年,CNLC就着手最大化降低采购成本、提高采购效率,从流程入手大做文章。

公司采用集中采购模式,即每一种产品、每一个项目要在确认比价后,以集中采购获取最大折扣优惠。CNLC的管理程序规定,在整个采购过程中,每个部门只管属于自己业务范围的那部分,工程技术只管产品性能是否适用,物流只管产品供货期限是否准时,审计负责合同条款是否合规,财务把关付款条件……从查询公司名录开始,如何询价、货比三家、谈判过程、工作流程都必须保持完整记录,并由主管领导审核。

在最敏感的价格问题上,CNLC实行三级审核。根据额度大小,分别由部门经理、主管副总经理、总经理负责把关。至于价格确定,CNLC强调的是过程,对原有的合作伙伴,依据历史价格和市场新变化确定。如果是新产品,则以权力分置的办法获取合理价格。

完备的程序确保采购任何商品都全程受控。即便是合作多年的生意伙伴,也需要经过产品质量、供货时效、合作诚信等指标比对,依据公司规定的流程确认为最佳供应商,才能拿到订单。

在科学透明的管理体系之下,不必担心具体操作人员做手脚,也不会因为哪个领导递条子、打招呼而照顾谁,因为程序之下的运作根本没有预留腐败的空间。

公司采购成本降低,供货及时,运作效率提高,采购方和供货方都省心。哈里伯顿一年向CNLC的供货额达到八九百万美元,环鼎公司是CNLC

国内最大的设备供应商，宝鸡石油机械厂、江汉四机厂、四川射孔弹厂等都是 CNLC 的合作伙伴。

当 CNLC 的员工都视"阳光采购"为理所当然，公司就避免了出现不规矩的人和事。

2007 年底，CNLC 市场部副经理黄森明接待一个朋友时，对方开门见山："你们公司每年那么大的采购量，能不能照顾哥们儿一下，买我们一些录井仪？"黄森明实话实说："想做 CNLC 的供应商，只有一个渠道——参加公司的招标会。"朋友以为他不肯帮忙找借口："那怎么行？我们有公关部门，你请相关人员出来，先一起吃个饭吧！"

黄森明摆摆手："千万别做多余的事情。在 CNLC，只要你的产品好，价格合理，就有可能签合同。如果达不到要求，请客送礼、找谁也没用。"

黄森明说的是实情。CNLC 每年对供货方以及合作项目进行产品质量、供货速度、服务能力等相关参照系数考核评估，信誉好、质量高、供货有保障的，逐步发展为固定供应商。

在严格控制风险的基础上，公司进一步简化流程，将原本 260 家供应商精简到 30 多家，成为公司的战略合作伙伴。只要供应商信誉好、产品有保证，一般情况下，CNLC 不主张引入或者更换新的供应商。除非市场出了新的产品、CNLC 有了新需要，或者供应商的价格发生了重大变化。

对于新介入的供应商，CNLC 按照程序评估确认。供应商的资质审核由工程技术部负责，而用谁的产品则是物流部说了算。双方互相监督、互相制约，谁也不能单独做决定。两个部门都通过了，还要上会讨论，经过审计、财务等部门共同审核。

这样的团队决策过程，从机制上、管理上让供应商贿赂谁都不管用，利用非正常渠道无法进入 CNLC。

有人认为，与那么多供应商打交道，就算没有在金钱上拿好处，逢年过节总有人送点礼品表表心意吧。CNLC 以实际行动传达给供应商不一样的理念：提供及时到位、质量上乘、价格合理的产品比什么都强。

客户由衷地感慨："这是一个合作关系太过单纯的公司。产品质量过硬、送货及时就等于处理好了所有关系。招标只需要用产品、价格在桌面上说话，供应商机会均等，简单痛快！"

这些年，阳光采购是个热词，也是很多企业追求的管理目标。

企业要真正按照"公开、公平、公正"以及"质量优先，价格合理"的原则，找对供应商并及时获取需要的产品或服务，就必须立足于科学化的采购制度和监管制度，从而提高采购效率，避免采购过程中的暗箱操作等行为。

在CNLC，阳光采购的风气不是靠嘴皮子说出来的，而是通过一个综合工程管出来的，既有领导倡导、制度规范，也有身在其中的每个员工身体力行。

首先，公司用与实际运作相结合的政策、制度、规定等构建阳光采购模式，通过集体决策行使好采购权力，并有效监督采购全过程，真正实现了公开透明、科学规范、高效快捷。在这样的机制制约下，在这样的文化氛围中，没有人去想歪门邪道的事了。

其次，公司结合自身实际需要，建立一个全面评价供应商流程，对供应商做出全面客观的评价。公司选择供应商在强调常规原则的同时，也重视供应商自身的管理水平和服务理念，着眼于建立长期的战略伙伴关系，合理控制双方合作风险，制定动态的供应商评价体系。

在具体执行过程中，CNLC通过科学的程序评价筛选供应商，通过规范的业务流程采购商品和服务，让采购链条上的各岗位人员共同织成一张密实的网，层层控制，实现全程透明化、制度化和科学化，减少主观因素，规范运作，完全把采购物流放在制度控制的阳光下。

043 问题 国际物流如何实现高效运作?

调配全球资源为我所用

2007 年,中国石油在乍得项目获得重大发现后,日产千吨的油井增加,上产步伐加快。甲方想让原本只提供测试和录井服务的 CNLC 同时也提供测井服务,而且要求在最短时间内把装备运抵现场。

为了保障甲方的生产需要,CNLC 打破常规,动用飞机空运,运输车武装押运,在半个月内将管制严苛的设备以及放射源、火工品运抵,按期上井为甲方提供服务。

这是 CNLC 构建的全球供应链产生的效应。在签订乍得项目合同时,CNLC 人已计算清楚,火工品到达现场总体需要 65 天,1 万发射孔弹和 2500 个雷管的整体运输费用,从运输手册上就能读出来。市场人员在投标时已经胸有成竹。

能够实现如此高效物流,是因为 CNLC 人结合海外市场不断拓展的需要,下决心编写了完善的全球物流手册,以管理创新提升国际物流效率。

物流部门和各岗位员工总动员,从采购开始到制作合同,联系厂商,梳理所有关键环节,将设备采购、验收到出关、运输、入关等一系列流程固化。经过持续一年多时间的努力,CNLC 总部、各作业区的物流标准化流程全部制定完成。

不仅如此,物流部门还按照国别编制了国际运输流程,包括每个国家的海关要求和法律法规、税费价格确定、进出口手续办理等一目了然。

对于放射源、火工品等特殊货物,公司也编制了专门的流程。诸如从北京到喀土穆需要多长的运输时间,出口手续包括哪些,需要哪种标准的出口运输证，如何报关上船，需要多长的海运时间，到苏丹后如何办理清关手续及多少时间，进入基地仓库后有哪些风险点，如何进行控制等，每一个步骤都务求准确。

公司要求每个环节都要写清写透。例如到环保局办手续，按其承诺，接单后7个工作日完成。但如果办事人员审核时发现递交的材料不全、规格不对的话，可能会在第六天退回来，那一切工作就会因为某一个材料缺少或某处不规范而推倒重来，时间也得从头算起，后面环环相扣的时间就全部被打乱。所以，CNLC把环保局要求的材料，从格式到内容制作成标准模板，不管哪个员工负责，按图索骥，就能把事情做得规范到位。

公司还在供应链的整体计划上大做文章。以采购为例，物流部门年初就把已经签订的市场合同、当年要完成的项目作为大框架，再根据每个月每个项目的进展，倒推出具体物资采购清单、需要签署的采购和运输合同。各个作业项目早在上一年的九十月份，就根据甲方的上产需要和服务合同以及各类物资的损耗率、库存量，制定出项目的物资需求计划。

CNLC强调减少中间环节。过去，一件设备或配件在运抵现场、发挥作用前，从采购、入库、出库、运输到作业区再入库，需要经过30多次盖章和签字。这其中到底哪些是必要的，哪些是不增值的？物流部门逐项筛查，设计出标准化流程，减少了30%的签字，极大地提高了流通效率。

摸清存货，相当于商场的盘点，工作量很大，物流部门一直努力确保财务报表上的数字真实。他们不希望因为管理协调不到位，让公司白白地浪费资金：有的物资自进了仓库就一直待在货架上直到过期；明明项目仓库里有配件，却无人知道，还让国内组织运送；两天后就要用这个配件了，才电话通知，等物流部门急三火四完成一系列询价、订购、运到现场，却已经耽误生产了……

立足于全球主要运输班轮打造全球供应链，CNLC先摸清开往全球各区域、各国家的班轮及散货轮的装货特点和时间表、各公司的运输航线和船期等基础资料，再把从国内的上海、大连、青岛、天津四个主要港口通向CNLC有业务往来的17个国家的船期统筹比较。等到物资要运出国时，不必招投标，不需要找人拉关系，只要根据自己的计划，搭乘最合适的轮船运输就可以了。

现代物流理念的本质在于以系统观念进行物流功能整合。随着企业的国际化发展，内部供应链管理向外部延伸，CNLC着手建立一个环环相扣的全球供应链体系，使与之相关的生产方、供应商、运输企业和公司海外各项目部等能在同一个系统管理下实现协作经营和协调运作。尽管需要物流支持的国家分布全球，战线长环节多，但CNLC的物流服务却越来越精准到位。

国际市场项目运营复杂，CNLC通过编写海外运输手册，使汇集多人经验的手册成为岗位操作指南，使物流过程管理有形化；通过从全球各地项目运行到总部执行的强大计划性，实现了对整个供应链系统和流程的重构优化、高效管理。

就像一份工作指南一样，没有经验的新手看着流程就能开始工作；每个环节都设定了dead-line，只要员工按照手册上的标准流程操作，就可以规避风险，提高效率。

成熟的物流需要公司整体计划、高效运作。在国际市场的石油技术服务比拼中，全球供应链的打造及其高效运营管理获取的国际市场竞争力，直接转化为CNLC的竞争优势，使同样的工作由难变易，由复杂变简单。

现代物流，不用再天天面对供应商和运输商，而是坐在办公室，利用信息化工具沟通协调。鼠标一点，一线项目的需求、生产商的进度、运输途中的物资，一切尽在掌握。这时候的CNLC，已经能够化全球资源为我所用，为公司的最优化决策提供完美服务。

044  如何考量物流成本与创造价值的关系？

租飞机 VS 搭轮船

2007年10月，中国石油在土库曼斯坦的重点项目要求全部设备12月初到位。CNLC迅速行动，从休斯敦、迪拜、北京三个物资中心着手准备所需物资，从苏丹、阿尔及利亚、伊朗、阿塞拜疆、哈萨克斯坦、新加坡等六个国家的项目开始紧急调运设备和人员，接连实施了跨越三大洲的海陆空联合运输。公司花费30多万美元包下120吨的运输机，把项目急需的测试分离器从苏丹项目现场运到喀土穆，再辗转运抵土库曼斯坦。在国内，CNLC发现几家运输公司空运价格贵得惊人，价比三家后，以国内一半运费的价格，租用土库曼斯坦运输公司一架货机，把设备从新疆运达项目现场。

同样，中国石油尼日尔项目需要测井作业时，从接到通知到开工，CNLC只有两个月时间进行测井、测试设备及配件准备。因为是临时通知，任务紧急，公司打破正常程序紧急采购。总部指挥，全球联动：这边采购员询价一启动，那边负责运输保障的部门也开始从开工时间倒推运输安排，等到一个月后物资采购完成时，运输准备已全部就绪。在环环相扣的程序下，一天也没有耽误，测井设备按时运抵现场。

物流部经理杨车解释："节约成本很重要，但从公司整体运营效益最大化来看，如果能达到效益与效率平衡的话，那物流的功能就发挥到位了。"

如何在最短时间内高效率、低成本地将物资送达现场，考验着物流部门的管理能力。CNLC在中国北京、阿联酋迪拜设有物流中心，在美国休斯敦建立了采购部，在17个东道国的作业区设有供应点。通过打造全球供应链，CNLC在运输效率和节约成本上实现优化组合，把这种互补式的地域优势充分转化为管理优势。

CNLC所考虑的物流成本，是与其所创造的价值比较决定的。当一个项目急需设备配件时，公司可能不惜花费数十万美元的成本动用飞机保障及时运抵。到底值不值？一则是从公司的信用考虑，二则由时间成本和效益成本所决定。相比而言，空运最贵，海运最便宜，但决定因素可能是时间保障。这时候，公司追求的是整体利益最大化。

比如，射孔弹运输到苏丹，海运需要1个月、费用5万美元，而空运只需要7天，但运费高达30万美元。这种情况下，采用哪种方式，是由项目综合测算出的成本决定的。如果因为射孔弹提前到达3个星期，作业项目能够多挣100万美元的效益，那公司就理所当然地选择空运了。

由于CNLC的货物种类多，风险高，但到达每一个项目的数量又不大，知名的大牌物流公司不会为满足CNLC的特殊要求而改变自己的工作习惯。CNLC就选择一些中等规模、信誉好的货运公司合作。考虑到各国法律不同，火工品从国外空运入境很容易，但从国内空运出去就相当难，CNLC的做法是选择通过美国、德国的供应商，直接把火工品运送到项目一线。

在国际市场，企业除了获取效益，更重要的是树立和维护品牌形象。

界定一个公司国际化运作能力的强弱，一个重要的因素就是物流。全球供应链的打造，体现了公司践诺客户的执行力：我可以用多快的速度来实现全球保障。

对CNLC来说，虽然一系列措施实现了全球物流的快速有效，但因为特别需求产生的应急供应在所难免，此时考验的不仅是企业的供应链基础，也是相关部门员工的素质和工作效率。CNLC的物流也许比不上专业的物流公司，但工作的核心是全球保障，平时更关注计划的周密性，既能以最低成本保障日常平稳运作，又具备应急处理能力，当新项目上马时，能在最短时间内组织动员各种资源、及时运抵现场。

045 问题 如何打造快速反应供应链优势?

埃塞俄比亚项目保卫战

2007年，CNLC在埃塞俄比亚上演了一场堪称惊心动魄的全球供应链快速反应大戏。

这一年，国际知名的马来西亚国家石油公司（PETRONAS）进入埃塞俄比亚市场，独资拥有西南部GAMBELLA地区油气开发权，东部OGADEN地区8个区块的风险投资。因此，埃塞俄比亚受到全球石油服务商的空前关注。

在PETRONAS埃塞俄比亚勘探项目钻探第二口井（Jacaranda-1）时，需要一家技术服务公司提供全套电缆测井服务。

在与CNLC合作之前，PETRONAS首先想到的是国际知名的西方大公司。但由于设备、队伍动员时间过于紧张，斯伦贝谢和阿特拉斯都婉言拒绝。在这种情况下，PETRONAS找到了CNLC，表示价钱好说，但要在两个月内确保设备和人员运抵项目现场。

这可不是件容易事儿。要知道该项目位于埃塞俄比亚西南部GAMBELLA地区，距离首都930公里，没有道路，作业区域又多为沼泽地，到了每年5~12月的雨季，洪水泛滥，平地成湖。

考虑到PETRONAS是高端客户，合作的背后可能带来巨大而长远的潜在效益，CNLC在客观评估了自己的全球运作能力和效率之后，果断签订了合同。

从接下项目那一刻起，CNLC国内外就同时打响了"埃塞俄比亚项目保卫战"。为了尽快熟悉埃塞俄比亚危险品进出口许可申请和货物清关流程，使货物高效抵达作业现场，非洲大区调遣商务人员驻扎埃塞俄比亚，寻求甲方和该国能矿部石油局支持；物流部门制定了详细的时间跟踪表，选派专人跟踪，按分钟计算每单货物清关时各个步骤需要花费的时间，以求在最短时间内让货物通关，完成设备转运工作。

针对该项目，公司制定专门的物流工作流程，包括免税申请和货物清关流程，放射源进出口许可申请流程，火工品进口、运输、存储和使用许可申请流程等，并派专人负责第三方服务（代理、运输、租车、供应商等）的合同管理。该测井项目除了常规测井，还包括声电成像、测压、流体取样、井壁取心、VSP等几乎所有的电缆测井服务，要求使用最新型的全套测井设备。要满足所有设备需求，涉及CNLC在美国休斯敦、中东迪拜和国内天津保税区三个物流中心。在北京总部的统筹协调下，由苏丹作业区、伊朗作业区、阿曼直属基地等单位密切配合调配装备。

全球运输是CNLC面临的又一重大难题。把项目所需的全部设备运到现场，总计需要31票货物运输，其中紧急空运就有23票，包括近30吨重的测井大车。

埃塞俄比亚是一个内陆国家，进出口物资主要依靠吉布提DJBOUTI港口，境内交通极不方便。既使设备运抵这个国家，还要再陆运2000多公里才能到达井场。公司决定花费30万美元，直接租用120吨的大型货运飞机将物资运抵井场。

甲方对测井资料质量要求高，而井况又比较复杂，需提供的作业项目多、难度大。为此，CNLC特别从北京总部派出经验丰富的项目经理和测井工程师，从阿曼项目调来SFT专家，从苏丹作业区派出机械师，临时组成一支精干高效的团队，以100%的一次成功率、100%的曲线优良率赢得甲方的赞誉。

埃塞俄比亚项目在进入时充满挑战，而在闭合阶段，又让CNLC人经受了更大的战争考验。

2007年4月24日，来自中原石油勘探局的员工在埃塞俄比亚项目受到当地武装袭击，发生了严重的人员伤亡事件。同在埃塞俄比亚的CNLC人，第一时间启动了战争应急预案。凭借果断而有效的措施，仅用5天时间，公司就把设备运到了迪拜，项目全体人员和设备以比进入时更快的速度平安撤离埃塞俄比亚。

对客户来说，时间意味着金钱。在作业能力不相上下的前提下，谁都愿意选择这样运作效率高、服务质量优的技术服务公司。

这次全球化高效运作和令人难以置信的市场响应速度，体现了一个技术服务公司的全球协调能力，让西方油公司和服务公司对来自中国的CNLC刮目相看。

当一个企业服务全球市场时，物流系统会变得更昂贵、更复杂，不仅要考虑通过规模经济来降低成本，而且要考虑满足多样化要求。CNLC将顾客价值最大化和物流成本最小化，作为公司供应链管理追求的目标，从细节中挖掘出CNLC的竞争优势，依靠效率创造CNLC制胜国际市场的良机。

CNLC以全球资源为我所用的智慧，实现了货物全球采购，全球配送，高效率满足技术服务全球的发展需要。创造出适合自身需求的物流模式后，全球供应链成为CNLC提高运作效率、增强国际竞争实力、获取超额利润的优势所在。

同样一个项目，大多数企业前期的人、财、物准备需要三个月，CNLC只需两个月。这样就将资源整合能力与管理水平等软实力转化为实现物流供应链高效运行、保障全球项目顺利执行的硬实力。

也有人好奇，CNLC是怎么做到的？CNLC人心里很清楚，正是借力公司的物流管理体系和标准化管理流程，把每个环节的运作时间控制在小时及至分钟之内，CNLC才能以全球最快速度多点联动，以别人无法想象的高效率实现全球总动员，实现了各类资源的最佳配置和整体效益最大化。

第九章
SOP・标准

046 问题 如何让不同队伍达到同样的服务水准?

杜绝"一支队伍一种打法"

2002年,CNLC第一次拿下苏丹1/2/4区的录井合同。

项目启动,公司动员两支队伍上阵。虽然两支队伍都冠以"CNLC"品牌,但一套设备和人员来自国内油田合作方,初出国门;另一队人马则属于CNLC,已经在海外参与项目运作多次,熟悉规则,积累了比较丰富的国际市场作业经验。

上井场了,率先到苏丹的合作方没有完成设备检修就仓促上阵。又由于苏丹市场与中国国内工作方式不同,初来乍到的员工语言不过关,工作程序不尽合理,上井仅仅3个小时,甲方监督就生气地以沟通交流不清楚为由,把几位员工赶了回来。

甲方提出更换伺机一旁的法国地质公司接替作业,CNLC人不同意,要求再给一次机会,换另一套设备作业,并组织了五个技术过硬的录井好手上井操作。

五个人技术娴熟,语言流畅,一招一式都训练有素。这次轮到甲方吃惊了:"你们不是一家公司的吗?怎么作业能力、施工水平差别这么大?为什么这几个员工的作业水平这么高,语言交流也很好?"

他们不知道的是,这个五人小队包括了三个项目经理、两个专业经理,算得上当时CNLC录井的最高水平。

"一支队伍一种打法,一个工程师一个水平"的说法,形象地反映了CNLC进入国际市场初期所面临的员工素质不等、技术水平参差不齐的尴尬局面。

这是因为在国际市场快速扩张的过程中,一方面,CNLC急需大批技术全面、具有独立作业能力的工程师。另一方面，公司面临的实际情况却是，工程师来源不同，素质参差，既有来自国内兄弟油田测井公司的借聘员工，也有在国企担当主力的老师傅；既有一出校门就进公司的高校毕业生，也有相当数量的资源国当地雇员。

受国内测井市场分散、测井队伍相对独立和测井系统多样性的制约，加上国际市场各油公司的服务标准不尽相同，CNLC难以提供符合国际石油服务需要的一致性资源。

因此，在不同国家的不同项目上，公司很难要求同一专业的工程师们在完成作业时，从作业准备到操作动作，从过程到结果充分展示出CNLC实际的服务能力和管理水平。甚至，在同一项目上，不同人员和设备展示的作业过程和能力也大相径庭。

那么，如何整体提升工程师的技术能力、加快人才培养步伐？如何对测井作业流程、作业方法、作业条件加以规定，使之标准化并贯彻执行？如何让CNLC遍布全球各市场的工程师在做同一件事时达到同一标准，动作统一规范，程序合理科学？

他们更深一层地认识到，如果实现公司员工无论身在何地，为谁服务，都能达到一样的标准，就可以从根本上降低作业风险、人工成本，提高工作效率，从而提升公司整体竞争力。

CNLC人从麦当劳的标准化管理中得到启发。麦当劳从一家为过路司机提供餐饮的快餐店，发展到连锁店遍及全球、拥有数十万名员工的世界品牌，就是标准化实践的最佳例证。麦当劳创始人雷·克罗克说："连锁店所有员工都按照统一标准培训和操作，坚持每一个细节都按标准化操作程序要求执行，持之以恒，才能保证成功。"可以说，麦当劳成功的关键就是数十年如一日的标准化管理。

这成为CNLC下大力气创建SOP的初衷。

所谓SOP，是"Standard Operation Procedure"的缩写，即标准作业程序。就是将某一事件的标准操作步骤和要求以统一格式描述出来，用来指导和规范日常工作。

CNLC动议创建SOP，既是受麦当劳获得成功的启发，也是公司在国际市场提供"一致化"标准服务的现实需要。

曾有人说，一个公司要有两本书。一本是红皮书，是公司的策略，即作战指导纲领；另一本是蓝皮书，即SOP标准作业程序，而且SOP所涉及的质量参数一定要符合相关标准。

随着经营规模日益扩大，服务品牌逐步响亮，CNLC对作业管理、作业质量、作业安全提出了更高的标准化要求。加之公司涉足的一些国家社会风险形势、商务环境等迫使企业加快雇员本土化进程。鉴于此，CNLC在分析了麦当劳等国际知名企业的成长经历后，发现SOP既可以确定经济的施工程序、操作方法以及标准作业时间，又可以科学、快速、实用、有效地培养岗位人才，能够化解某些岗位技能或作业判断上的挑战，有效解决专业技术人才短缺、成长缓慢的深层次矛盾。

以CNLC人的理解，SOP是公司进行各项活动的科学途径，是正确、持续稳定地进行一项作业的基础和保证。即干什么都要有标准的作业程序，用标准化的作业流程提供标准化的服务。其中既融合了对标准和标准化的理解，也包含了QHSE的基本要求。同时，SOP还必须是最优化的操作程序设计，成为技术有形化的直接体现。

CNLC将全面实施SOP作为施工作业、项目管理与国际化接轨的重要举措，确保人员与设备在安全的前提下，实现操作流程的效率最大化，通过各作业流程之间的协调互动，实现资源有效配置，进而把公司的软实力领先战略落到实处。

047  如何确保 SOP 是最优化的实用操作程序？

一线工程师担纲编写 SOP

编写 SOP，绝对是一个庞大工程。

CNLC 的主营业务在海外，仅测井、录井和测试三个专业就涵盖了 21 个标准工艺管理流程、现场技术标准，还有上千台设备维修保养及操作技术规程。相比企业领导、部门管理人员，关于每个岗位如何操作才合乎管理高效、流程科学的标准，一线工程师更有发言权。

CNLC 以国际、国家、行业和企业的相关标准为基础，参照同行业国际知名公司的操作手册，把行业工程师的作业经验汇集到一起，并结合公司的 QHSE 管理体系要求和岗位指导书，动员一线工程师担纲主笔，编写适合公司实际需求的 SOP 文件。

这项工作繁琐而枯燥，要求参与的工程师对每项作业先进行活动细节描述，再确定每一阶段的工作流程。刚开始，工程师们加班赶写程序标准还不算什么，麻烦的是那些需要以照片展示的执行动作，拍一遍，不合格，必须推倒重做。前线工程师十分繁忙，难免产生厌烦情绪。但大家都清楚这项工作的重要性，如果请专业摄影人员去拍照片，尽管好看，但肯定难以切合生产实际。所以，大家还是愿意在百忙中尽心尽力地做好自己负责的 SOP。

上百个工种岗位，上千项流程节点，将每一个岗位要求化为标准动作进行分解，在岗的一线工程师硬是利用业余时间做出来了。每一个项目的执行流程包含以下要素：基地准备、设备动员、井场准备、井场作业、井场完成和设备复原。现场工程师以连续的操作步骤描述流程中的每项活动和任务，以及这些活动需要的设备、仪表等资源。同时，针对每一项活动，标识质量管理和 HSE 管理的关键控制点，以图片、图表、图例、示意图等形象准确表达，在实际演示中再将操作步骤有形化、规范化。

苏丹一线工程师小杨对此作出解释："公司通过标准操作程序，规范了现场大量的常规、重复性工作步骤，做到不论谁操作执行，即便是不同的作业人员、不同的作业时间、不同的服务对象、不同的服务环境，都能够保证作业方法的一致性和准确性。"

比如，抬起一个边长 80 厘米的箱子，标准化操作方法包括：先将这个动作细分成若干动作，每一个动作都考虑人体工学合理设计，比如如何抓箱子、如何站起来、如何移动、如何用力等，使员工学习并养成习惯后，每一次抬箱子都能够花费最少的力气而且保证不会损伤自己的腰部。

像测井专业安装雷管工艺，SOP 将整个过程分解为 5 个步骤：用专门工具打开源包装，取源，装源等；而制作水平井测井湿接头要一步不少地分八步完成。

这样的 SOP 确实麻烦，但因为关注到工作中的每个细节并规范其标准，对提升 CNLC 整体管理水平至关重要。

因此，编写 SOP 的工程师们一遍遍地细化标准、优化流程。在原有技术操作基础上去粗取精，形成完整规范的技术体系，并将各类技术规范、标准融入操作环节，形成最优化设计。最终实现了两个结果：一是实用可操作，二是规范科学。这样一套包罗万象的各工种操作说明书大全，如果单靠个人摸索，短则三五年，长则十数年恐怕都不一定能掌握其中的精髓。

经过近两年的努力，CNLC 陆续完成了测井、录井和测试共 20 个专业模块的 SOP 流程编制，建立起一套标准操作程序，适合各种作业环境，涵盖公司所有设备和服务内容，并且整合了 HSE 和质量管理要求，实现文本化、制度化和程序化，成为 CNLC 生产经营作业中必须遵守的作业准则。

CNLC 建立 SOP 是跨国经营战略的需要。标准化作业保证了 CNLC 作业规范和资料采集质量，并在实践中逐步成为公司强化文化和品牌的保证。

细节决定成败。一个企业如果能够做好每个细节，自然就拥有了强大的品牌吸引力。如此一来，CNLC 做到了无论什么时候，无论什么地方，无论为谁服务，任何一名工程师都能够按照同样的流程进行标准化作业，为客户提供尽善尽美的服务。

CNLC秉承科学发展理念,通过SOP对某一程序中的关键控制点进行细化和量化,建立覆盖各专业的工艺流程,用SOP汇总每个工程师的经验,再把技术管理过程标准化、程序化。

就像沃尔玛提出的"微笑服务",规定员工面对顾客时的微笑标准为"露出八颗牙齿",就是对细节的量化。

标准化的另一个作用是把公司成员所积累的技术、经验,通过文件的方式进行保存,达到个人知道多少,组织就知道多少,而不会因为人员流动,导致技术、经验跟着流失。这个过程也实现了将员工个人的经验(财富)转化为公司整体的财富。

编写SOP的工程师,就像工业化时代的岗位标准制定者。他们的贡献不在于像过去的师傅带徒弟那样影响一两个人,而是要规范这个行业的标准,影响这个专业的大部分人,提升这个行业的工作效率,甚至带动公司全员共同提升。

对CNLC来说,SOP不仅是一套技术性范本,它更重要的是涵盖了管理思想、管理理念和管理手段,是确保公司提供优质产品或服务的必要条件。

通过编写SOP,把散布在工程师头脑中的知识集中起来,把无形的体验总结成有形的经验,把包含着HSE标准、岗位要求在内的技术规范和专业标准,转化为做好每一件事的动作分解。通过其书面化、文字化、有形化,实现全公司技术知识共享。

048 | 问题 Question | 专家经验如何变成所有人的工作捷径?

告诉员工正确的做事方式

听说公司要推行 SOP，一些老员工不乐意，想当然地认为：原来做了多年的工作，习惯已经养成，现在一招一式都要有规定动作，太死板！要改掉多年的习惯学新招，很不适应的！

CNLC 充分考虑了国际石油技术服务公司的标准，并要求一定要契合公司海外项目现场环境实际和作业要求，确保拿出来的 SOP 是现场资深工程师和生产管理人员共同参与、互相交流、持续改进后的标准作业流程，代表了 CNLC 整体的专业技术水准。

之后，CNLC 又将 SOP 与现场工程师晋级体系结合起来，通过现场培训和课堂培训迅速推广，实现操作规程迅速转化为实践经验，使 SOP 覆盖范围更广、更加科学规范。等到 SOP 真正推广时，CNLC 大部分员工觉得并没有想象中繁琐。因为每个岗位的规范简单明了，大半页纸上以条目罗列，每一条都具有针对性。比如驾驶政策规定共四条：一要系安全带；二要求每两小时停车休息一次；三要对路程管理制定行进路线；四要接受持续培训。

为推行 SOP，CNLC 制定了配套培训计划，利用现代科技把培训现场和培训课堂有机结合起来，集直观、规范、详细、广泛于一身，使得现场人员依据操作程序的具体步骤及图片，结合自身的技术水平，像操作一台家用电器一样，一步一步将正确的文字说明转化为现场实践。

CNLC 领导认为，公司绝大部分员工都不愿意违反安全规定和操作规范，但需要有人告诉他们怎么做才是规范的、科学的。因此，操作规范越标准、越详实，员工越容易做好。

所以，SOP改变了过去简单地命令员工"不许做什么"的做法，而是把"应该怎么做、做的步骤、做到什么程度才是好"的标准清楚地告诉员工。标准操作程序就是利用标准对现场作业经常发生的活动和事项进行规范，使现场作业的每项任务都明确"谁来做、什么时间做、如何做"。

SOP保证了员工在各种条件下作业方法的一致性和正确性，规避了操作失误带来的风险。只要能够按照SOP规定正确地操作仪器，就肯定能采集到有质量保证的资料。小队工程师们逐步养成了同样规范、正确的操作习惯，过去十几个小时才能完成的作业，现在至少可以缩短两三个小时。

有员工深有感触地说，实施SOP半年后再回过头去看，很多安全问题都是因为没有按规定动作操作造成的。一个项目作业时，测井仪器两次掉到井下，最后操作工程师承认动作不规范，而一步步按SOP规定操作，再没有出现过掉仪器的情况。

由此，大家对SOP心服口服。他们明白，SOP就是作业安全规范的保障。每个岗位员工都按标准流程操作，就可以最大限度地避免人为失误，杜绝人为HSE事故的发生，从而提高HSE业绩。其产生的显著效益是：公司百万工时可记录事件连年下降，由2004年的2.72直降到2007年的0.56，百万工时损失工时事件也由2004年的1.51持续减少到2007年的0.56，百万工时关键指标接近国际油气生产者协会（OGP）平均水平。就连公司原来最担心的交通问题也可以确保无虞，219台车辆行驶33万公里/月，没有发生过伤亡事故。

SOP实施的监督和测评数据表明，公司测、录、试专业共有724名工程师接受了SOP直接培训，92%的人通过考核，他们成为CNLC在全球47个项目上按照新流程、新标准作业的践行者。在检验其科学性之后，CNLC将SOP推广到所有海外项目，使之成为每个员工的具体动作规范指引。

像测试行业，通常的认识是这个专业技术高深，过去很多人都要干过三五年后才能独立作业，不下几年苦工夫，很难成为独当一面的工程帅。现在，步骤清晰的SOP打破了传统思维，在一个老师傅的带领下，新上岗的员工只用两个星期，就能一步不差地按标准完成操作。结果，新员工惊奇自己能够轻而易举地掌握这项技术操作，而多少年来靠经验吃饭、把技术都装在脑子里的老师傅们则感慨万千："没想到SOP有这么大的威力，当年咱们白白浪费了那么多时间，走了那么多的弯路！"

　　SOP 是企业技术、经验的有形化积淀。

　　CNLC 通过一线工程师把每个岗位中的高水平技术人员最优化的操作方式和经验描述记录下来，把包括步骤、动作在内的一整套 SOP 变成写在纸上，看得见、摸得到的工作程序，避免了操作人员因"错、忘、漏"而造成失误，既防范了 QHSE 风险，又保证了人才培养的质量。

　　在海外项目一线，SOP 的实质就是把包含着 HSE 标准、岗位要求在内的技术诀窍和规范，都转化为做好每一项工作的动作分解。这让其他组织成员可以一目了然地直接学到最佳操作方法和技术经验，大大缩短了操作人员的培训周期。

　　对于普通员工来说，只要知道动作怎么做、执行不走样，是很容易做到位的，而不需要知道这个动作为什么要这么做，那是更高一级的技术人员和专家的事。

　　任何一个新手，对照 SOP 都可以很快掌握并熟练工作。在别的公司几年还学不会的技术、掌握不到的信息和渠道，在 CNLC，几个星期就可以突飞猛进。这样的高效率和直观性，不管是培养人才，还是提升管理，其结果必然是事半功倍。

　　通过全面推广 SOP，一个工程师的智慧让这个专业的所有员工受益，一个专家的经验在最短时间内变成了大家的动作。这在很大程度上提升了员工的学习效率，加快了员工能力、素质提高的步伐。当然，员工进步快了，CNLC 整体进步更快。

049 问题 如何人人参与、持续优化SOP？

共同创造"武林秘籍"

在CNLC，因为在现场作业中广泛实施SOP，一个新员工初来乍到，就能在短时间内掌握岗位作业内容。在伊朗作业区，如果要办一个从德黑兰到肯西岛的签证，刚上岗的员工拿着SOP手册按步骤操作，就知道打哪个电话，找哪个人，可以便捷地独立完成任务。

受益于SOP推行并感受到其丰富内涵之后，越来越多的员工认识到，CNLC让自己到这个岗位上来，是一个学习成长、展示才华的机会。要想在这个岗位干出成绩，就必须在掌握现有SOP的基础上，再为它的持续改进做出贡献。像清关，过去很多人以为这里的"机关"和秘密很多。而CNLC人一走上岗位，一份SOP就把所有"家底"交待得一清二楚。在别的公司三五年才能掌握的信息和渠道，在CNLC两个小时就能弄明白，几个星期就可以利索地搞定。员工一下子就感觉到：在这个公司工作，自己是真正的主人。

在CNLC海外项目部，不光技术岗位有SOP，管理岗位也有。新员工入职，拿到SOP手册经过半天培训，就已清楚这个岗位的职责：一是执行这个流程，二是维护好这个流程。这就是说，随着环境和时间的变化，当这个流程的一些信息需要更新时，比如部门换人了，电话号码变了，或者又拓展出新的渠道和资源，也要随时修改补充。

项目部对员工的考核也包括SOP执行和维护两方面。CNLC认为，随着技术进步和员工素质的整体提升，SOP依然需要根据工作实际不断修正、完善、提高。因此，公司并不提倡将SOP印成书本，而是作为计算机里可以不断升级的内容。CNLC政策很明确，只要从事这项工作，每个员工都有权利修改 SOP 不够详细、不够全面的地方。只要在实践中发现了、感悟到新的方法，就可以修正原来的 SOP，并在修改的地方做出标记，留下自己的印迹：某某在什么时间哪个区块发现了一个问题，解决的方法是什么。甚至，每当甲方提出一个新要求，员工一看这管理方法不错，对自己的管理有益，就记录下来，积少成多，不断充实和完善 SOP。

SOP 的开放式管理产生了一个效应：管理成为所有员工的事情。每个在 CNLC 工作过的员工都希望"雁过留声，人过留名"，为公司也为自己留下两笔财富：一是用好现有的 SOP，二是维护好 SOP。随着时间、环境的变化和技术的进步，每个人都努力用自己的聪明才智使 SOP 更加科学规范，让自己曾经犯过的错成为别人的前车之鉴。如此一来，员工就不会把自己在这个岗位上积累起来的经验和知识看成是自己的私有财产，而是把它当作公司的共享财富。

SOP 是一个经验共享渠道，可以让所有员工受益，让每一个人都能够"站在大家的肩头"成长。

CNLC 将一线工程师的专业知识和实操经验集结成标准流程操作手册，形成了适配 CNLC 国际业务并可以代代相传的"武功秘籍"，一招一式写清楚，即使是新入职的毕业生，只要按照 SOP 手册中的步骤操作，就可以在最短时间内掌握要领，快速成长为一名操作规范、作业标准的技术人员，大大提高了企业整体的运行规范和管理效率。不仅如此，随着企业内外部环境、工作要求的变化，CNLC 还发动全体员工参与 SOP 的持续优化，将这一"家学"发扬光大，保持其与时俱进的生命力和科学性。

实施 SOP 后，CNLC 迅速培养出一批批合格的技术人才，不仅提高了工作效率，而且提供的作业服务标准统一，有效提升了公司整体战斗力，提高了服务水准和客户满意度，为 CNLC 海外业务拓展提供了有力保障。

第十章

合作·共赢

050 问题 为什么说国际市场单枪匹马难成事？

初出国门"摔跟头交学费"

CNLC 成立之初，独立作业能力并不强，不管是人员还是设备，都不如国内各油田专业公司齐全。

进入国际市场后，刚刚有了点专业化公司雏形的 CNLC，加强了与国内各油气田企业的测录试合作，取长补短携手走出国门。但当时大家并不清楚以何种方式合作更有利，因此，只要有机会就在国内外市场尝试、摸索互利双赢的合作模式。

准备进入委内瑞拉市场时，由于 CNLC 新买的几台设备功能不全，而江苏油田测井公司具有施工套管井的设备和人员，更适合在委内瑞拉的生产井作业。双方一拍即合，首度携手走出国门。因为没有经验，设计的管理结构十分简单，CNLC 和江苏油田测井公司各出一个负责人，遇到事情互相商量着办。

不过，真出现问题时，毕竟两人分属两个单位，利益冲突在所难免。需要有人负责并立刻拍板时，权力一样大小的两个负责人意见并不完全统一，这边认为项目必须拿下，那边则认定风险太大，最好不上。等他们争出结果，项目早被其他公司拿走了。

伊朗项目的初始阶段，则是由华北油田测井公司的人员和设备担当主力，成建制出去。CNLC 利用自己的语言交流优势，主要负责商务、谈判、合同签订以及项目运作管理，收取 8% 的管理费用。运作伊始，双方商定全成本进入项目。但在具体操作过程中，到底哪些费用能进成本，哪些不该进，双方各执一词，也产生了矛盾。

在与 CNLC 合作的同时，也有油田的测、录、试公司设法自行走出国门。可是，兴奋劲儿还没消失，就发现了问题：仅凭一两支队伍很难在竞争激烈的国际市场干出点名堂，规模太小，连存活的几率都很小，更别说竞争中有多少胜算。

有的中国技术服务队伍到沙特阿拉伯、也门提供水井测量服务，由于不了解当地市场作业流程和标准，干的活儿得不到甲方认可，甚至连设备都没了踪影；有的队伍到印度尼西亚项目测井，做不下来只好转包给其他外国公司，亏得一塌糊涂；比 CNLC 更早进入苏丹的另一支测井队伍，几经努力依然达不到甲方的 HSE 要求，最终被赶了回来；就连那些走出去更早、政策更灵活的队伍，在苏丹、伊朗都有折戟而归的。

一位来自某油田的测井公司经理，在自家队伍好不容易走出国门又被合作方退回来后，坦陈深切感受："国际市场不是自家的自留地，没那么好干。修炼不够就急着跑出去，交了学费吃了亏，还得乖乖回来，认认真真地从基础工作做起。"在海外工作过的员工都知道，甲方要求的严格程度使技术服务企业的容错空间非常小，一丁点儿事都不能出，否则只有砸牌子丢合同，打道回府一条道。

就员工转换国际思维和服务意识来说，CNLC 人在国际项目运作过程中，也遭遇过不少挫折。曾经，一位在国内还是油田级劳模、技术能力很强的合作方员工，到了苏丹现场，却因为"教训甲方监督"的不合规行为被甲方开除。甲方要求很明确：在我的井场就得按我的规矩来，所有的作业必须在安全的前提下进行。后来，这位劳模又因为和地质监督讨论问题时，自以为是地不肯认真回答监督的问题、态度不好而遭到资料拒签。几个回合下来，甲方动了真格儿的，向 CNLC 正式发函提出，这个人不是合格的工程师，以后不允许他在井场工作。

刚开始进入国际市场时，这样的事并不少见。各合作方自己走出去吃了亏没办法，选择跟 CNLC 合作时，又对 CNLC 的高标准颇有微词："在油田表现挺优秀的员工，怎么跟着你们到了国外就不行了呢？"一些人把问题归结于 CNLC 人"吃了两年洋面包，养成了太多毛病"。他们不知道，如果 CNLC 不在国内帮着把这些毛病找出来并一一改掉，到了国际市场，每一个毛病都可能成为公司下一步发展的陷阱和绊脚石。

CNLC的海外事业从一开始就不是孤立地在海外运行，而是在各油田兄弟公司的设备和人才等资源支持下才快速发展起来的。

可以说，初进国际市场时之所以合作状况频出，就是因为在外人眼里，本应是一家的CNLC所带队伍，其实存在着多个利益不一的小团体。没走出国门时，每一家企业在国内自己的一亩三分地上都是"大拿"，觉得自己能力还挺强。可一走出去，若干个"小舢板"竞相出海，不识水性，能力有限，在市场上承受竞争对手冲击的抗风险能力势必大大减弱。

到了别人的地界上，与国内外的兄弟同行有了比较，就看到了差距和不足：单从技术层面上看，员工个顶个儿也是精挑细选出来的，纯技术的活儿也许干得很漂亮，拿出的测井数据还算合格。但管理水平、国际化理念以及语言沟通等方面差距太远，思想观念还是国内传统的，工作习惯还是中国式的，常常出力不讨好，好心没办成好事。加上一个油田一两支队伍、一两口井的工作量，挣的钱还不够出国折腾的费用，牵涉的设备支持运转吃力，规模太小导致成本太高，效益有限。各家乱打牌子的结果只能是砸烂牌子。

吃了苦头、交了学费之后，国内企业也越来越多地意识到，国际市场要求集中优势兵力联手出击。于是，国内企业管理者越来越多地寻求如何攥指成拳，越来越多的队伍愿意与CNLC合作共赢。

051 问题 Question | 为什么要创新资产联营模式?

上阵亲兄弟

2000年底进行的那一轮工程技术服务业务国际化重组时，集团公司为钻井专业规定了带出去队伍的具体指标，但对测井专业并没有特别要求，原因是这个行业国内国外差别太大，不只技术要求高，管理理念和队伍素质同样需要跨过高门槛。

集团公司领导给予的宽松政策是，可以在适当时候、在有能力的前提下，发挥带动作用，把更多的队伍、设备带进国际市场。

2001年，CNLC领导分析了国际市场形势，基于中国测井服务走出去的现实情况，权衡利弊，认识到做精做强做大海外市场，仅靠CNLC一家的确势单力薄，需要集团公司所属的测、录、试专业公司共同努力。但是，如果允许各企业的设备和队伍成建制进入国际市场，结果就是一支队伍一个模式、一个企业一种文化。各自把自己在国内约定俗成的做法搬出去，一家一种打法，一家一个标准。

事实证明，来源不同的队伍如果成建制运作，难免会出现对CNLC的统一要求置若罔闻的情况。设备不能调度，人员不能调换，制度更是如同贴在墙上的装饰画。员工也更乐意听自己油田领导的，个别员工不穿工衣，趿着拖鞋上班。等到项目部制定出制度来，人家还不服气："我的关系和工资都在油田，不在你们CNLC。油田领导的话是命令，必须得听。可你们的制度嘛，不执行，你们也没招儿！"

于是，根据新的定位，CNLC顺应各油田队伍跃跃欲试走出国门的迫切要求，在努力盘活自身资产的同时，进一步理顺资产联营模式，加大了与油田兄弟单位的合作。

与以往做法不同,这次 CNLC 坚持"统一品牌、统一运作、利益共享、风险共担"的合作原则,战略性地提出与各兄弟单位采取资产联营的新合作模式,按各家投入资产的设备原值计算分成,人员则一家一半。各油田的设备、人员汇集后,重新整合,统一分配。一方面以 CNLC 统一的文化融合队伍,另一方面由 CNLC 全面担负起管理、安全责任。

此方案一出,引来一片反对声:"我们那么贵重的设备,自己人不看着,谁能放心?"

对于有合作方期望"用自己的队伍设备,打自己的企业名号"以展示企业业绩,CNLC 表示理解,但依然坚持:"再像以前那样合作,由于责任不清,利益难分,结果对双方都是伤害,也不利于长久合作。"

已经走出国门在国际市场摸爬滚打的队伍,在实践中明白了一个道理:国际市场不同于国内,就算在国内自己的地盘上有本事称雄当老大,再强的公司到国际市场去单兵作战也难以包打天下。选择跟随 CNLC,既可以不走弯路,又可遵循现成的市场标准,免交学费,不栽跟头。

同时,CNLC 也对合作方的诉求做出了一定让步,比如哪些材料进成本,合作方可以派人现场监督。但是,哪些员工上项目、一个项目上多少人,要由肩负管理责任的 CNLC 说了算。

对于出国人选,CNLC 基于国际市场对人才的要求与国内不同的现实,对油田派到项目的人选划出标准线:必须具备国外工作基本的语言能力和技术资格。实在找不到符合要求的人员,就挑选出相对接近标准线的,英语达不到托福 500 分,就选 470 分以上的,由 CNLC 出钱出力进行针对性补缺培训。人员培训合格后,出国时跟着哪台设备、到哪个国家,由 CNLC 按需要统一安排调配。

2001 年苏丹 3/7 区合同开始执行时,新模式首次运行。

合作方也坦陈顾虑:"几百万美元的进口设备交给你们,又不让我们自己的人看着,多少有点不放心。"CNLC 承诺:"人员不管怎么调,总会有一名你们的工程师跟着设备走。"

就这样,CNLC 与合作方走上了按新的资产联营模式、新的管理体制运作项目的合作之路。

P 观点 oint

CNLC领导很早就意识到，实现中国测井的国际化，仅靠CNLC一家的力量不行，必须发挥中国石油各测、录、试公司的合力。

然而真正合作时，尽管大家都隶属于中国石油，但亲兄弟也得明算账，合作顺利才能长久。毕竟，各家因为利益主体不同，难免拨拉自己的小算盘。同时，CNLC也需要尽快探索合适的合作模式，不能允许来自各油田企业的队伍各做一套、各唱各调。毕竟，在国际市场上跟甲方白纸黑字签合同的是CNLC，在后面需要对合作方负责任的还是CNLC。无论哪支队伍出了问题，砸的也是CNLC的牌子。如果允许来源不同的队伍跟着感觉走，那中国石油的测井行业在国际市场根本无法走远。

实践证明，只要是原建制队伍，就会不自觉地沿袭原有做法，就算打着CNLC的牌子也是表面和气，骨子里分家。因此，CNLC将成建制来的人员重新安排，把各油田的人才在全球范围内统一调配使用，用CNLC的文化和管理影响他们，使每一支队伍不仅专业能力强，制度执行上也更统一。

新的资产联营模式是CNLC在国际化运作中摸索出的一条实现各方共赢的捷径，利用国内资源，并以最佳模式优化配置，壮大CNLC的国际舰队。与此同时，中国石油各油田的测、录、试技术服务企业在与CNLC的国际合作中，盘活了资源，培养了人才，获得了不菲的收益。

052 问题 如何对众多合作伙伴"一碗水端平"？

公正透明赢得多方联手

在进入苏丹 3/7 区和 6 区时，CNLC 已开始陆续把合作油田的测、录、试队伍带出去。公司采取一视同仁的合作方式：与华北油田测井公司在伊朗进行测井项目合作，与新疆油田测井公司在哈萨克斯坦进行测井项目合作。2001 年又新增了与四川油田测井公司在苏丹的测井项目合作，与大庆油田试采公司商谈赴伊朗进行测试项目合作。越来越多的油田企业和 CNLC 携手并肩跨出国门。

国际项目取得的高收益对各油田测、录、试公司都是一个巨大诱惑。CNLC 与四川测井公司合作初期赢了个开门红，在苏丹一年半时间净挣 600 万美元，相当于一套半仪器设备的价钱。

这个消息一传开，激发了更多油田企业与 CNLC 的合作愿望。加上适逢国内工程技术服务市场萎缩，越来越多的企业尝试与 CNLC 开展新模式合作。

但是，对于让自己的设备和队伍进入哪个区块、服务哪个项目，各合作方也有自己的算盘，总想挑拣更合意的。有一次，CNLC 同时获得了两个项目机会，一个在苏丹 3/7 区、另一个在苏丹 6 区。两个合作方四川油田和大港油田都看上了 3/7 区，因为那里有大发现，预估市场前景会更好。CNLC 尽可能地一碗水端平，先不谈安排哪个设备上哪个区块，等确定了合作方式后宣布，根据两家动员设备速度和人员情况，谁先达标，谁就优先选择区块。

结果，稍快一步的大港油田测井公司敲定了 3/7 区，四川油田测井公司则很不情愿地去了 6 区。可市场的变化常常超乎想象，两个区块的收益情况也出乎很多人的意料，6 区反倒比 3/7 区上产更快，当年的经济效益非常可观。

等到国外市场稳定了，CNLC选择适当时机，请油田合作方领导到项目现场调研。一圈走下来，领导们服气点头的多了，发牢骚抱怨的没有了。

项目运作中，CNLC负责对合作方投入的设备和人员统一管理，将合作方派出的人员安排到各个国家的在执行项目，最大限度地提高人员和设备的使用效率。由于各项目实行统一管理，技术、后勤也统一支持，大大降低了生产运营成本。涉及项目管理、配件使用、动员复原等成本费用，均由合作方员工签字认可，项目上发生的每一笔来往账目都清清楚楚。CNLC还与合作方通过周报、月报、电话、传真等形式，及时沟通合作项目的进展、收入、成本、设备状态、人员及材料需求等信息。重大事项则通过定期举行联管会的形式面对面交流，直接解决争议问题。

在项目利益分配上，CNLC对合作项目单独核算，项目总收入减去项目总成本为双方拟分配收益，再根据各方投入资产的比例进行分配。

正所谓日久见人心，CNLC的良苦用心有了回报。从合作之初常有油田企业带着怀疑的眼光来查账，到两年后账本放在眼前也不要看，合作方对CNLC已有了全面了解和认识：这个公司会做事，不占合作者的便宜，倒有可能把成本放在自己的账上，多分些利益给合作方。举个例子，每次请客户到公司来，不管是技术推介还是专业培训，这些费用都是进了CNLC自己的成本。

对于大家最看重的收益结果，CNLC在摸着石头过河之初，确定了合作盈利的底线：一年亏，两年平，三年必须赢。项目好了，双赢带来的当然是皆大欢喜。一旦由于种种不可控因素达不到预期目标，三年时间总体转机没有出现，CNLC就要调转船头寻找新的目标。比如，设备进入阿尔及利亚市场时，和东方物探公司（BGP）、长城钻探公司（GWDC）一起在海关遇到了麻烦，陷入纠纷，想出出不来，想动动不了。像这种非市场因素和不可抗力造成的亏损，公司尽量以其他赢利项目保证合作伙伴的基本收益。四川油田测井公司与CNLC合作参与了两个项目，阿尔及利亚项目虽然亏了，CNLC付了保底费用；但苏丹项目6区的收益又特别好，设备回报率达到了33%。

在共同的大目标下，CNLC更注重以客观态度解决合作中遇到的具体问题。一次，在和第三方谈合同时，CNLC认为自己制定的价格和条款很合理，可是对方也认为自己的方案很到位。相持不下时，CNLC提出请第三方专业机构来评判。对方被打动了："你们太有诚意了！就依你们的条件吧。"

众所周知,由于利益主体不同,企业间合作并不容易。

每一家参与合作的公司都有自己的角度:为什么不能按照我的方式做事情,你的方法并不一定比我的更好。

为此,项目运作之初,CNLC本着"利益共享、风险共担"的原则,向各合作单位公开全部项目信息,使大家充分了解项目的潜在风险和CNLC控制风险的措施,双方在公平自愿的基础上磋商,拟订合作协议,确定双方投入人员及资产比例,建立合作关系。

资产联营的模式运作平稳、行之有效的基础是CNLC做事公平公正,讲信誉。不管盈亏,公司要求参与运作这一项目的各层级管理人员,一定要有豁达的心胸,提供的任何数据都要客观准确,不可以做任何手脚,因为这不是CNLC的风格。用公司领导的话说:"允许你无意中哪怕点错一个小数点,多占了合作伙伴十倍的收益,但绝不允许有意地去多占人家哪怕一分钱的便宜。"因为前者自会有CNLC的专业部门查清楚,而后者则可能直接毁掉CNLC与各方合作的信任基础。

CNLC人注重换位思考,努力站在合作方角度考虑问题。这样的合作理念和态度获得了良好的回报,辽河、新疆、四川等油田合作伙伴大力支持CNLC,要设备给设备,要人才给人才。在合作方的主动配合下,CNLC因此不必顾及后方资源,只要发现国际市场的大好机会,就有足够的底气随时抓住,组织更多的队伍和设备,在更大的舞台上施展本领,让合作各方分享更多的利益。

053 | Question 问题 | 是什么使得外来户变成自家人？

一封感谢信

2006年3月，CNLC的几位领导同时收到了一封电子邮件，是以合作方员工身份在CNLC工作了5年的尹国平，在返回四川油田测井公司之前写来的一封感谢信。

尊敬的各位领导：

你们好！我即将回到四川油田测井公司工作。此时此刻，我的心情很复杂，而更强烈的是依依不舍。我2001年加入CNLC，至今有5年时间。从刚开始把自己定位为合作方和打工者，到最后全身心融入公司，把CNLC当作自己的家。我在这里奋斗过，拼搏过，迎接了许多挑战，也得到了丰厚的回报。同时更多的是得到了各位领导的关心和爱护，是你们提供了机会，培养和锻炼了我，在我的人生经历中，这将是一段重要历程。同样使我感受深刻的是，在CNLC工作，只要你是人才、有本事，公司就会给你机会和平台，让你施展和发挥。而且，CNLC自上而下，都是一个团结友爱的大家庭。更重要的是，公司这种积极拼搏、奋发上进和锐意进取的氛围，激励着所有员工为公司不断地创造辉煌。在我以后的工作中，这种积极进取精神将永远伴随和激励我！

各位领导、各部门对我的关心和爱护，难以用语言表达。在此，我从内心深处表示感谢！祝愿公司不断发展壮大，早日成长为具有国际竞争力的国际化公司！

此致敬礼！

尹国平
2006-03-02

这封信表达了尹国平的心声，也反映了CNLC对待合作方员工的真诚。

原来，随着CNLC海外事业的飞速发展，每年都有十几、二十几支测、录、试队伍和设备走出国门，海外作业队伍从2000年底的12支增加到2003年的74支。这时候，CNLC从油田借来的员工已有80多人。因为是"借"的，这些员工和CNLC都有一种"临时"心理，员工并不确定能在这儿干几年，很难产生归属感。CNLC也担心拿出更多的资金、精力来培训他们，或许成才之日就是离开公司之时，毕竟人家的人事关系和升迁都由原来的单位掌控。但是，让借来的这部分员工只干活却不舍得花钱为他们投资"充电"，员工心里不舒服，而CNLC在需要他们有更强的业务能力时也深感事业发展受到制约。

怎么办？CNLC坚持对合作方人才统一管理，不管哪个油田派来的人员，都和CNLC员工享受同样的工资待遇，接受同样的业绩考核，同样必须参加相关培训，同样会被内部调动、提拔重用。

刚到CNLC的合作方员工感慨良多："这个企业真的很重视员工进步！"一进公司门就被全副武装起来，培训费用全部由CNLC承担。懂技术不懂外语的，外语过关但专业知识缺乏的，懂项目管理但不懂国际商贸知识的，CNLC一个个筛查，进行补缺性培训，还毫无保留地把几年来在国外摔打的经验教训、国际理念和文化差异等制作成光盘发给新加盟员工，供观看学习。

到2008年时，CNLC先后带出各油田测井公司骨干人员近500人。写来感谢信的员工尹国平就是其中的一位佼佼者。刚上苏丹项目时，他只是个普通工程师，但其能力和才华很快在CNLC的成长平台上展现出来，不久被提拔为项目经理。当委内瑞拉项目急需上马时，他又晋升为CNLC的委内瑞拉国家经理，全面负责那里的三个作业基地，包括测、录、试专业的市场经营和人、财、物管理工作。

像尹国平这样跟随CNLC在国际市场上成长起来的优秀员工还有数十人。他们跟着CNLC在国际市场锻造锤炼，很快就成长为优秀的国际化人才。很多人员回到油田原单位都成为重要岗位的管理人员或业务骨干，他们也将自己在国际市场学到的先进管理经验和专业技术播撒到各油田服务公司。

与此同时，CNLC通过多种途径，将先进的国际作业经验和技术服务、国际化理念传递给国内各合作单位，实现了中国石油测井行业的共同进步。

认同感产生忠诚度。

一个企业要成功,需要员工的忠诚度、使命感,需要不断积淀,持续培养,形成共同的价值观和深厚的人文氛围。在 CNLC 快速发展的几年里,合作方员工立下了汗马功劳。

站在全局角度看,尽管这些员工来源不同,身份不一,甚至人事劳资关系不在 CNLC,但 CNLC 有意弱化员工的来路,对大家一视同仁,注重所有员工自身价值的实现、个人才智的展现,从而激发了这些合作方员工的积极性、主动性,共同为 CNLC 尽心尽力,在最短时间内打造出更多优秀的高素质测、录、试技术服务团队。

CNLC 的发展与每个员工的素质、每支队伍的能力息息相关,CNLC 自己走得快而合作方跟不上,CNLC 自己的路也走不远。CNLC 人想得很清楚:为别人就是为自己,为合作方培养人才就是保证 CNLC 的持久竞争力。

公司下大工夫,着眼国际化长远发展,有意识地培养好、使用好合作方来到 CNLC 的人才,锤炼了大批商务人才、管理人才和技术人才,很多人迅速成长为公司各层级管理者和项目技术骨干。

公司敞开心胸,换位思考,平等对待合作方员工。"来了就是 CNLC 的人,不分你我他"成为公司上下的共识。这使合作方员工不仅在国际市场的大舞台上找到了加快自身发展的新空间,也在 CNLC 找到了归属感,从内心深处爱上了 CNLC 这个集体,与 CNLC 同心同德,身体力行地去维护这块在国际市场上越来越响亮的技术服务品牌。

054 问题：为什么主动让利给合作伙伴？

不怕吃亏才能做大蛋糕

2007年，CNLC领导认为，公司在国际市场经过近10年的摸爬滚打，该交的学费都交了，加上公司推行了全面风险管理体系，对各方面的风险控制能力大大增强，能够保证项目的盈利水平。他们要回报所有和CNLC共同努力、闯荡国际市场的合作伙伴，让大家分享CNLC的市场创效成果和风险控制能力。

公司做出一项重要决定：不管是测井还是测试、录井项目，只要是在CNLC有资产投入的合作方，公司不但负担设备折旧费用，还给予3.5%的增值空间。这样的承诺意味着，国内企业只要和CNLC携手到海外闯市场，稳赚不赔，至少也有3.5%的利润。

此举彻底消除了合作伙伴的后顾之忧。但是，CNLC为什么一定要这么做呢？敢与合作方签订保底协议，是因为CNLC在海外的几十个项目整体来看不再有任何风险。

几年下来，CNLC与华北油田、新疆油田、辽河油田、大港油田、四川油田、大庆油田、吉林油田和长庆油田的测、录、试公司，在苏丹、伊朗、哈萨克斯坦、阿塞拜疆、巴基斯坦、利比亚、阿尔及利亚、委内瑞拉、缅甸等国家进行着广泛的测井、录井、测试、定向井以及射孔作业等服务合作。统计数据表明，在合作过程中，CNLC充分发挥了专业公司的带动作用，带出合作方队伍近50支，累计为地区公司培养技术人才和管理人员近500人，实现合作收益5亿多元，合作方资产回报率超过20%，远远高于集团公司要求的8%。在CNLC目前海外项目的中方员工中，油田合作方人员占到40%以上。

CNLC 人明白,是合作伙伴为 CNLC 提供了更多的人才和设备、配件资源。让合作伙伴分享更大的成果,才能众人拾柴火焰高,海外市场空间大,有能力就不怕赚不来钱。于是,CNLC 一改原来的"风险共担,利益共享"合作模式,进一步向合作伙伴让利,风险共担中的风险由 CNLC 独自承担,利益分享则下保底上不封顶。

这样的规定超出了合作方的想象。CNLC "不怕吃亏"的大气赢得了合作者的交口称赞,他们在得到更多利益的同时,也对 CNLC 更加尊重。

但 CNLC 却从另一个角度来诠释这样的"吃亏":"饮水要思源。正因为国际市场起步时合作方给了我们很大支持,才使 CNLC 成长得更快、更有能力规避风险,做到年平均增长保持在 40% 以上。为此,理应让大家分享更多合作果实。"

进入海外市场,对合作方来说,赚钱是一方面,更重要的是锻炼了队伍,提升了能力。对国内测井行业来说,则是推动了整个行业的国际化服务水平,极大地增强了中国测井行业的国际市场竞争力。

在国际市场参与全球范围的市场竞争,评价成败的标准不是来自中国的队伍谁赢了谁,而是中国企业能否形成合力,真正增强竞争力,从国际市场的大蛋糕上分切到更多份额。

这就是 CNLC 的合作理念。一起做事情时不是首先考虑自己是否吃亏,而是真心把合作方看成"本身就是同一集团公司的兄弟",最重要的是,CNLC 的竞争实力和风险控制能力已经可以做到凭实力让利,因为整个公司的运作和管理、市场已经进入良性循环。

做企业就像居家过日子,邻里关系处好了,人气就旺了。在 21 家油田合作者的支持下,只要 CNLC 有设备、人员、配件等方面的需求,总有人站出来助其一臂之力,保障 CNLC 在国际市场上几十个项目运转顺利。也许,CNLC 已经达到了自己所追求的境界:"放下自我,才能实现并超越自我。"

055 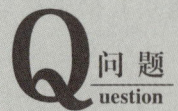 亲兄弟明算账，如何算得都替对方着想？

合作增信任　收益超预期

与 CNLC 合作几年下来，海外项目的效益回报让合作方很满意。像四川油田测井、华北油田测井从海外项目拿到的分成款，已经可以再买两套设备了。

2006 年底分成时，华北油田测井公司副经理带着市场人员来到 CNLC，听取海外项目的情况介绍。可是他们显然对各种管理过程并不太关注，最想知道的还是收益数据表最下面的那个数字：250 万美元。这是他们那台设备一年零四个月挣来的效益。

还没等 CNLC 对几个数据详细说明，合作者就一拍大腿："你这数字是不是点错小数点了，怎么那么多呢？"

"没错，这是今年的收益。"得到确认后，他幽默地说："没想到我们挖了个小坑，CNLC 就给种了个大萝卜。后面不用介绍了，我得赶紧回去琢磨琢磨，如何把坑再挖大点儿。"

与 21 家油田测、录、试公司合作，CNLC 的管理幅度相当大。分布海外 17 个国家的市场和项目，国内需要一一理清合作关系。CNLC 每年要开交流会，按专业与合作伙伴进行沟通，还要请合作方领导到项目上调研。

开会时，CNLC 特别注意细节：CNLC 不是集团公司的职能部门，而是出于共同发展的目标，和各油田合作方自觉自愿地走到了一起。每次坐在一起时，CNLC 各有关部门都要认真听取合作方的意见，民主决策下一步市场如何做得更好。

一个油田录井公司经理感慨："CNLC 是个让合作方很省心的伙伴，设备和人员一启动，所有的管理、安全、运作、包括资金垫付都由 CNLC 负责。

国际市场运作很复杂，牵涉船期、市场环境等因素，有时候干了一年活儿，钱都不一定能拿得回来。与 CNLC 合作，对于这些，油田合作方都不必操心，只等着到时候分利润就行。"

在平时的交往中，CNLC 对公司内部各部门明确要求，不许吃请，但可以请合作伙伴吃饭。一般情况下，合作方的财务人员来访，公司就让财务人员接待，业务人员来访，则由业务人员接待，目的是尽可能多地与合作方对口沟通交流，让他们了解海外项目更多情况。

这么多合作伙伴，每一家年底前都要来公司结账。那一个月里，如果一家家地来，光吃饭一件事，CNLC 就陪不起。于是，公司整合资源，在同一时间把不同油田、不同专业的合作方集中请来，让大家坐在一起深入交流。

面对面交流得多了，合作方彼此之间也互相启发：作为中国最大油田的录井公司，大庆油田录井公司在哈萨克斯坦项目两套设备回报率相当不错。高兴之余，了解到吉林油田录井公司一开始就与 CNLC 合作力度相当大，已有 13 套设备进入海外项目，年年旱涝保收。这使大庆油田又觉得自己参与的合作设备太少，必须马上增加。毕竟，参与合作的面大了、项目多了，就避免了受一时一地的市场波动影响。这样的交流，让合作方从另一个角度认识了 CNLC。而合作方信任的眼神，也让 CNLC 人感到很欣慰。

2007 年以后，已经有 47 支来自国内各油田公司的测、录、试服务队伍跟着 CNLC，在国际市场为甲方提供技术服务，CNLC 与合作方之间的互信程度与日俱增，不曾发生过什么误会，而且在关键时候都会顾全大局，替对方着想。

CNLC 的资金到位率一直在 95% 以上，公司每年会按计划给付到位。2007 年，一个合作方在收到分成款后吃惊地表示："你们啥也不说就把钱打过来了。我们本来还想放到下一年再结呢。"

CNLC 市场人员实话实说："要是放到下一年的话，还得提前跟财务部门打招呼，那是违反 CNLC 财务规定的，绝对不可以。"

在中国石油，CNLC 是较早开通 ERP 系统的企业，公司的账目往来、财务数据都是透明的。油田合作伙伴来结账时，可以随便打开电脑，进入 CNLC 的财务系统，点开账目看个究竟。

对合作伙伴来说，CNLC 就是这样透明、坦诚。

合作的基础是信任。

透明的管理，透明的项目，透明的财务……CNLC几乎重新定义了企业间的合作理念和合作方式，开拓出一条多方携手共赢的新路径。

原本，CNLC还担心众口难调，难以满足合作方不尽相同的要求。况且，也确实有个别项目的收益水平一时达不到合作方的期望值。可是，CNLC一是一，二是二，将遇到的问题摆在桌面上，和合作方一起解决。所以当大家坐到一起时，CNLC人心里踏实，合作伙伴也坦诚信任。

CNLC始终记得集团公司"国际工程技术服务业务要坚持统一对外、统筹协调，既要发挥专业公司的带动作用，又要注意调动地区公司的积极性"的指示，用足用好集团公司的资源优势，努力把越来越多的油田测、录、试队伍带出去，让更多的中国测井人熟悉国际标准，在国际市场风浪中增长见识；让管理者、技术骨干在国际化运作中快速成长，促使整个中国石油测井行业缩小与国际水平的差距。就这样，CNLC在使集团公司设备资源得到充分利用、拓展更广阔生存发展空间的同时，不断提升测、录、试专业的整体综合服务能力。

随着海外事业的拓展，CNLC拥有来自中国石油旗下各油田的合作方多达21家，其中录井5家，测井7家，测试9家。正所谓兄弟同心，其利断金。中国石油测井家族的兄弟们由当初的分而乱到后来的合而睦，共同在国际大市场做精做强做大。

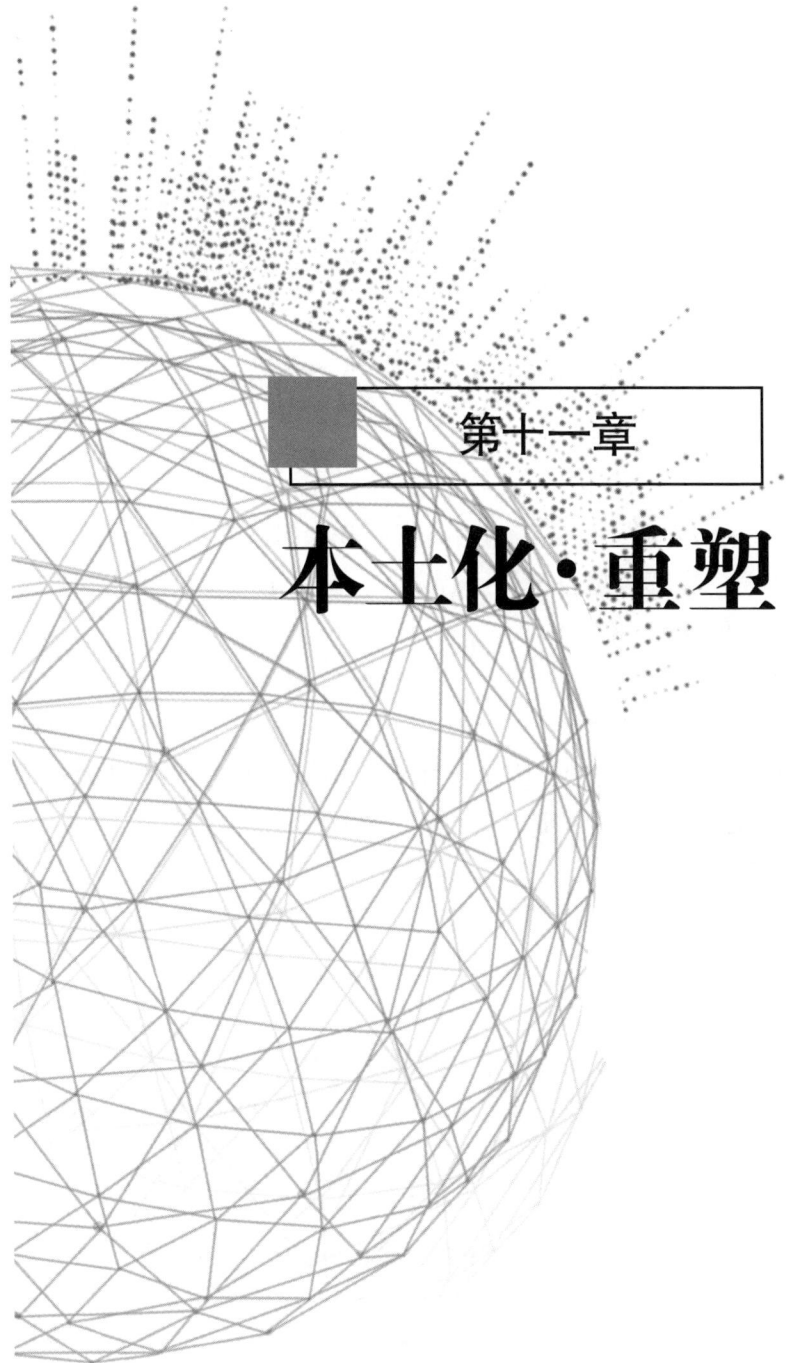

第十一章

本土化・重塑

056 问题 为什么转变观念才能解决本土化问题?

"找不到当地人才"只是借口

CNLC 的第一个国际雇员是 1998 年招聘的操作手伊拉克人 Ammer，之前他是斯伦贝谢雇员，在苏丹项目工作了近两年。企业国际化重组时，CNLC 的所有外籍员工加在一起只有 39 人。

2001 年，即重组后第二年，CNLC 在苏丹项目的人员构成是，一个录井队有 4 个中国人、2 个当地雇员。

由于当时出国队伍数量有限，国内还有闲置员工，很多人的观念是能出国挺新鲜，个个跃跃欲试。可 CNLC 领导却一再提出："什么时候能把一个测井队减到两个中国人，用好当地员工才是正途。"

大部分没出去的中方员工表示不理解，出去过的员工则对领导的话持怀疑态度："这不可能实现，当地人用起来特费劲儿。"

曾经做过尝试的项目管理人员更是坚决反对："一些当地人连 3+2 等于几这种算术题还得算半天，怎么可能做好测井这样的高标准技术活儿？别说那些扔下鞭子就上井场的放羊娃，就算是一些大学毕业生的水平也比不过咱中国人。"

一位项目经理说得更直白："培训 1 个苏丹人费的劲儿、下的工夫，足足可以教出 10 个中国人。"因此，当时的中方员工对用工本土化很排斥，主观上认定，让当地人做点粗活儿杂活儿还可以，但让他们做测井专业，他们压根儿不具备从事这种高技术行业的素质，员工本土化之路行不通。

内部阻力大，公司就派人到巴基斯坦考察。那里有世界公认的石油工程技术服务培训学校，当地人英语流畅，专业素质也相对较高，是国际石油工程技术服务公司寻觅人才的好去处。

一个偶然机会，CNLC苏丹项目部的黄森明在一家法国工程技术服务公司发现，来来往往的竟然没有一个法国人，从项目经理到操作工清一色都是当地人。他若有所思：看来当地人没问题，有问题的是我们的观念。人家法国公司能用好当地人，CNLC应该也能用好，否则就是我们的国际化理念和管理水平有问题。

想明白问题的根源所在，黄森明当时就按照项目部要求，果断招聘了十几个巴基斯坦人带到苏丹项目。

看到一下子来了这么多外籍员工，项目上的中国员工还是免不了对这帮"老外"冷眼相看，不肯轻易接受。

项目在做录井的地基图件时，有意识地组织了一场计算机打字比赛。结果，第一名是中国人，第二、第三名都是巴基斯坦人。这个结果让中国员工不敢相信："这些老外中还真有人才？原来是我们小看他们了。"

沟通多了，大家慢慢发现，论专业素质、技术能力，这些"老外"可能不比中国人强，但若比试一下国际通用的英语表达、文化理解，人家可比中国人好很多。

受此启发，各作业区分别制定了相应政策，放眼整个国际市场吸纳人才，陆续招聘了来自印度、印度尼西亚、埃及等国的工程师。考虑到当地雇员缺乏相关工作经验，不一定适应公司的专业技术和管理方式，CNLC将巴基斯坦直属作业基地作为人才培养的"黄埔军校"，拉开了巴籍工程师大规模招聘和培养的大幕。一方面，对低技术含量的员工，尽量通过本土化节省人工支出；另一方面，加速雇员国际化进程，比如，在巴基斯坦招聘技术好、成本低的雇员充实到其他国家作业区。

观念转变了，苏丹作业区越来越发现苏丹的人才还挺不错，其中不乏从斯伦贝谢"跳槽"过来的高水平人才，英语讲得流利，技术和管理底子也相当好。于是，作业区的人力资源经理、总经理助理、工程师慢慢地就由苏丹人担当起来。

一年后，苏丹作业区员工本土化比例快速提升到66%。其中，测井事业部的作业员工中，当地员工占到49.25%，测试事业部的当地员工达到了42.5%。

打造国际化企业,并不是简单地在海外注册一家公司就可以被称为国际化公司。

芬兰学者韦尔奇和罗斯坦内设计的测度模型,从运作方式、销售对象、目标市场、人力资源、组织结构、财务资源六个维度判断一个企业的国际化程度。

国际化企业应包括人员国际化、生产国际化、销售国际化和研发国际化。也就是说,一家企业想要真正走向国际,只有通过在全球范围内优化配置各种资源,树立品牌,提供产品或者服务来实现,而雇佣当地劳工正是使用国际人力资源的一个重要指标。

初来乍到一个陌生环境"找不到人才",CNLC 意识到,这里面有管理问题,但更重要的是观念问题。

CNLC 领导告诉大家一个浅显的道理:任何国家都有优秀人才。如果一定要找个羊倌来操作测井仪器,那肯定是"赶鸭子上架"。苏丹照样有留英、留美的优秀学生,怎么会没有人才呢?是不是得反思我们自己发现人才的方法和手段不对路呢?首先还是要解决怎么看待、接受当地人的思想意识问题。

每个企业在"走出去"之前的全球化构思中,一个重要的内容就是如何实现人力资源本土化。CNLC 实施本土化之初,遇到的最大阻力是中国人的观念。难点既非文化冲突,也非管理难度,而是来自中国的项目运作者对当地人能力的认可和接受。

观念一变天地宽。

057 如何换位思考推进雇员本土化？

投标书上做文章

随着全球经济一体化的发展，各产油国对来自世界各地的油公司、技术服务公司的雇员本土化也提出了越来越严格的要求，甚至从法律上约束。

不管是在南美的委内瑞拉，还是在中亚的哈萨克斯坦、非洲的苏丹，CNLC 都面临着同样的问题——如何按资源国法律要求的人员比例招收当地雇员。

CNLC 初入哈萨克斯坦时，在人员本土化过程中也遭遇过难题。当地的哈萨克族人俄语说得很好，学英语的却非常少，而 CNLC 的主流工作语言是英语。招收当地人时，要找一个能同时过得了语言关和技术关的员工难上加难，满足不了 CNLC 事业发展的需要。

项目部了解到，从苏联解体独立出来的哈萨克斯坦因为人口少，专门制定政策，吸引中国的哈萨克族人到当地定居。那时候，其他人花钱费力气办不成的"绿卡"（工作签证），中国的哈萨克族人到了哈国不费吹灰之力就可以办到，工作生活都很方便。

鉴于此，CNLC 项目部到新疆大学招收了一批会说英语的哈萨克族毕业生，在国内培训后送到哈国项目，工作签证和语言问题都解决了。

虽然这招好使，但公司领导认为，这作为本土化初期的过渡性措施行得通，但最终解决本土化问题，还是要努力吸引并用好高素质的当地人。果然，到第二年，哈萨克斯坦开始从严控制，中国的哈萨克族人办签证也难了。因为哈国政府想要解决的不仅是人口问题，更重要的是本国就业率问题。

2002 年的苏丹市场，斯伦贝谢是测井市场的最大品牌，法国利地则是最大的录井品牌。CNLC继测井专业进入苏丹后，能够中标1/2/4区8000多万美元的录井项目，在许多人看来，得益于CNLC的价格合理，服务到位。其实这并非主要因素。

业内人士都明白，靠低价格在市场竞争，测、录、试的总费用只占到一口井总成本的10%左右。就算比其他竞争对手低20%，也不一定能打动甲方；靠送礼，CNLC明文规定不允许；靠关系，那本来就是在人家的地盘上，初来乍到的CNLC无论是技术，还是品牌、公共关系，与那些西方公司相比竞争力并不强。怎么办？

CNLC独辟蹊径，做了一件别的投标者没有意识到或者没想到要在标书上做的文章，这使甲方格外关注CNLC，并如愿以偿拿下项目。

在CNLC制作的标书中，有一项让甲方特别感兴趣的内容——苏丹当地人在CNLC的发展计划。

这份标书不只简单地承诺雇佣当地员工，而且做出了详细计划：一旦公司中标，当地员工的比例第一年要达到50%，第二年达到60%，第三年开始培养出工程师……CNLC向甲方承诺：如果项目运作三年，还不能为当地培养出合格工程师的话，CNLC就主动放弃这个项目。

甲方是由来自中国、加拿大、马来西亚、苏丹的四家油公司组成的合资公司。苏丹政府股份虽然少，但在其中发挥着重要作用。这个计划正好契合苏丹政府的诉求，他们当时正急于解决本地人就业和人才培养问题，进而提升国家石油工业水平。

就这样，CNLC中标了，合同额占到了公司当时录井市场总额的50%。

为了兑现承诺，也为了公司更长远的国际化事业，CNLC踏踏实实地落实人员本土化工作。除了加强引导、转变观念等软性措施外，最见成效的当属一条很简单的激励政策：当时一个小队需要六个中国人，项目部规定，完成任务考核后，每个小队无论有多少中国人，拿到的奖金都是固定的3000美元。如果只有一个中国人承担作业，就自己全拿；如果两个中国人干活就平分……人越多，分的份数也越多，每个人拿到的就越少……如此一来，不少小队愿意主动聘用当地人。先用一个，不信五个中国工程师带不好一个当地人。手把手地教，一个个动作示范，直到可以独立操作。教会了第一个，然后就是第二个、第三个……

本土化程度的高低、水平的高下是反映一家跨国公司国际化水平的重要指标之一。

CNLC进入海外市场,能否充分利用当地各种资源,策略地将公司进行"本土化"改造,能否将企业管理理念和运作模式与国际惯例全方位接轨,直接关系到CNLC能否真正获得加速国际化发展的新竞争优势。

一开始,CNLC也尝试着"走捷径"解决雇员本土化问题,但很快就意识到此路有风险,并主动消除、规避,认真解决本土化问题,反而争取到了主动权。

从资源国的角度看,当政府急需发展经济时,最初需要的可能是油气和资金。但随着发展速度的加快,政府就开始考虑社会稳定、民生需求。因此,作为一项鼓励性政策,本土化做得好的公司,培养和使用当地雇员不仅可以降低人工成本,还可以得到当地政府和油公司的支持和青睐。反之,如果本土化水平达不到当地政府的要求,公司甚至会失去参与投标的资格。

用发展的眼光看,东道国政府如此规定也无可厚非。无论哪个国家,都希望一个工程项目做完,相关各方都受益。不仅作业方挣了钱,本国培养了人才,当地经济得到了推动,民众得到了好处,国家有了可持续发展的人才基础和经济基础。

因此,本土化既是资源国政府的要求,也是CNLC降低人工成本、提升国际化管理能力和市场竞争力的必然选择。

058  如何避免人才短缺掣肘市场拓展？

项目考核有了新指标

2003年，CNLC海外市场呈指数增长，原有的苏丹、伊朗、委内瑞拉、哈萨克斯坦市场稳步扩大，其中苏丹市场从原来的1/2/4区、3/7区、6区扩展到了5A区、5B区、8区、9区等新战场。同时，公司又在巴基斯坦、阿塞拜疆、尼日利亚、叙利亚等新市场开发中接连中标，新签合同额比2002年陡增374.5%。

到2004年底，CNLC仅在苏丹的队伍就扩增到9个测井队、11个录井队、6个测试队和1个解释研究中心，员工来自中国、苏丹、巴基斯坦、印度尼西亚、印度、埃及等6个国家，共244人。公司手中同时握有十几个测、录、试和综合解释合同，营业收入增长了10倍之多。与国际知名大公司相比，各专业人均产值毫不逊色。

事业做大是好事，但换个角度看管理难度也加大了。按照当时集团公司规定，企业每向国外派出一名员工，必须完成10万美元的产值。这意味着公司出去的人越多，肩负的经济指标越高。当时CNLC有70多支队伍，每个队4个人加上倒班2人，虽然公司的营业收入成倍增长，但集团公司控制的出国人员指标仍然显得很紧张。后来，规定趋严，每人身上背负的产值数进一步增加到15万美元。这一指标一度成为企业外派员工出国审批的门槛。

压力之下，CNLC产值较低的录井专业，只好借用测井专业的名额，明明出去要干录井的活儿，填表时却写自己是做测井的，才能顺利出国。

面对这一现实，员工本土化已经成为当务之急。公司决定从制度上将雇员本土化列入对各作业区的考核指标，统一部署，各作业区分别制定了具体落实措施。公司领导每次检查工作时，员工本土化的最新进展，都是必须汇报的一项内容。

推进用工本土化有两个重点：一是加强对新招聘当地雇员的培训，让他们的 HSE 意识、技术能力达标；二是中国员工必须一专多能，操作时可以"一个萝卜顶几个坑"，既当好专家，又当好当地雇员的专业培训师。

CNLC 改变过去一个岗位一个人的做法，要求技术人员全面化，倡导员工一专多能。类似放磁、放射性、电阻力等工种，员工可以根据项目需要和个人兴趣拓宽专业面。项目部将每个工种设置 1~5 分的分值，员工学会一项技能后，根据水平高低分别量化为 1~5 分，最后能否单独顶岗就由得分多少来决定。

对于当地雇员，则借助技术有形化提供针对性培训。在阿曼项目，员工上岗前，项目先送其去甲方指定的 HSE 培训学校参加基础培训，获得合格证书后再按公司 SOP 学习标准操作。公司除安排员工参加培训班，还为其指派了可以随时请教的师傅。这时候的项目经理，需要特别关注下属每个中方员工和当地雇员的技术级别在哪个层次，需要什么样的培训，有无良好的作业记录，每个人的培训及进步都要装在心中，随时提醒员工并给予指导。

春风化雨，效果很快显现。2001 年时，CNLC 在苏丹只有测井专业可以由一个中方工程师带领苏丹雇员现场作业。到 2004 年，已经有部分测试作业队伍完全由国际雇员和当地雇员完成，部分录井队伍也只有一个中方工程师带队。这时候的苏丹作业区，80% 的中方员工达到了一专多能的要求。测井仪修工程师具备一项或几项专长并能够修理所有测井仪器，测井操作工程师能够进行火工品作业，射孔工程师能够进行套管井测井和生产井测井……

伊朗项目从规范员工的工作方式和培养团队意识着手，先抓目标体系建设，再抓制度建设，进行团队培训，增强管理意识。针对当地人规划性较差的实际，CNLC 对新入职员工做的第一件事就是"洗脑"。日复一日地重申员工行为准则，告诉员工哪些能干、哪些不能干，哪些是公司提倡的、哪些是禁止的。作业区开大会时，会挑出公司某些规定段落请员工背出来。这样的"思想教育"非常有效，有其他公司的管理者感慨，没想到一个中国公司的本土化人才培养能做到这种程度。

而这，恰恰是所有国际大公司都想要的结果。

海外市场急剧扩张，产生的连锁反应就是人才紧缺。

一方面，伴随着"人口红利"消失，中方人员已不具备低成本优势。据估算，一名中方人员薪酬成本约为当地雇员的6.5倍，雇员本土化经营可以有效降低人工成本和管理成本。另一方面，跨文化融合成为企业海外业务的重要一环。推行人力资源本土化，通过当地雇员与当地政府或民众沟通，可以有效缓解或避免跨文化冲突，提高沟通和管理效率，有利于公司更快、更深地融入当地社会。

为此，CNLC将本土化与公司国际化经营战略相结合，探索出一套"因地制宜""因人制宜"的有效策略，成功解决了让很多跨国企业"摔跟头"的本土化难题。

比如，苏丹人学习态度认真，非常重视执行文字化的指令。如果公司的规定上写明了"不准穿拖鞋"，哪怕进公司前只是一个放羊娃，他也能保证做到这一点。认识到当地人的优点，CNLC也用好这些优点。在每一个当地人入职伊始，就在一张纸上写明几个核心要求，把制度规定简明清楚地告诉他，只要按要求做，他就可以成为一个称职的CNLC雇员。

各海外项目也逐步找到了让当地员工快速掌握技术要领的窍门：根据岗位不同，先为每位新员工发放一袋资料，包括规范、标准、操作方法等。大家拿到学习资料，只要照着认真学习，加上资深师傅指导，就可以快速入门，再经过公司组织的专业技术系统培训，当地人很快就能在岗位工作中独当一面。

059  国际雇员如何招得到、用得好？

本土化，考验企业国际化管理能力

CNLC 走进国际市场，不仅是地理空间的跨越，更是管理理念的提升和企业文化的重建。

2004 年后，在 CNLC 最大的海外作业区苏丹，员工本土化比例已经达到 66%，国际化员工比例也迅速增加。440 名苏丹当地雇员成为公司业务发展的主力军，部分作业队伍已完全由外籍雇员组成，其他作业队伍也只有一名中方员工，多数单项作业任务则由当地雇员独当一面。

这种局面彻底改变了苏丹市场的 CNLC 队伍结构。2000 年前，CNLC 主要依靠中方工程师执行作业任务，苏丹当地雇员只能干搬运设备、打扫卫生一类的粗活儿。后来，随着当地雇员不断增加，CNLC 人认识到，为当地雇员提供培训，不断给予他们学习的机会，既是对当地雇员最大的鼓励，也可以吸引更多有能力的当地人加入 CNLC。因此，公司从基本工作技能着手，下大力气做好培训工作，与喀土穆大学和各大培训中心合作，每年举办各类培训班，包括计算机培训、英语培训、电工电焊培训、吊车叉车培训等等。

那时候，在各项目基地，日常培训学习蔚然成风。头上戴着 CNLC 帽子的当地雇员要比别人忙碌得多：早晨八点上班，八点半开始讲课，到九点半结束时，半小时布置作业，晚上再把作业收回来批改。当地雇员也对学习表现出极大兴趣，有时候忙得连午饭都顾不上吃，从摸电脑键盘开始，先学着分清用哪个手指按哪个键，再练习打字，打文件。项目部每周举行专项比赛，每五个人一组，打字最快、表现最好的员工，可以得到 100 美元的奖励。

为提升员工的专业技能，CNLC 建立了针对外籍雇员的培训体系，包括定期组织外籍雇员到中国的培训中心开展相应的技术培训，在埃及、挪威等国家组织开展高级技术培训和技术交流研讨。在各个作业区，CNLC 的中方工程师都肩负着一项额外工作：按照公司技术标准培训外籍员工，从业务流程到实际操作，一一传授。

全方位的培训使大家一日千里地成长着、进步着。外籍员工切身感受到，这家中国公司对他们是负责任的，帮助他们掌握了过硬技术，形成自己的一技之长。他们也努力工作，回馈公司的培养。

随后几年，CNLC 进一步加大外籍员工招聘力度。苏丹雇员本土化比例接近 80%，有 8 支录井作业队完全由外籍员工组成，巴基斯坦测试作业实现全部由当地员工承担。CNLC 将外籍技术和管理人员培训纳入公司整体培训计划中，像对中国员工一样，推广工程师培训晋级体系和管理人员培训晋级体系，各作业区、直属作业基地可以按照当地雇员年度工资总额的 2.5% 提取培训费，制定培训计划，编制培训预算，有计划、分层次地开展培训。

苏丹、伊朗、哈萨克斯坦等作业区逐步建立起一套符合当地政策要求和实际的雇员招聘、审核、录用流程和管理办法，各作业区坚持依法雇用和管理当地员工，使外籍员工招聘和管理逐渐形成良性循环。

在进行月度和年度工作总结时，各专业经理会对本专业中的当地雇员情况进行分析研究：今年比上年的当地雇员增加了多少，技术等级又产生了怎样的变化，每个项目的当地雇员中有多少工程师、多少操作工，每个员工的技术级别、培训需求，当年进步较快、较慢的员工，是什么原因……

总结时要求详细，下步计划更加周密，下一步需要什么样的培训，哪些人需要当地培训，哪些员工要送到中国或者其他国家培训……如果说前两三年注重的是当地雇员数量的增加，那么几年后则更注重质的提升了。各专业在分析当地雇员的培训效果时，比较更多的是技术等级提高了多少，其中有多少人当上了队长、经理。

伊朗项目部的工作目标是，产值超过 5000 万美元，项目保留 10 个中国人，其他用工全部本土化。作业区经理王玉新很有信心：就是让中国员工都回去，只依靠这些伊朗雇员，项目依然能够有序运转。因为培训到位了，管理流程清楚，当地员工完全可以胜任。

一系列措施使本土化与 HSE 管理成为 CNLC 并列的两大优势。

本土化，可以视为一个跨国公司国际化水平和国际化程度的检验指标之一。对企业来说，有能力吸引当地优秀人才只是一个开始，如何管好是更大的挑战。一旦管理不到位，本土化很容易给公司带来伤害。

首先，如果当地雇员素质和能力达不到公司岗位要求，影响到项目顺利执行，直接受损的是CNIC的品牌和信誉；其次，如果当地雇员对公司没有认同感和归属感，难以实现文化融合，更无忠诚度可言；再次，有的当地雇员在壳牌，BP等西方大公司工作过，见识过先进的管理水平，如果CNLC管理不到位，难免被雇员拿来比较，不但留不住，管理不佳的名声也会传播出去，给公司带来负面影响。

由此看来，本土化对公司各方面都提出了更高的管理要求。一个公司国际化发展到一定阶段，想要进一步提高水平，长期在当地发展下去，必须过好本土化这一关。

因此，CNLC从三个方面提升公司的本土化水平。一是从观念上、思想上接受当地人，认识到当地有公司事业发展需要的员工，信任他们有能力做好工作；二是为他们提供专业系统培训，帮助他们学习成长，让他们愿意在公司服务，公司有能力管理好国际化员工；三是营造足够开放的文化，让当地人融入，愿意在公司长期工作下去，为公司的长远发展尽心尽力。

当越来越多的当地人走进来时，CNLC以开放包容的态度，努力给当地雇员提供一个融洽的工作环境和学习成长的平台，从而更好地支撑起CNLC的国际化战略。

060  如何成为雇员满意、社会尊重的公司？

莱玛：我是苏丹人，也是 CNLC 人

到 2005 年，苏丹姑娘莱玛毕业只有 5 年时间，却已经为 CNLC 工作近 7 年了。

大学三年级暑假时，莱玛偶然接触到 CNLC 苏丹作业区，跟着在作业区工作的姐姐调查实习。后来她姐姐要结婚了，建议公司招聘莱玛到 CNLC 工作。作业区也发现这个女孩的工作能力和语言能力都不错，就接纳她成为 CNLC 的正式一员。

莱玛很高兴，觉得自己很幸运，在她的大部分同学还在为找工作发愁时，她已经在 CNLC 苏丹作业区上班了。在苏丹，这可是一家颇具市场知名度的国际化石油技术服务公司。

莱玛经常自豪地说，CNLC 是她在苏丹的第二个家。

2001 年 2 月，莱玛刚到作业区时是一名办公室职员，负责处理一些包括签证、清关、会计、订票、采购等办公室事务。由于工作尽心尽力，2003 年莱玛被提升为主管，工作职责增加了人力资源管理和公共关系事务处理。这一年，莱玛得到苏丹作业区总经理的表扬和奖励。不久，莱玛又被提升为市场部经理助理，负责市场事务，收集市场信息和新合同的投标等工作。2005 年底，莱玛升任作业区总经理助理。

莱玛认为，CNLC 之所以能在全球市场快速发展，首先是因为管理水平高。苏丹作业区就是个很好的例子，所有员工无论是中国人还是当地雇员、国际雇员都非常敬业，工作劲头十足。在大家的共同努力下，CNLC 在当地的市场份额占到了 70%，品牌影响力日益扩大，与甲方的合作领域越来越

多，社会关系方面也表现得越来越好。

莱玛认为CNLC最吸引她的地方，就在于这个公司在实现整体快速发展的同时，特别注重鼓励个人发展："如果你有好的建议和创新的工作方法，只要对公司有利，就一定有人帮助你搭建平台实现理想。"最重要的是，CNLC的员工虽然来自不同国家、不同民族，但彼此互相尊重，结下了深厚友谊。

莱玛的家人因为她在CNLC工作感到很自豪，很支持她。莱玛订亲、结婚时都邀请了作业区的员工们一起庆祝，这在当地被传为一段佳话。

CNLC十分重视人才的全方位培养。2005年10月，莱玛又被调到北京总部，在公司人力资源部学习相关管理知识，参与岗位评估、编写劳动手册等。莱玛很喜欢这个新岗位，因为这是一个开放的平台，她有很多学习机会，可以与更多的中方员工打交道。

这已是莱玛第二次来中国。2004年，她曾经来北京参加了中油国际工程公司举办的国际研讨会，对中国有了初步认识。而这一次，她要在北京待上一年。莱玛很兴奋，总部很大，部门很多，她的工作岗位也更具挑战性。像岗位评估等管理办法，她以前并不熟悉，但她有信心完成公司交给她的新工作。虽然每天都很忙碌，但她依然很快乐也很努力。莱玛说："我不想让自己失望，更不想让经理失望！"

莱玛很喜欢公司每个人都努力向上的工作氛围。她相信，每个人都想做得最好，这个公司就一定能做到最好。

在全球石油工程技术服务资源紧张时，像莱玛这样的人才也引起了其他服务公司的重视。2005年，有西方公司许以更高的薪酬希望莱玛跳槽。莱玛认为，单从收入看CNLC并不是最高的，但收入高不是她追求的目标，她更看重个人的未来发展机会。CNLC建立了完善的工程师培训晋级体系，培养了她和一大批像她一样的当地员工，每个人都可以有自己的发展计划，每年的进步都能感觉得到、看得见。她说她绝对不会主动离开，因为CNLC的未来只会越来越好。

莱玛对CNLC的忠诚从她的话语中就可以感觉出来："CNLC是一个国际化服务公司，在全球这么多国家都有服务队伍。只要公司需要，我乐意为CNLC到世界上任何一个国家工作。"

像莱玛这样的当地雇员，在CNLC的各国作业区都有很多。

全球化时代，人才竞争国际化，占领人才高地已成为各国企业竞争制胜的关键。国际化公司都谋求在世界范围内，不受国籍局限，选用最佳运作方式和吸引最优秀的人才。可以说，CNLC在各个国家项目团队的构成，均经历了同样的演变：从一开始"外籍雇员罕见"的纯中方团队变成了"外籍雇员为主"的国际化项目运作团队。

在稳步推进国际业务的过程中，CNLC打破学历、职称、国籍、种族的限制，注重真才实学，使用好各专业、各层次的国际化人才，形成合理的国际化"人才链"，为包括莱玛在内的国际雇员创造了快速成长的机会。如同播撒在世界各地的种子，CNLC把各个国家合适的人才聚拢到公司，提供培训机会，搭建成长平台，努力证明"来到CNLC，人人都是人才"。海外CNLC人国籍不同，来自印度、伊拉克、阿尔及利亚等十多个国家，作为CNLC这个国际大家庭的成员，他们认同公司理念，欣赏公司文化，为在CNLC工作感到自豪和光荣，一心一意跟随CNLC共同发展。

CNLC始终倡导员工掌握技能不仅是公司发展的需要，更是个人发展的需要。对中方员工如此，对外籍员工也一样。

随着海外市场的扩大，CNLC在各国市场的作业队伍逐步形成以当地雇员和国际雇员为主的格局，实现了多国雇员互相学习，共同进步。

061 问题 为什么要强调企业本质上国际化？

北京总部的国际雇员

在 2007 年 CNLC 举办的技术与应用推介会上，隆鼻深目的主持人分明是个外国人，却自豪地对五大洲的来宾宣布：我来自中国石油 CNLC。像这样的国际雇员，在 CNLC 位于北京北四环外名人大厦的总部就有好几个。

从 2003 年开始，CNLC 陆续聘请一些国际雇员到公司总部工作。开始时两三个，后来几乎每个部门一个，既有欧美人，也有中东人、澳洲人、非洲人。

作为中国石油第一个较大规模聘请外籍员工到总部工作的公司，CNLC 此举目的在于为公司国际化打下良好的基础。他们发现，虽然公司在国际市场闯荡多年，但不少员工考虑问题时出发点和落脚点还是中国视角，总是不假思索地想要对方和自己的想法一样。

招聘国际雇员同中国人坐在同一间办公室里工作，本身就是一个文化认同和交融的过程。比如在大家眼里，老外们最典型的特点就是上下班特别准点，但中国的上司总是希望员工们上班早点来，下班晚点走。

半年后，CNLC 的工作特点就变成了"准时"。即使是总经理办公室，也会在下班时间尽量少派车，少安排员工加班。

海外项目也是这样，老外们签合同时说好的上班两个月倒休一次，时间一到，人家肯定就要离开。因为他们的习惯是公私分明，倒休时间一确定，就提前订好机票和酒店，和家人安排好了休假行程。对他们来说，到时休假是我的事，有没有人上班是你的事。如此，项目经理就得提前安排好交接班。如果真的需要员工加班加点，推迟休假，至少要提前一周告诉对方原因。

节假日按时放假、圣诞节给雇员发问候短信和邮件，小小的联络和关爱都让国际雇员们非常开心,而这恰恰是我们中国人欠缺的。现在,CNLC 各层级的经理们都很注重在西方节日关爱员工,因为他们已经习惯并融入其中。

下班闲聊时,美国人会讲他们的家庭观念和成长过程。曾经,那个叫爱华的老外讲美国的 EMBA 是怎么发展起来的,让听得入神的中方员工了解了更多的美国文化,对大家的观念冲击很大。

公司开会时,老外会突然站起来,毫不顾虑谁的面子,直接发表观点。时间长了,连同部门的中国人在表达意见时也不再那么含混或"委婉"了。

就这样,因为办公室里多了些"老外","老中"们就在潜移默化中被影响了。这些老外们不经意间带来了 CNLC 人的理念提升,让公司的管理体系建设考虑更全面、更国际化。

到 2008 年新一轮改革重组前,在 CNLC 总部机关工作的 50 位员工中,有 17 位是外籍员工,日常工作语言全部是英文,不仅日常交流、收发邮件、召开会议用英语,就连公司的内控体系、SOP 流程手册等制度性文件也全部以英文表述,CNLC 真正实现了公司经营管理国际化。

CNLC 人深知,只有公司员工在骨子里、观念上、思维上都国际化了,才是真正的国际化。

让老外到公司总部工作的初衷,是提高国内员工的英语能力。公司希望营造一个语言环境,中方员工哪怕不出国,也可以具备较高的英语交流能力。虽然这保证不了人人都能自如流畅地说好英语,但成为进入公司的一个门槛后,又有了必须说的语境氛围,员工慢慢就形成了习惯。

更深层次的原因,是要转变大家的观念。既然公司的目标是世界一流的国际化石油技术服务公司,总部就不应该只有中国人。CNLC 请来的都是各专业的专家,他们有非常高的专业素养和先进的国际化理念。虽然文化背景差异很大,但彼此坐在一起,自觉遵循公司文化融合、相互尊重的理念,公司国际化运作水平也就自然地日益提升。

062 | Q问题 | 如何以文化融合凝聚国际雇员?

我们都是 CNLC 人

CNLC 在国际化运作中坚持多元融合、彼此尊重、互相学习,特别注重了解当地文化背景、宗教信仰、生活习惯等,使各国雇员在互动中双向融合,形成兼容并蓄的 CNLC 文化。

1998 年,公司初到苏丹开展业务时,不少中方员工既看不上苏丹人的技术水平,也不理解他们的生活习惯,更忍受不了当地雇员水平不高还要求涨工资的表现,接受不了"开除当地员工要付赔偿金"的苏丹法律规定,一时间员工内部矛盾重重。

CNLC 领导及时认识到这些矛盾的主因是文化冲突问题,强调在公司的国际化运作中必须正确对待当地文化,互相尊重、互相学习,既要让当地雇员学习中国文化,更要让中方员工理解当地文化。看到项目经理一提本土化就摇头皱眉,提起当地员工不好沟通、伊斯兰教徒一天祈祷五次等"麻烦事"就一肚子牢骚,公司领导没有简单批评他,更没有评判苏丹员工的习惯和表现,而是让大家换位思考,特别是鼓励中方员工去读读《古兰经》,尝试了解苏丹民族的宗教与历史。

果然,读了《古兰经》,大家就慢慢知道如何与穆斯林同事交流了,再看他们祈祷时也不觉得怪异了;学了苏丹历史,就能理解苏丹民族的文化倾向了:既有与西方接轨的地方,也有弱国小民被欺负的敏感神经、民族自立的思想诉求……于是,越来越多的中方员工对苏丹雇员提出的问题、沟通时所持的观点和思想就有了同理心,对他们的思维方式和行为模式把握得更准确,在制定各种规范、招聘当地雇员和安排工作时也不再感到麻烦。

CNLC卓有成效的本土化举措不仅使中外员工之间的矛盾烟消云散，极大地激发了当地雇员的积极性，也推动了项目的本土化进程。

这也让CNLC人获得了当地政府、军队、油公司高层的如潮好评，因为他们很少看到有外国公司、外国人愿意如此努力地去理解和帮助苏丹民族、苏丹人。

同时，公司要求项目管理人员尊重当地法律，规范管理，依法合规地用好管好当地雇员，在招聘、管理、培训和使用过程中，建立相应的管理机制和体制，将来自不同国家的员工凝聚为一个团结友爱的战斗集体。既重视他们的职业发展和专业技能培训，又强调不管来自哪个国家，大家都是CNLC人，共同为公司发展尽心尽力，与公司共同成长进步。

萨迪克是1/2/4区测试项目的一名当地雇员，初到CNLC时，萨迪克看到CNLC员工很敬业，十分不解：为什么斯伦贝谢的员工一个月就倒班，CNLC人两个月才能倒一次班，有时还做不到？经理回答他："斯伦贝谢是很成功的大公司，管理和能力已经达到一个月倒一次班的水平了。而CNLC起步晚，进入国际市场的时间不长，只有员工和公司一起努力，才能达到甚至超过他们的水平。"

那时候，不管是中国员工还是当地雇员，都信心满怀，因为公司的规模日益壮大，队伍每个月都在增加，新面孔不断涌现。

和CNLC人一起工作的时间长了，当地人和西方人耳濡目染，深受CNLC的文化熏陶和影响，看到项目上人手不够，那些白皮肤、蓝眼睛的国际雇员也拍着胸脯说："你们中国人不倒班，我也可以不休假。我们一起干，让CNLC成长得更快！"

在任何一个资源国，当地高素质的人才都是各大油公司和国际化技术服务公司争抢的对象。但CNLC通过文化融合，把不同国籍、不同民族、不同宗教信仰的员工团结在同一个大家庭里，通过培训晋级体系，培养并留住国际化人才。大家共同努力，互相促进，真正把CNLC变成"我的公司、我的团队"。

在伊朗，已经培养出来的几个项目经理，早就被西方公司盯上了，虽然对方开出了比CNLC更高的薪水，但他们没有接受斯伦贝谢，也不选择威德福。原因是CNLC的氛围更好，工资虽然不具竞争力，但足以支撑家庭比较好的生活。如果换个公司多拿了一份钱，却失去了工作乐趣，不合算！

一位来自印度的雇员谈到，在加盟 CNLC 之前，他曾在斯伦贝谢、哈里伯顿工作过。CNLC 是他工作的第三家外国公司，他觉得在这里工作更开心，个人成长也更快。

中国姑娘刘新新经历很特别：先从中国进入斯伦贝谢，到了苏丹，又宁可少拿三分之一的薪水，跳槽来到 CNLC。她说她就喜欢 CNLC 的文化："员工亲如兄弟姐妹，每个人都视公司为自个儿家。为了做强中国测井，个人做出多少牺牲都不在乎。在这样的公司干，有自信心，有归属感！"

让 CNLC 人感到欣慰的是，公司把当地雇员当兄弟，当地雇员也以自己的方式回报 CNLC。

2007 年 1 月，在乍得发生反政府武装攻击首都恩贾梅纳的危急关头，乍得当地员工没有离岗回家。在没有交通工具的情况下，他们开上自己的车护送中方工程师撤离到军方营地，为中方员工最终安全撤离争取了宝贵时间。在乍得项目复工之前，当地雇员虽然不知道公司还能不能返回，但还是坚持每天到项目办公室值班巡视，保护 CNLC 的设备和财产。事后证明，正是由于乍得当地员工真正把公司当成了自己的家，在进入乍得市场的中方公司中，CNLC 遭受的战争损失最小。

当 CNLC 急需从苏丹向土库曼斯坦调配重达 26 吨的超重超大型测试装备时，由于土库曼斯坦对航空权控制严格，当地运输货机无法满足要求。物流部和项目部心急如焚，当地雇员 Abdu 通过亲朋好友，辗转与一家英俄合资运输代理商取得联系，专门从俄罗斯军方调配一架大型运输机 AN-124，解决了 CNLC 的燃眉之急。

到 2005 年，CNLC 在苏丹项目的雇员本土化程度已经超过 80%。

2007 年，CNLC 的海外员工总数已达到 1120 人，其中当地雇员 1077 人，国际雇员 43 人，公司在各国市场的作业队伍全部以当地雇员和国际雇员为主。在苏丹作业区，产值规模达到了 8000 万美元，加上倒班的中国人也只有 120 个，担负一线作业任务的，几乎都是当地雇员。甚至，苏丹项目、巴基斯坦项目还有十几支全部由外籍员工组成的作业队伍，独立执行作业任务。

各国雇员在 CNLC 并肩战斗，共同创造出骄人的成绩，同时也极大地促进了公司的国际化进程。

调查表明,在企业管理实践中,民族文化往往比企业文化具有更大影响力。

CNLC员工来源多元化,文化背景、价值观念差别很大。各国雇员思维和行为方式大相径庭,给公司在国际市场构建相对统一的企业文化带来巨大挑战。

CNLC通过文化融合来重建员工行为模式,使中外员工真正与公司融为一体。公司充分尊重外籍员工生活和文化习惯、宗教信仰,为外籍员工提供平等的职业发展机会,同时倡导不同国家、不同民族的员工互相学习,互相理解,取长补短,努力打造文化包容的利益共同体、命运共同体和责任共同体。来自世界各地的员工没有国籍之分,只有岗位之别,在CNLC都是平等一员,如兄弟姐妹般工作生活。各民族文化由此实现了和而不同,和谐共生。

CNLC还以培养人才的方式回馈当地社会。在培养和用好每个人才,履行"员工发展是企业追求目标"这个承诺的同时,CNLC向合作的油公司、当地政府、业务主管部门输送了大批专业技术人才,他们逐步成长为各专业领域的业务骨干和管理专家。

文化融合使当地雇员产生了很强的集体归属感和荣誉感,分布在全球各地的外籍员工,遵从公司的企业文化,形成了一个团结、协作、积极进取的国际合作军团。大家相互学习,相互包容,相互欣赏,共同提升公司的国际化管理水平,为CNLC由一个传统中国国企向覆盖全球市场的跨国技术服务公司蜕变,奠定了坚实基础。

第十二章

品牌·品质

063  如何与甲方有效沟通?

"吵"出来的朋友

1998年6月,CNLC苏丹项目部在施工作业中遭遇挫折,与加拿大监督莫瑞斯的关系格外紧张。为了解情况,解决问题,时任公司副总经理李越强从喀土穆转机3个小时,风尘仆仆地来到黑格里格基地。

现场的一幕令他心痛:加拿大总监莫瑞斯暴跳如雷,正在固井现场对CNLC的员工比划着大喊大叫。

站在井场的CNLC员工怕得罪这个甲方监督,表情气愤却敢怒不敢言。这个莫瑞斯只相信西方公司,在各种场合都以刁难中国人为乐。这次要测井作业的是1/2/4区一口2000米深的开发井,没有气体,根本无需装防喷器。但他坚持"我说需要就得装",命令CNLC两个小时内把装置送上井去,否则,就让一边等着的斯伦贝谢上!

李越强走到因生气而满脸通红的莫瑞斯面前,礼貌地说道:"莫瑞斯先生,我是CNLC的副总经理,我来跟您谈谈合同的执行问题。"

"你们要赔偿损失!"莫瑞斯不客气地用夹杂着俚语的英语说:"你们在这里耽误了两个小时,知不知道每天钻机的日费就是几万美元?"

"莫瑞斯先生,"操着标准流利的英语,本来心平气和的李越强不由提高了声音:"作为合同的执行方,我是来解决问题,不是来吵架的。请你拿出最基本的礼貌,也请你说标准的英语——你经常用这种牛仔式的俚语对我们员工发号施令,还骂他们听不懂。请问,作为现场总监,你只会讲如此蹩脚的英语吗?"

平日里蛮横惯了的莫瑞斯没料到乙方有人敢用这样的口气跟他说话,一下子愣住了。看看眼前这个不卑不亢的中国人，听着他那一口地道流利的英语，莫瑞斯坐了下来，但依然强硬地说："我要求你们安装井口防喷器，可你们没有。耽误了工作，就得赔偿损失。"

李越强问："你什么时候通知的？怎么通知的？"

莫瑞斯摆出蛮横的架式："就是刚才说的，在这里，我的话就是命令。"

李越强找到了问题所在："按照合同规定，现场总监向施工方下达的所有作业计划，都要以书面形式正式递交，并要详细开列施工目的和装备要求。这也是国际惯例。而你却临时口头下达作业指令，已经违反了双方合同。如果要赔偿，应该得到赔偿的是 CNLC。如果你不想耽误更多时间，现在就应该停止指责，然后我们相互配合，尽快完成作业。"

本来就是故意找茬的莫瑞斯被李越强精准地反戈一击，顿时无话可说。他转头问旁边的地质总监："合同里是这么写的吗？"

来自马来西亚的地质总监点点头："确实是这样规定的。"莫瑞斯有点气急败坏："你现在就给他们写一份通知书，写明白必须要用防喷器……"

李越强耐心解释："我们在现场确实没有这个设备。作为地质专家，你也知道这口井没有高压油层，根本不需要防喷器。"

莫瑞斯一脸得意："我是甲方，作为现场监督，按合同规定，我有权力要求你们做好最高标准的安全防范。请把防喷器拿来吧，如果两个小时内你们装不上防喷器，我马上请其他公司作业。"

说服不了莫瑞斯，李越强只好带着苏丹项目部的陈富和于中洋回基地想办法。一个小时后，他们从斯伦贝谢那儿借来防喷器送到了井场。

莫瑞斯百思不得其解："你们怎么能在这么短时间内弄到防喷器？"

李越强据实相告，莫瑞斯恍然："从竞争对手那儿借设备？怪不得你们公司派你来呢！"

这件事以后，莫瑞斯开始对 CNLC 刮目相看，友好相待，闲来无事时就到 CNLC 的基地转转，顺便再提前告知一声第二天或者几天后可能要做的工作、需要准备的设备仪器。CNLC 人也把他当朋友，请他来尝尝中国饭菜，踢场友谊足球赛，喝杯来之不易的啤酒……看到莫瑞斯胳膊上被蚊子叮了很多包，CNLC 人还把从国内带去的清凉油和高效驱蚊剂当成礼物送给他。莫瑞斯感动之余，和中国兄弟的关系越来越融洽。

这件事使越来越多的CNLC人意识到,良好的沟通是成功的一半,可以化干戈为玉帛。

进入国际市场,就要按国际惯例执行。作为技术服务公司,CNLC人追求无论何时何地,让所有客户满意。但刚走出国门,与甲方沟通就是一道难题。在一些员工的认知中,甲乙双方的关系就是一方提要求,一方尽责任。处于弱势的乙方,在发生争执时只能忍气吞声,以退让求得甲方的认同和接受。于是就产生了错觉:甲方加拿大人是卡我们的,竞争对手斯伦贝谢是我们的敌人。

但是,这一场"争吵"改变了甲方、乙方、合作方三者的关系和所有人的观念:如果不肯设身处地,只是从自己的角度去理解对方的行为,那就永远没有共同语言。而尝试用国际理念来真诚沟通,就有可能更快地找到解决问题的方法。

这段故事教会更多的CNLC人与甲方沟通。他们由此意识到,虽然中国公司在服务意识和技术能力、吃苦精神上有着不可比拟的优势,但语言沟通和相处技巧一直是我们的软肋。其实,在市场上,甲方和乙方的目标是一致的,也是相互需要的:虽然乙方需要甲方的合同,但甲方也需要乙方高水平的服务帮助其实现勘探开发的目标。

CNLC人慢慢地转变了观念:沟通好了,连最看不上中国公司的加拿大监督都能从"净挑我们刺儿的人"变成"我们的朋友"。他们努力提高自己的语言能力和沟通水平,争取和每一个甲方和合作伙伴做朋友。

064 问题 竞争关系怎样转化为竞合关系?

向竞争对手借用防喷器

1998年6月,在苏丹项目施工现场,加拿大监督要求测井作业时必须装防喷器,并命令CNLC两个小时内把装置送到井场,否则他就请一直在这个市场待命的斯伦贝谢替代作业。

CNLC副总经理李越强带着苏丹项目部的陈富和于中洋只能先回基地想办法。两个员工觉得无计可施,泄气地说:"干脆让斯伦贝谢干得了!"

李越强不让步:"还有两个小时呢,不到最后关头绝不放弃!"

坐在院里刚喝了口水,李越强突然看到了对面的斯伦贝谢基地。他问兄弟们:"他们有这个防喷器吗?"陈富和于中洋点点头,依然眉头紧锁,愁容满面。"咱借去啊!"李越强手一指。

"什么?借竞争对手的防喷器?这个合同就是从斯伦贝谢虎口夺食抢过来的。人家巴不得我们出个洋相,再把市场收回去呢!"于中洋不相信自己的领导竟有这样不靠谱的想法。

李越强坚持:"不试试怎么知道不行呢?"其实他心里也没底儿,但这时候已经没有退路。两个手下不肯去碰钉子,只能自己上门。看到斯伦贝谢的基地经理,直接说明来意。对方一听就摇着头说:"对不起,我可没这个权力。"李越强又找到地区经理约翰先生,说起曾在斯伦贝谢接受过培训的经历,对方感到很亲切。

李越强随即转换话题谈正事儿,坦诚相求:"我现在遇到了困难,需要斯伦贝谢帮助。你们的防喷器能借给我们用用吗?"

对方沉默了一会儿回答:"这事确实不在我负责的范围内。但是,我可以马上找人去沟通,应该可以借给你们。"

没有想象中的拒绝,就这样轻而易举地把防喷器借到手了,李越强内心狂喜,不好意思却又得寸进尺地要求:"一个多小时后,我们就要上井了,现在可以派车过来拉设备吧?"

对方爽快地说:"行!你先回去,我这就打电话协调。"

小跑着回到自己的基地,他一句话让几个员工瞪大了眼睛:"弟兄们,快去弄个车来,把斯伦贝谢的防喷器拉过来!"

陈富不信:"您开玩笑吧?"于中洋更绝:"李总,您是太着急了,没听懂人家的意思吧?"

李越强肯定地回答:"你们就相信我吧,真的是借给我们了。"

正说着,只见斯伦贝谢基地驶出来一辆皮卡,出了门直奔 CNLC 基地开了过来,车上坐着两个身着斯伦贝谢工装的小伙子。跳下车,小伙子解释道:"我们总经理说了,因为你们是第一次在这个区块用防喷器,有些注意事项不清楚,派我们两个到井场协助你们安装好。"

进入国际市场,需要将惯有的竞争思维转变为双赢思维。

国际市场是合作的舞台,而非纯利益争夺的角斗场。再有实力的公司,也不可能在任何时间任何地点把事情都做到完美,总有需要别人帮助的时候。

CNLC 和斯伦贝谢虽然是测井行业的竞争对手,但双方都明白一个道理:在同一个地区作业,市场做大了,稳定了,对双方都有利,有机会应该多合作,彼此支持。换个角度看问题,支持对手就是给自己创造机会。

这件事让很多 CNLC 人转变了观念,学会与对手在竞争中合作。就此,CNLC 提出了非对抗性竞争策略,与竞争对手甚至第三方既竞争又合作,目的是共同解决甲方的油藏和工程难题,为甲方提供更高的服务价值。基于这样的竞争合作理念,加拿大人成了朋友,斯伦贝谢有竞争更有合作,而 CNLC 人则在观念碰撞和矛盾化解中获得了动人的成长。

065　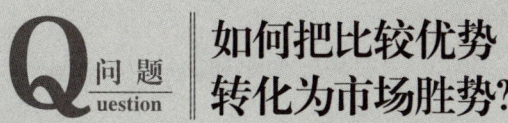问题 如何把比较优势转化为市场胜势？

两伊边境的测井演示

CNLC领导始终在思考：我们是不如斯伦贝谢大，不如斯伦贝谢强，但在哪一点上可以胜过斯伦贝谢呢？CNLC人努力寻找自身的比较优势。

CNLC有很实用的技术，这些技术跟国际上的单项技术相比并不逊色，不仅能够顺利解决甲方遇到的问题，而且具有一定的价格优势。

伊朗国家石油公司在伊朗边境附近有一个油田需要测井服务，由于周边环境特殊，测井作业受到诸多限制。通常情况下，为了安全起见，油井射孔时周围一公里范围内不能有高压电线，以防使用普通雷管通时强雷达信号和电磁辐射产生爆炸。但这些油井周边不仅有高压线路，还有一个国防部的军用雷达站。

伊朗国家石油公司请西方公司提供服务，常常遭到后者拒绝。愿意服务的公司每次测井作业时都要求关闭雷达。可这样一来，原来随时可监测的边境就变成了盲区，伊朗政府和军方对此很不满意。两伊关系紧张时期，尤其是美国要攻打伊拉克之际，战争如箭在弦，随时可能发生，伊朗的边境雷达就更不敢关闭了。无法正常作业，油田面临着停产，国家经济支柱产业受到了影响。

而CNLC拥有可以在这种环境中实现安全作业的技术，向伊朗国家石油公司承诺，可以在不关闭雷达的情况下正常测井，直接解决了长期困扰他们的现实难题。

当然，CNLC不是让自己的员工去冒险，而是运用国内多年积累的适用技术，结合伊朗的实际情况，对测井仪器进行了改造，在原来的仪器上加装一个安全接头，保证射孔弹不受地面环境影响，避免作业过程中因为电子辐射而发生爆炸。

就这样，CNLC 一项实用小革新就解决了让国外油公司和服务公司头痛多年的难题。

颇具戏剧性的是，当天 CNLC 通知前方作业基地要进行射孔服务时，刚好那家西方公司正在 AHWAZ 机场附近，借口环境不安全拒绝施工。伊朗国家石油公司的管理者将该公司的服务队伍扣留在现场，通知 CNLC 上井演示给他们看。

CNLC 人来了，在甲方的得意和对手的惊奇中顺利完成了作业。

在利比亚，CNLC 人同样因为"解决难题"而赢得了雷普索尔公司的青睐。

当时，CNLC 为雷普索尔公司提供录井服务，准备使用的 SDL9000 录井仪前一天中午才运抵现场，井队第二天上午就要开钻。由于甲方留给 CNLC 的设备安装时间太短，所用钻机又是 40 年前出厂的旧设备，导致录井传感器安装的各处接口都存在扣型不合、无法二次上扣等隐患。

让员工们备感压力的是，甲方对 CNLC 的录井服务能力心存顾虑，让原来服务的 GeoServices 公司将录井仪停留在井场，距离 CNLC 的录井仪仅 50 米远，其录井人员也在甲方营地待命。一旦 CNLC 的录井设备和人员出问题，GeoServices 公司将在一小时内将 CNLC 的设备和人员替换下来。

面对压力，CNLC 两名录井人员在撒哈拉沙漠 44 摄氏度的高温下，争分夺秒地安装、调试设备。录井过程中，面对错综复杂的地层，尤其是钻至主力油层之前，现场工程师邹密等人连续 30 小时没合眼，紧紧"盯"住该地层顶界（4591 英尺）。但是，第二天甲方地质监督到达井场后，认为 CNLC 录井人员确定的油层顶界有误，应该是 4553 英尺，要求井队提前 40 英尺起钻换钻头。两天后，甲方资深地质专家以书面方式确认，CNLC 确定的油层顶界是正确的，将该油层顶界恢复至 4591 英尺。这个结果与测井曲线对比，相差仅 2 英尺。

从此，雷普索尔公司对 CNLC 刮目相看，他们甚至带着其他油公司的专家多次来到井场，现场观摩 CNLC 的录井设备和工程师作业，啧啧称赞 CNLC 的服务水平和质量。不到半年时间，雷普索尔公司把所有陆上录井工作量都交给了 CNLC。

比较优势理论认为,国际市场的基础是生产技术的相对差别以及由此产生的相对成本差别。每个国家都应根据"两利相权取其重,两弊相权取其轻"的原则,集中生产并出口其具有"比较优势"的产品。

作为一家提供国际市场油气技术服务的公司,CNLC始终直面市场甲方的需求,挖掘自己具有比较优势的技术和服务能力。

在中国自成体系的石油工业发展历程中,CNLC汇集了一批经验丰富的测井专家,掌握着一些很实用的特色技术。虽然整体上不占优势,但单项实用技术颇具竞争力,在国际市场也不逊色,能够具体解决甲方油气勘探开发中遇到的"疑难杂症",又兼具一定的价格优势。

对CNLC人来说,正是因为敢于正面迎接挑战,敢于与高手比武较量,他们重新认识了自己,提振了信心,也打开了一个个新市场。当其他的公司、服务队伍束手无策的时候,自己却可以给出正确的答案。这种感觉真的很棒!一个不起眼的小公司从国内市场一步步走向国际高端服务市场,CNLC始终扮演着一个为客户解决实际问题、排忧解难的专业角色。

客观来看,位于全球前三位的工程技术服务巨头,其作业水平和技术装备都在CNLC之上。从一开始,CNLC人便正视现实,致力于找准并发挥自己的特色优势和比较优势,第一步先站稳市场,然后努力在追赶先进的同时寻求突破,扩大国际市场份额。

066 问题 为什么一定要拿到"作业质量100分"？

赢得壳牌全球服务商 No.1

阿曼 PDO 项目的甲方是由壳牌占据 60% 股份、并以作业者身份参与运营的合资公司。

仅就阿曼市场的经济效益来说，由于当地市场价格普遍较低，加上项目工作量不饱和，CNLC 进入的 PDO 项目远不如苏丹、利比亚等市场回报丰厚。

但是，2005 年项目招标之时，CNLC 上至总经理、下到项目工程师，都坚定地认为，作为一个战略项目而非通常的商务项目，公司进入这个市场，站稳脚跟、得到认可，就算挣钱不多，这个项目也值得做。

2006 年 5 月作业伊始，壳牌管理者就给了项目现场工程师一个下马威：质疑 CNLC 的深度控制系统是否可靠。每作业完成一个项目，壳牌总是要求 CNLC 工程师将仪器停留在套管鞋内，先将测井曲线数据发给他们检验，经确认无误后，才允许拆仪器，开始下一个项目。

现场工程师有理有据地说明、演示 CNLC 的深度控制方法，直到完成的前两口井与斯伦贝谢背靠背的数据分析对比一致，壳牌才认可了 CNLC 的深度控制方法。

接着，壳牌又要求 CNLC 在现场每六个月校验一次编码轮刻度。由于没有国内常用的标准井，CNLC 按照甲方要求，自主研发出编码轮的刻度装置。

PDO 项目正式运作后，CNLC 工程师们全身心投入，在保证原始资料质量的前提下，阿曼项目的解释报告充分体现了 CNLC 的特色，测井资料评比获得 99.5 分的好成绩。

2007 年，CNLC 在 PDO 项目连续创造多项市场纪录：6 月 15 日，应用水平井施工工艺，成功实施了第一口水平井 RFT 作业；9 月 28 日，使用 SFTT 成功完成另一口水平井压力的测试作业；11 月 18 日，成功完成 PDO 项目第一口水平井电成像测井作业，水平测量段达 1200 米。

这几次水平井作业均是阿曼项目的第一次，同时也是中国测井史上的第一次。12 月 16 日，CNLC 阿曼项目部获得了壳牌的测井作业认可信，这标志着 CNLC 正式成为壳牌的技术服务商。期间，CNLC 在壳牌连续 3 次的阶段性作业质量评价（LQC）中均获得 95 分以上的好成绩。

但 CNLC 人并不满足，他们虚心请教，如何才能拿到壳牌质量评价 100 分？壳牌的那位管理者笑了，在全球市场上，还没有服务商得到过我们的 100 分呢！

CNLC 人不服气，从管理细节入手改进。每完成一口井作业主动总结，每周拜访甲方，每月与甲方主管测井的监督一起召开月度质量分析会，对公布在 PDO 项目网站上尚未关闭的质量问题进行跟踪，讨论整改方案。

阿曼项目部从作业区入口着手细化管理：让外人在作业区大门口一眼就能从几家公司中认出 CNLC；在繁忙的作业区内标识出一条不必穿工衣工鞋就可以安全通过的绿色通道，方便不上岗的员工以及访客，让大家无论身处何地都能清楚地找到紧急集合点；基地的不同工作区域划分清楚，干净整洁，仪器摆放有条不紊……

工程师们更用心修炼技术能力和服务水平。几个月后，项目现场的五六个工程师全部练就一专多能的本领，通过了多种资质认证，并全部获得了壳牌的作业能力认可。所提供的服务更注重细节，测井作业提交的图纸，严格按规范的出图顺序、曲线名字、数表参数和图头进行标注，杜绝了哪怕一处英文拼写错误。

2008 年 7 月初，经过艰辛的努力，CNLC 阿曼项目部终于获得了壳牌作业质量 100 分的评价，这也是壳牌在全球作业市场给出的第一个满分。

当 PDO 项目的服务商主管阿里看到 CNLC 领导时，一边握手感谢 CNLC 的良好服务，一边由衷赞美："CNLC 在 PDO 项目已经连续 3 次得到作业质量评价(LQC)100 分了。在壳牌全球所有项目上、所有的供应商中，能做到这一点的，只有 CNLC！在 PDO 项目上，你们公司是唯一比斯伦贝谢做得更好的服务公司。这应该是 CNLC 的骄傲，你们 CNLC 人值得自豪！"

在壳牌全球所有服务商中,只有CNLC连续拿到了三个作业质量100分,这在壳牌的历史上也是第一次。

抓住一切机会按照国际最高标准磨炼队伍,使管理、理念、技术、服务、能力等全方位不断提升,持续优化公司的技术服务品质,对任何企业来说,都是一笔最有价值的投资。

当初不挣钱也要设法进入壳牌的高端市场,CNLC看到的正是挑战背后的机遇。壳牌的管理水平高是世界公认的,市场门槛高也是众所周知的,其管理标准代表了世界石油行业管理的最高水平。

CNLC以学习的态度打进壳牌市场,得以和壳牌全球市场的服务商站在同一舞台上竞技,并在这个过程中实现自我完善提升,在力争上游中以优质服务获得壳牌最高评价。通过内部的定期通报,壳牌全球市场项目和服务商都知道了CNLC,不仅如此,壳牌和其他油公司定期进行服务商评价,这等于是甲方为CNLC做了超值广告。

换言之,虽然壳牌的市场门槛出奇地高,不过,一旦被认可,也就拿到了其在全球一百多个国家作业的高端市场通行证。它既表明了国际知名大石油公司开始承认CNLC的技术能力和管理水平,也表明了CNLC这个品牌在国际市场有了一定的影响力。

推而广之,"曾经为管理水平最高的壳牌服务过"的经历,也使CNLC获得了一张含金量颇高的通行证,为公司进入全球其他区域市场开了绿灯。

067 | Q问题 凭什么解决客户标志性难题?

中东第一井竖起"活广告"

在伊朗油气市场上,虽然早期 CNLC 经常被要求和西方大公司平行作业,两家你一口井、我一口井地交替作业,在短兵相接中比试。但很快,CNLC 就在竞争中脱颖而出,占领了伊朗的陆上测试市场。

CNLC 在伊朗最富传奇的作业表现,当属被称为"中东第一井"的伊朗阿瓦兹 -307 井。这是伊朗国家石油公司勘探局的一口重点探井,位于伊朗南部石油城市阿瓦兹以东 20 公里处,完钻井深 5158 米,需要进行 5 层测试。其中,第一层测试是长达 286 米的裸眼段碳酸岩裂缝型气层,钻井过程中曾有大量泥浆漏失,压井泥浆比重达到 2.0,井底压力 103 兆帕,井温接近 149℃,还有可能含有硫化氢,测试时井口压力达到 76 ~ 83 兆帕。

在伊朗伊斯兰革命前,伊朗国家石油公司曾试图在阿瓦兹 -307 井附近钻至目的层,但是其中一口井由于井下落物而废弃,另一口井则因钻井过程中异常高压导致井口失控,整个钻井设备被大火烧毁。

在此地作业还面临另一个巨大风险。这口井离阿瓦兹国际机场仅 3 公里左右,一旦发生意外,将面临机场关闭的严重后果。高难度的井控使得伊朗国家石油公司一直对这一地层的钻井和测试作业保持谨慎态度,而行业老大斯伦贝谢也不肯接下这个"烫手山芋"。

阿瓦兹 -307 井成了伊朗勘探开发竞技场上一个标志性难题。

2007 年 3 月,鉴于 CNLC 在伊朗越来越好的服务业绩,甲方下决心解决难题,书面通知 CNLC 两天后动员设备到阿瓦兹 -307 井测试作业。

这对 CNLC 来说,自然也是压力山大。毕竟,伊朗属于国际油气市场的

"高端"，油井多为高产自喷井，具有地层压力大、温度高和高含硫化氢等特点。这种作业条件对设备、人员、技术都是巨大的考验。而另一重压力则是，竞争对手斯伦贝谢在这里也有专业测试服务队伍，作业水平和技术装备都在CNLC之上。

CNLC人不敢掉以轻心，专门组织技术人员和国内测试专家进行多次施工设计研讨，项目组与甲方广泛交流，集思广益，提出的问题建议多达90条，要求施工过程中严格按HSE（健康、安全、环保）和SOP（标准操作流程）规范操作，并制定应急预案。

第一层测试最关键。虽然测试时间不到一天，但这十多个小时既是对设备的考验，也是对作业人员操作技术的考验，更是对甲乙双方人员心理的巨大考验。工程师两次成功打开、关闭N阀后，打消了多年来甲方对CNLC测试阀开关问题的疑虑。第一层测试结束后，CNLC人乘胜追击，相继对其他4层进行了测试，全部获得圆满成功。

阿瓦兹-307井测试作业的成功，改写了CNLC在伊朗测试作业中的多项纪录。其中，在地面流体温度高达113.4℃的环境下，测试作业连续15小时顺利进行。这是迄今为止测试作业遇到的最高温度，在世界油气井测试作业中也极为罕见。

当CNLC人把最终测试报告交付伊朗国家石油公司勘探局时，副局长Keshavazh紧握CNLC员工代表的手说："感谢你们！感谢你们为伊朗石油勘探做出的贡献！"

CNLC在"中东第一井"取得优异成绩，引来了伊朗石油部长现场视察，这无异于为CNLC拓展中东市场竖立了"活广告"。

在一个石油大国，因为一口井的成功测试而引起石油部长的关注，这口井的重要程度可见一斑。

第二年伊朗市场再招标时，CNLC的地位大为不同，过去想都不敢想的事奇迹般地发生了，技术分和斯伦贝谢站到了同一水平线上！

又过了一年，CNLC占据伊朗近20%的测井市场份额，伊朗国家石油公司两个陆上测试项目，则全部被CNLC收入囊中。

面对甲方的高度评价，CNLC人并未因此而骄傲，他们很珍惜这样的市场机会，依然尽最大努力为甲方提供最好的服务。

在成千上万的工程技术服务公司中，CNLC很小，专业性很强，但在国际市场却找到螺旋式上升的路线，不断直面挑战，提高实践的层次，并获得快速成长。

有了金刚钻，敢揽瓷器活。在国际市场，CNLC有很多发展机会，也无时无刻不在接受挑战。挑战对他们来说是一种磨炼，一种考验，更是一种机遇。他们选择勇敢面对，随时准备着找准突破口，在实践中接受客户和市场的检验，展示自己的创造力。因为他们的理念是：挑战是我们的朋友，是帮助我们成功的好朋友。

正是在直面不断涌现的各种挑战中，CNLC抓住一切机会展示服务实力，在为客户创造价值的同时，为CNLC自身发展创造更多机会，拓展更大的市场。在伊朗这个高端国际市场，面对强大的对手和在国内很少遇到的高温高压测试，面对以往别人"轻率进入，后果很惨"的教训，CNLC深知挑战的背后意味着市场和品牌的得失。但他们经受住了考验，以完美的作业表现创造了中国测井行业多个新纪录。

挑战是对强者意志的考验。正因为CNLC人具有直面考验的勇气，敢于迎接挑战的决心，才能在国际市场捷报频传，佳绩不断。凭着解决实际问题的过硬本领，CNLC逐步赢得国际油公司的青睐。

"中东第一井"的成功增强了CNLC人的自信心，让甲方看到了CNLC出色的作业能力，也让CNLC在当地服务商中的地位、信誉上升到一个新台阶。

068 如何快速提升市场品牌美誉度？

CNLC：优质工程代名词

CNLC 是从苏丹真正进入国际市场的。让 CNLC 人颇为自豪的是，在苏丹 3/7 区、6 区、1/2/4 区的重大发现中，所有的测井、录井、测试工作全部是由 CNLC 执行完成。

CNLC 积极发挥测、录、试和解释研究四个专业关联密切的优势，努力扩展服务领域，在阿塞拜疆、巴基斯坦等市场实现了多专业综合服务，在多找油气、找准油气上效果显著。

因为从根本上降低了油公司的勘探风险，CNLC 独具一格的多专业综合服务模式在苏丹、伊朗、哈萨克斯坦都受到交口称赞。随着在这些国家市场份额扩大，CNLC 与西方大公司的竞争也趋于白热化。西方公司把 CNLC 作为强劲竞争对手，不断加大对测井装备、人员的投入。面对这种形势，CNLC 人依然用管理夯实基础，用实力向业界证明：我们行！

2004 年，CNLC 进一步加强质量控制，完成了公司各专业 22 个标准操作流程（SOP）质量管理体系文件的编制，并推广实施，使各岗位员工均按标准化操作。

巴基斯坦的石油技术服务市场比较成熟，是非中国石油投资市场，几乎所有的国际测井公司都在这里作业。CNLC 在 MARIGAAS 测试项目中成功地解决了西方石油公司一直回避的高压气井高含二氧化碳、高含硫化氢等技术难题。

在伊朗，80174 项目是 CNLC 测试事业部为伊朗国家石油勘探公司提供的第一个综合性、跨专业项目，其测试作业井油层深、地层压力大、地层温度高、测试周期长，几乎层层含有二氧化硫气体，测试作业难度大，危险度高。CNLC工程师建议甲方在钢丝取样过程中采取地面关井的方法，等待井口温度下降后，安装防喷管和井口防喷器，直到取样器下到预定深度，再开井流动，取得井下PVT样品，成功率达到了前所未有的100%。

同样，伊朗19气井项目所在的TABNAK油田，是世界上罕见的超大型低压高产气田，地层压力系数只有0.84，全部为裸眼完井，钻井时地层坍塌、倒灌是家常便饭。这种地层特性导致完井工艺十分复杂。CNLC建议甲方变革完井施工程序，在TBK-22井创造了两天半完井的新纪录。在TBK-26、TBK-27井作业时，CNLC人创下一个队同时完成两口井施工任务的纪录。

2004年3月16日，CNLC完成苏丹历史上第一口水平井——黑格里格31井的射孔作业，在该井水平段长达200多米而且出砂的情况下，顺利完成180米大井段射孔作业。这是CNLC人的又一个精品工程，也成为苏丹石油史上的一个里程碑。

随着品牌的叫响、知名度和美誉度的快速提升，CNLC在带来局部市场竞争格局变化的同时，也感觉到来自各方面逐步加大的压力。一直以来，几乎在所有国家市场与国际三大油服公司"同台较量"，无法避免地引起了竞争对手的注意，他们开始对CNLC特别"关照"。

2005年后，随着苏丹市场的勘探和产能建设步伐加快，CNLC与斯伦贝谢逐步形成了在市场平分秋色的新竞争格局。在市场份额上，CNLC的电缆测井占近70%，测试占到70%，录井占到85%。但在随钻测井和水平井测井领域，仍是斯伦贝谢唱主角。相比而言，虽然CNLC进步更快，但斯伦贝谢在技术储备和先进性上还是占有更大优势。

CNLC开始有意识地选择适合自己成长发展的市场定位，将目光转向高端市场。公司不断提高市场集中度，逐步优化市场结构，与跨国石油公司和国家石油公司新签合同额比例持续上升，85%的新签合同额来自15%的客户，与壳牌、马来西亚国家石油公司、伊朗国家石油公司等跨国大石油公司和国家石油公司结为战略合作伙伴。

到2007年底，CNLC在苏丹、哈萨克斯坦、伊朗三大战略市场的开发工作成效显著。其中，苏丹市场保持了测井专业60%、测试专业80%、录井专业72%的市场份额，利润从几年前的7000多万元人民币翻了两番。

当一个人做了值得自豪的事情，他就会感到自豪；当一个公司有所成就，公司所有员工都会有成就感。CNLC 人做到了别人做不到的事情，并不断地承担起更重要的责任，赢得更多同行和伙伴的敬佩、认可和重视。获得良好经济效益和社会效益的同时，品牌形象深入人心。

管理持续创新和技术跨越发展使 CNLC 人愈发自信，CNLC 的成功也成为大家共同的成功。

企业在国际市场生存发展，必须依靠在技术服务过程中的履约能力和服务质量来保障，打造品牌，提高知名度。CNLC 是一个什么样的公司？有时候这个问题的答案不是由公司自身给出，而是由客户定义的。CNLC 能提供什么样的技术服务？这个问题的答案同样不是由公司的名称、地位传递，而是由客户购买公司的技术、服务时，需求是否得到满足来评判的。

真诚地面对合作者或竞争者，持续提供优质服务，积累良好信誉，CNLC 在国际高端竞技平台上，形成并强化了"CNLC"这个中国公司品牌。在一些国家油气服务市场资源紧张时，甲方宁可排队，也要等待 CNLC 的队伍提供服务。而在那些已经和油公司结成战略合作伙伴的市场上，越来越多的招标改为议标。毋庸置疑，CNLC 已经从早期的"让别人知道我"，进阶到现在"让市场了解我能做什么，做得有多好"的境界了。

CNLC 在赢得市场的同时也赢得了客户的尊重，一步步成长为国际石油技术服务市场上一支重要的竞争力量。

第十三章

财务·价值

069 问题 如何实现全球项目会计信息集成？

"大财务"服务全球大格局

2005年，CNLC海外业务已拓展到全球17个国家。偌大的经营范围，构建的却是一级财务管理框架，从决策、资金到税收、会计，林林总总的管理均在总部一个层面完成。

这是一个公司"顶层设计"、精心搭建的"大财务"管理系统。

CNLC的"大财务"，就是要服务于企业的战略目标和生产经营。财务管理定位明确：战略协同，创造价值，优质服务，控制风险。公司据此形成了动态集中的一级财务管理模式，建立起全球资金池，遵循"两个分级、三个集中，四个统一"原则，即按总部和事业部两级组织分级进行预算、考核；信息集中分析，资金集中运筹，财务人员集中管理；统一决策，统一筹划，统一制度，统一标准。在此基础上，实现全球运作一盘棋。

在弱矩阵组织结构中，CNLC对分布在全球各作业区的30多位财务人员实行派驻制，在将财务管理向生产一线延伸的同时，全部由公司财务经营部进行动态集中管理，在全球范围内由总部直接调配、考核和评价，相当于审计署的角色。财务人员覆盖各个项目，海外作业区经理权力很大，但不能干涉财务工作。CNLC财务经营部由此构建起先进的财务管理平台，实现了企业内部动态集中监控、规模经营和资源共享。举例来说，像尼日尔、乍得这样的小作业区，只需要一名财务人员，其主要任务就是收集信息。而像苏丹这样的大作业区或整个非洲大区，因为经营规模大、人员多，就要安排三至四名财务人员，其职责也扩展到核算、简单分析和定额控制。

CNLC通过"三集中，四统一"解决了财务人员素质不一、财务数据不全面的问题。明确不同岗位的财务人员职责定位，使动态集中管理成为现实。无论哪个项目提供给总部的基础数据，经过总部统一制作后，从语言到格式均实现了全球一个规范。CNLC财务副总经理武吉伟说："会计核算集中很简单，有系统就能做到，但我们做的是信息集中。"

CNLC的信息集中有两个重点：一是全球各作业区的信息通过ERP系统，完整地集中到总部；二是所有原始单据传送到总部，让总部代为记账。这也是国际上典型的作业区管理法。

利用ERP财务管理信息系统，CNLC建立了总部集中核算与项目核算相配套的信息处理框架，使全球各项目的信息可以及时、准确、完整地传送到总部，实现了"日清月结"和全过程、多维度的会计信息集成。

在全球任何地方，只要身边有一台连接网络的电脑，当地项目的财务人员就可以制作凭证，进行完整核算，打印账单。各项目输入的数据，根据各级管理者的授权级限，可以实时看到相应内容。项目组、作业区、总部管理层都能像在现场一样，及时了解项目财务状况。

多语言ERP系统的建立，有效实现了集中核算的四个目标：一是会计信息的真实完整，二是会计核算规范有序，三是会计监督及时到位，四是会计资源共享。四个目标共同支持经营决策。

公司业务所到之处，在全球任何一个地方打开系统，用英语进入，界面就是英文的；用中文进入，界面就是中文的。其他还有阿拉伯语、西班牙语、俄语等。分布在全球各地的财务人员都可以熟练地操作这个系统。

CNLC领导并不担心会计信息虚假，他们相信员工的诚实。因为在制度的控制下，员工也必须诚实。

公司规定，每一份传到总部的会计凭证，必须由财务人员和作业区经理两个人签字。这个资料是要保存的档案。公司要求财务人员传回来的每一张凭证，必须同时附上原始单据，审计时以此来核对ERP上的账目信息。

CNLC应用ERP的成功之处在于，财务信息和物流信息、人力资源信息在ERP上互有接口，这些信息又和公司的预算管理、资金计划衔接在一起。公司各部门互相之间实现了信息全方位共享，无形中减少了重复性劳动。会计们工作得心应手，领导层对公司的了解及时全面，企业在市场上运作得更加顺畅。

全球大财务,拓宽了CNLC价值提升的渠道。

基于"战略协同,创造价值,优质服务,控制风险"的财务管理定位,CNLC构建了与之相适应的财务管理模式与框架,建立了一整套管理制度和控制体系,将总部财务与各业务部门、分布在全球17个国家的作业区、项目部连接起来。

信息集中体现在会计核算的全球共享上。前线项目上的财务人员实时收集生产经营中发生的成本、费用、收入情况,总部财务部门负责集中核算、报表、资金、决策、税收、标准等和财务有关的所有事项,成为全球会计核算中心。通过ERP系统将全球各地集纳而来的财务信息,以统一格式、统一标准进行汇总分析。

当然,在实际运作中,这种动态集中的财务管理模式,会根据企业的发展阶段、资源配置、社会环境和经济环境的变化,实行不尽相同的管理手段,重要的是将信息技术与管理理念、管理方法有机融合,对企业整体资源进行有效配置、过程控制和效果优化,最终实现企业价值最大化。

通过ERP系统,甚至一张凭证、一个单据,都成了生产经营决策的重要依据,可以为企业的增值活动提供帮助。与此同时,公司将财务完全置于"阳光"下,不管是与合作方在年底结账,还是审计部门来访,公司一律采取同样的坦荡作法:系统全面开放,给大家一个登录密码,进入CNLC全球联网的会计系统,各个国家的账务往来、每个项目的盈亏数据一目了然。

070 Question 问题：如何确保海外市场资金安全？

全球现金池　收支两条线

在中国石油，CNLC 是海外资金集中管理的一个典型案例。

经历过大范围海外运作的企业都知道，在管理幅度较大的海外市场，挣钱不易，但挣了钱安全地拿回来也有一定的难度。

CNLC 在国际市场一直处于快速发展期，不断扩大的海外业务需要强大的资金支持。一方面，公司资产总规模中固定资产占 50% 以上，经营现金流主要用于扩大再生产的设备投入。另一方面，公司每年收入达 15 亿元人民币，由于收款质量高，当年资金回收率超过 85%，公司账面现金流常常保持在 30 亿元以上。

为了确保资金高效安全运转，公司实行资金集中管理，将资金集中存储于一个资金中心，统一解决并保障企业经营对资金的需求。资金不用沉淀，充足的现金流在快速周转中产生效益，既提高了资金运作效率，又堵住了财务漏洞，降低了管理成本。

资金集中管理的另一个优势，是让项目经理安心做好市场开发、生产组织、安全生产等工作。作为服务方的财务部门则负责资金安全、保障生产，彼此之间的工作界面非常清晰。

2005 年，结合内控管理体系建设，CNLC 在财务职能循环中，一一规范了涉及资金内容的 25 个业务流程，采取措施严格控制风险点，坚持"年初预算、月度计划、季度分析"相结合，强化公司运营过程中的资金预测与控制。同时，公司以收支两条线管理为核心，注重事前预测、过程控制、事后考核。CNLC 坚持资金月度计划审批制度，确保每笔资金的使用均在预算控制之下。

CNLC要求海外项目所有资金全部上交，分公司所执行的海外项目，除当地币种外，全部由甲方直接汇至公司指定账号。子公司则根据当地的经营环境，采取区域集中、限额上交的资金管理方式。

苏丹作业区是CNLC最大的海外项目，年收入超过8000万美元。如果其资金调度不出来，一旦其他项目运作需要资金时，公司只能贷款。而CNLC实现资金集中管理后，不仅减少了风险，而且显著提高了资金使用效率。

公司将资金回收率指标纳入对事业部、作业区的绩效考核办法中，要求上年度款项全部收回、当年产值根据地区不同确定相应的回收率指标。当年资金回收率低于70%的作业区，将在年底奖金上有所扣罚，保证了资金回收率。2006年，CNLC营业收入增加3.2亿元，应收账款余额下降近1亿元，资金回收率明显提高。其中，苏丹作业区建立了作业区负责人、专业人员、商务人员、财务人员与甲方的层层沟通机制，资金回收率达到91%。

实行资金集中管理之初，有项目人员表示不解，认为总部把资金都收走了，如何顺利运作项目。CNLC通过加强计划性，保证全球项目不会因此受影响。公司财务经营部每月制定详细的资金使用计划，包括采购、物流、保险、投资等，作业区、事业部、部门机关制定详细的奖金需求计划。每个月，财务经营部会排出数十页的付款计划。

公司定期召开资金计划会议，对各单位上报的月度资金使用计划审查后，项目经理在授权范围内可以自行支配。按规定，各项目每月28日前上报下月资金使用计划，而下个月的10日前，公司会把所有计划资金拨付到位。只要项目有需求，按时上报计划，说好哪个时间点到账，到时候项目就一定能拿到钱。当然，凡事总有例外。如果哪个项目出现了新增业务或计划外资金急用，经过总经理审批，公司也会追加计划及时补充资金。

与此同时，CNLC也明确，成本控制的主体一是事业部，二是作业区，但财务经营部也从自己的角度发挥积极作用：制定标准成本费用。例如在一个海外项目，多上一个员工，生活费增加多少，核算的标准是一定的；至于作业区应该建成多大规模，有什么样的配置，也同样有依据标准。

内部关系理顺了，来自外部的评价也证明了CNLC管理到位。在包括国家审计署、集团公司各级审计中，公司收支两条线都是干干净净的，没有出现过任何资金问题。

众所周知，在企业运作中，资金控制从来都是重中之重，因为这个环节最容易出问题。在生产经营过程中，CNLC围绕现金的收入和支出采取高度集中的管理模式，缓解了资金压力，解决了境外资金监控难、利率高、汇率风险大等问题。

既能经济有效地筹措和集中资本，满足项目运营的资金需要，又能及时调度、优化资源配置，实现公司整体利益最大化。管理方法很简单，但能切实做到位，其中却蕴含着企业管理体制和文化的能量。一方面，各事业部、作业区要采取措施严格控制风险点，坚持"年初预算、月度计划、季度分析"相结合，强化项目运营过程中的资金预算与控制。另一方面，财务人员要履行服务承诺，答应项目的事，一定要说到做到。

公司财务部门以收支两条线管理为核心，注重事前计划、过程控制、事后考核。第一时间给事业部、经营部提供经营数据，定期给领导层提供季度经营分析，作为公司生产经营的决策依据。

CNLC人发现，资金集中带来不少好处：计划周全了，用钱方便还安全。在这个过程中，项目部、作业区了解了财务管理不仅是记账，更重要的是管控。他们相信财务所做的一切不是为了管住哪个人，而是为了降低资金风险。对财务部门提出的各项要求理解了，也就心悦诚服地尽最大努力予以配合。CNLC财务管理逐步迈入战略协同、精细化管理的境界。

071 问题 | 如何通过结算框架规避金融风险？

"无息"贷款 3000 万美元

2006 年 4 月底，在综合分析金融市场走势、预见到英镑与欧元相较美元有升值趋势的情况下，CNLC 适时换汇 200 万欧元和 100 万英镑，取得比较收益 12.6 万美元。

2007 年 5 月起，公司要求各海外作业区加快资金回收。别人欠公司的钱、甲方的未付款基本都牵涉到美元，早收回一天，汇率损失就少一点。各项目根据不同国家币种与贵金属的汇率变化，汇入总部的资金尽量避开美元，兑换成欧元或者英镑。

公司采取的其他措施还有：市场部研究调整报价系统，将预判的未来汇率损失作为成本体现在价格中，与供应商、甲方协商，变更合同结算币种，优先选用欧元或英镑作为报价结算货币；与建立了战略合作关系的主要供应商共担风险，共享利益；探讨以美元为结算币种，在一定范围内，人民币升值损失由 CNLC 自行承担，超出范围后双方按一定比例共担；尽量签订美元采购合同，公共用品则尽可能在迪拜或美国以美元采购。

财务经营部负责平衡公司整体资金结构，研究分析各国合同结算币种及汇率变化，减少兑换损失；预测各币种收支情况，除预留必要美元外，其余部分尽早安排结汇。

一系列措施最大限度地减少了 CNLC 的资金损失，公司一直保持着充足的现金流。同时，CNLC 利用银行授信额度，实现了所有银行开立的保函、信用证全部免交抵押金，从而减少了资金沉淀。

当 CNLC 的应收款保持在四五千万美元的水平时，根据设备需求，公司计划贷款扩大市场。由于主营业务在海外，采购的设备、配件也主要来自国际市场，CNLC人研究了一揽子汇率，测算后决定贷款3000万美元用以扩大市场。

精准的判断让CNLC受益匪浅。按照当时的汇率计算，这些贷款每年大约要支付利息1500万元人民币，但由于人民币与美元的汇率波动加大，在人民币持续升值的几年，这笔钱不但满足了CNLC生产需求，还因为汇率变化带来了收益，完全弥补了利息支出，相当于公司无息贷款使用着3000万美元。

能够通过"阳谋"占到"便宜"，是因为CNLC在对资金实施集中管理，并通过内控体系规范流程、提高资金管理能力和降低资金风险的同时，特别关注另一个风险管理重点——在不同国家选用最合适的结算框架和账户框架，来规避汇率和结算风险。

CNLC海外业务涉及面广，17个国家对资金管理各有各的法律法规，有实行外汇管制的，有以当地货币结算的，也有以美元和当地币种同时结算的，还有美元管制、当地货币不管制的等等。在不同国家，CNLC根据自己的业务需要和所在国的资金管理规定，判断账户怎么开立、以哪种币种结算最划算。

譬如，苏丹的结算方式有两种：可以用苏丹镑，也可以用美元。因为这个国家对外国公司没有管制，营业收入可以在苏丹以外循环结算。如此，CNLC资金池中的现金可以随时调进调出。

在国内，CNLC认真分析国内外金融机构在管理手段、服务方式和资金效益等方面的优劣后，以中国石油下属的中油财务公司作为外币资金管理平台，将海外项目取得的资金收入统一纳入中油财务公司账户，在确保资金安全的同时，还取得了较好收益。2004年至2006年，公司外币存款利息增收约320万美元，而美元贷款利率较基准水平下浮10%，为此节省了利息支出。

与此同时，CNLC以工商银行作为人民币资金管理中心，规定所有采购款全部通过网上银行办理，以此减少中间环节，降低人为风险。最重要的是，财务部门因此实现了对每笔付款和账户余额的实时跟踪，以多种手段确保资金安全。

随着公司国际化经营的幅度不断扩大,项目运作难免受到国际金融环境影响和项目所在国法律法规制约,面临的金融风险日趋复杂多样。

在国际市场运营中,各国的税收法规、不同市场的交易成本、项目各方信息不对等的现实,都要求企业必须积极寻求金融风险管理的技术和方法,对金融风险进行有效识别、精确度量和严格控制,通过风险管理避免损失,提升公司价值。

"不创造价值的事情就没有必要去做。"这是 CNLC 财务人员的自我要求。

CNLC 财务经营部的定位是服务于公司的整体战略和主营业务。但相对于公司的事业部和项目部,本身没有多少资源的财务经营部并非直接创利部门,仅靠自身无法实现这个目标。为此,财务经营部通过建立制度与加强管理,和公司各职能部门联手,运用预算管理、税收筹划、资金管理、经营管理、会计核算、风险管理和综合管理做好资金筹划,在主动管理中帮助公司创造价值,实现效益最大化。

财务人员运用自己的专业知识、财务能力以及对全球市场的风险分析预判,制定切合 CNLC 实际、又可以创造价值的"筹资管理""资金运营"计划和方案,从财务预测、财务决策再到财务计划、财务分析,不仅使公司在项目运作中及时规避了金融风险,甚至还利用风险,危中择机,的确是一件很睿智的事,在某种程度上也可视为国际化企业的核心竞争力之一。

072 问题 为什么战略规划、经营计划与全面预算要环环相扣?

预算管理：财务战略协同核心

自从2005年全面推行预算管理，CNLC建立了两项预算管理制度：一是以资产投入与收入和利润回报率挂钩的预算指标形成机制，二是以财务部门牵头、各职能部门预算管理全员参与机制。

到2008年，CNLC构建了以各专业最近三年的资产创收均值和营业收入均值作为测算基础，与专业发展现状相结合的预算指标形成机制，以此推算出来的营业收入指标，与实际结果吻合度之高，让很多项目部感到惊讶：苏丹作业区预算的准确性与实际数据相比只差千元人民币，而在2001年的数据对比中，差额达100多万美元。

在很多财务人员看来，CNLC的预算管理已经从最初的预算指标讨价还价，变成了各级管理者增强管理预见性、提升管理水平的工具。

CNLC的全面预算框架强调战略规划、经营计划、全面预算环环相扣。比如一个项目当年的测井计划任务锁定3000万美元时，CNLC人重点关注的是如何将战略目标细化为战术举措，在这个项目上如何布局，包括市场如何开发、资源如何配置、成本如何控制、人员如何培训等等，然后通过全面预算实现全程控制，取得良好的经营成果。

预算管理的核心在于战略预算、经营预算和财务预算集成协同。简单来说，公司15年的战略目标、5年的计划目标、1年的预算，三者如何在具体一年中结合起来，三点连成一线，其表现就是全面预算管理。

如果能够在项目运作之初就对整个过程的投入产出胸有成竹，当然是最高境界。但对于很多人来说，预算精准并不是件容易事。

CNLC 财务部门特别注重战略规划、经营计划与全面预算有机统一。他们知道，仅仅围绕战略目标做全面预算，缺乏了中间的经营计划，二者难以强行结合。

在准备做一件事情之初，既要弄清楚目标、过程和步骤，又要讲究具体的策略方法，形成商业计划书。据此形成的全面预算管理框架，将战略目标细化分解为市场、成本、资源、人力、内控等经营计划，落实到具体的项目单元，变得可操作、可监控。具备了指标形成、指标调整、预算考核等机制的基础，公司、部门的核心关键性指标 KPI 就形成了。

CNLC 的预算指标体系包括了公司的 KPI 指标、部门 KPI 指标，在公司总部层面建立起核心指标预警，重点突出公司价值取向。其中，管理、学习、成长指标为通用性指标；而经营、综合指标则既有通用性指标，如净资产收益率、EVA、利润等，也有个性化指标，如吞吐量、流动性等。

管理思路清晰，管理体系完善。但是，真要把预算管理落到实处，还需要作业区和业务部门清楚了解，如何编制预算才能提高符合率。

CNLC 没有强行要求，而是由易到难地逐步培训：财务部门先动手示范，把各作业区、事业部的经营成果、成本费用、利润效益详列出来，制成表格，每个季度提供给各项目，并提出三个问题：这个结果与当初的预期是否一致？做得最好的是哪一方面，还有哪些地方需要改进？对这样的财务信息还有什么需求？

在哈萨克斯坦和阿尔及利亚，财务人员直接进驻项目，手把手地教会大家使用完整的预算管理方案。三个月后，很多人在尝试中发现了财务数据对市场经营的作用。等再需要投标报价、对项目进行经营分析时，主动运用财务部门提供的信息数据和分析工具，操作起来既没有想象中那么难，还能得心应手地把握全局。员工们感悟："预算说到底就是资源分配，干多少项目、多大规模，需要多少人、财、物资源，财务部再根据各项定额核定人工、设备折旧、运作费用等。"

正是在全面预算管理思路的指导下，CNLC 实现了"年初有预算、月度有计划、年终有考核"的资金预算管理体系顺畅运行。公司按照"谁主管、谁编制、谁负责"的原则，考虑到市场形势的变化必然引起管理模式和业务计划的调整，坚持预算以市场为导向。而现金流本身就是企业管理的关键，贯穿于预算管理的各个环节。因此，预算的任何方面始终要以现金流为主线，同时以经济效益为中心、业务预算为基础。

一个项目，无论大小，正式运作之前都要做出详细的预算计划，为的是让项目管理者、执行者心中有数，从而在执行中严格按照预算进行，以此保证每一个项目的运作都达到预期效果，获得经济效益。

因为从预算制定到执行都与公司战略规划结合得十分密切，CNLC的预算管理得以帮助各级管理者最大程度地实现战略目标。

CNLC的预算管理模式有两个与众不同的地方：一个是指标"集成"，另一个是预算核心更关注商业计划书实施过程。

"分级管理，分级考核"的全面预算管理体制，主要表现在"全员、全过程、全方位"。除了财务人员，参与预算的还有各职能部门和项目管理人员。

对员工来说，参与预算管理后，考虑问题更全面了，组织能力也提高了。因为考核机制明确，项目的利润在哪个环节，项目的指标应该多高，自己的工资奖金该拿多少，既不用管理部门强调，也不用财务压指标，员工自己就一清二楚。

预算管理之所以要建立预算指标形成、调整和考核机制，是因为在CNLC人的理念中，机制本身决定价值导向，公司要怎样发展、如何鼓励发展，预算管理这二个机制对价值取向和公司发展起到了举足轻重的作用。

当大家都明白该往哪个方向努力，知道了未来的发展预期，也就自觉地避免了短期行为。加强预算过程跟踪管理，初步实现了预算和会计核算的有效衔接，为预算精细化管理奠定了基础。一年年下来，公司总部、项目部像下棋一样，走一步，看两步，想十步，常常要根据设备折旧、市场周期、发展趋势等，预判怎么走好五年以后的棋。

073  如何进行全球税收筹划?

目标瞄准"综合成本最低"

2003年,哈萨克斯坦作业区仅所得税一项就依法减少税赋868万元。在让很多国内企业吃惊的背后,是CNLC进入之前就对整个经济链条中的所有税种进行了翔实分析:进关时有关税,项目一运作就开始交增值税,与利润相关的还有所得税等。财务人员算了一笔账,如果不做任何筹划,仅税赋一项就占到收入的30%。

税制是互相关联的,税收筹划也要全盘考虑。CNLC进入哈萨克斯坦伊始,在当地注册了子公司,起初因为难以判断项目远景,前两套设备以临时方式进关。2004年后,项目逐年拓展,前景看好,形成500万美元的市场规模,便将设备调整为永久进关。

因为积极进行税收筹划,几年运作下来,哈萨克斯坦项目所交税赋占总收入的比例从原来的30%降到了15%。换个角度看,哈萨克斯坦税收筹划的效益占整个公司在当地经营收入的26%。

尝到了税务筹划的甜头,CNLC进一步深入研究,寻找规律。每个项目运作之前,根据已制定的税收筹划框架,结合公司的资源配置实际,由财务牵头成立风险评估小组,重点做好"三定"工作:定进关方式,定物资价格,定组织形式。

这三个方面的问题直接关系到企业负担的税赋。在哈萨克斯坦、阿尔及利亚、尼日尔,都因为事先"三定"做得到位、事中多部门协同配合、事后总结完善税收筹划,收到了良好效果。

在把一个市场作为目标进行跟踪时,CNLC就开始关注这个国家,包括公司注册、金融、海关、投资、税收等相关法规和政策。通过对经营环境、税收体系、外汇管制等评价分析，形成税收筹划框架。在招投标开始前，CNLC人就已经心中有数：公司在这个国家以什么形式运作最合适？有没有外汇管制？资金汇入汇出是不是自由？人员工资如何交税？

比如，公司在当地市场的组织形式就大有文章可做。当公司进入一个新市场时，在当地的组织形式一般有五种：子公司、分公司、合资公司、办事处或者项目部。在每个国家，不同组织形式享受的税赋待遇各不相同。

2006年，财务人员到阿尔及利亚做项目指导时发现了一个问题：前期考虑到项目运作和设备进口，CNLC在当地注册了一个子公司的同时，又注册了一个分公司。原想有两个不同性质的公司，选择余地比较大。但在实际运作中，项目合同是与当地子公司签订的，设备也支付了租金，以当地公司的名义临时进关。而这个国家实行外汇管制，这让项目人员很着急，收入到了当地公司账上，却回笼不到公司总部。如果以设备租金方式回笼，按当地规定，营业收入要交24%的税。

财务人员全面了解情况后，与有关部门一起进行了一系列筹划：重新调整两个公司的业务和职能。按当地政策，分公司外汇可以收进通行，也就是允许把收入直接汇到中国或国外其他账户，CNLC的后续合同就与分公司签订，解决了外汇管制问题。

但如果收入都放在分公司的话，这里只有收入；而设备在原来的子公司，只有成本。如果一个公司盈、一个公司亏，依然要交比较高的税。CNLC又通过两者之间业务分包等方式，解决了成本和盈利平衡问题。

当时，子公司已经遗留了几百万美元的收入。为将这些资金收回来，考虑到阿尔及利亚为鼓励石油工业发展，规定永久进关的石油技术服务装备可以取得免关税资格，CNLC为项目增加一台设备，并确定这台设备以永久方式进关。同时，子公司又与总部签订了设备采购合同，向阿尔及利亚中央银行申请支付外汇。由此一石二鸟，CNLC既免了关税，也打通了资金流通的渠道，顺利把钱收回公司总部。

对CNLC来说，税收筹划需要综合考虑前期调研、过程控制及后期评估，是一个完整体系。现在，只要投标一开始，项目人员制作标书时首先找财务人员了解该国的税收，可谓"项目尚未启动，税收筹划先行"。然后，根据公司的前期调研和该国税法来安排项目，根据规模、需配备的设备、项目远景及每年可能的盈利等因素来测算分析。确定适合的组织形式后，再根据设备是临时还是永久进关做出四个组合进行方案比对，选出最佳方案。在此后的项目运行过程中，再根据动态变化具体情况具体分析。

到 2007 年，CNLC 完成了阿曼、乌兹别克斯坦、土库曼斯坦等国的税收筹划框架方案以及税收调研，基本实现税收筹划由事中、事后向事前的转变。在此基础上，CNLC 建立了按国别税收筹划模型，只要输入数据就知道采用哪种方式最合适。2008 年，CNLC 年度节约的税收占到了利润总额的 15%，其中哈萨克斯坦项目近 30% 的利润来源于税收筹划。公司在 2006 年至 2008 年的三年间，累计节约税收 1.8 亿元人民币。

"税收筹划"又称"合理避税"。它来源于 1935 年英国的"税务局长诉温斯特大公"案。当时参与此案的英国上议院议员汤姆林爵士将税收筹划表述为："任何人都有权安排自己的事业。如果依据法律所做的某些安排可以少缴税，那就不能强迫他多缴税。"这一观点得到法律界的认同。半个多世纪以来，税收筹划逐步形成规范化定义，"在法律规定许可范围内，通过对经营、投资、理财活动的事先筹划和安排，尽可能取得节税的经济利益。"

在具体实践中，税收的筹划及规避是一个动态连续过程，与企业经营实际联系紧密。做好税收筹划，既要搜集研究项目所在国相关法律法规，也要注意以项目运营为载体，实现市场、物流、财务、经营四个部门联合行动，一体化运作才能获得成功。

作为一个主营业务在海外的国企，CNLC 的税收筹划有两大特点：一是全球通用，二是涵盖所有税种。公司注重利用各国税法规则，通过事先安排运筹自身经营活动，选择最合适的方式进入当地市场，使企业既依法纳税，又能充分享受各国税法规定的权利和优惠政策，以获得最大的税收利益，实现企业价值最大化。

074 | Question 问题 | 财务预判如何支持企业经营决策？

借力经营分析，择机进出巴基斯坦

2002年6月，CNLC投标巴基斯坦POL公司的测井项目。由于甲方的测井段是灰岩层，对成像资料特别重视。CNLC凭借电成像和声成像一次测出的技术优势，拿到了POL的测井合同，进入巴基斯坦市场。

2004年12月，巴基斯坦国家石油公司（OGDCL）的作业量占据巴基斯坦市场的60%。当他们进行五年测井项目招标时，由于外部因素干扰，CNLC设计的以技术换市场方案未能成功。当时面临的市场环境是工作量不连续、协调难度增大、风险难以控制等，而公司其他国家市场却按规划快速发展，人力、设备资源日趋紧张。为此，公司经过经营分析，提出撤出巴基斯坦的建议，总部管理层同意CNLC战略性撤出巴基斯坦。

2006年，正如CNLC撤出时预想的那样，OGDCL看到市场又回到了西方公司垄断状态，又邀请CNLC返回巴基斯坦。鉴于巴基斯坦的合同都是以开放式的CALL-OUT来签订，工作量难以保证，CNLC借机提出要求：甲方必须保证20%的工作量，附带CNLC测试项目一起进入市场。经过近半年的谈判，CNLC和OGDCL签订了五年的测井和测试合同，再次进入巴基斯坦市场。

CNLC之所以"两进一出"巴斯斯坦市场，都是由经营分析结果决定的。正是通过基于经营分析进行的市场战略调整，CNLC在巴基斯坦、利比亚等市场的效益逐年好转。

当看到市场趋势符合了自己的预判，CNLC人的经营分析越做越细，越细越有价值。比如，按公司的测算与分析，一套400多万美元的测井车和设备,每年必须挣回200万美元才能保本。但在单一项目上,一套录井仪很难盈利。要想创效,至少要有三套的规模工作量。

在利比亚,项目运作之初按甲方要求配备了两台测井车、两套设备。后来在经营分析中,项目部和事业部都意识到,如果一个项目的规模只有200万美元时,资源和工作量难以匹配,设备能力过剩。但是,如果当地只有一套设备的话,甲方又不同意,担心万一设备出现故障影响生产。

为解决这个问题,CNLC综合考虑,一方面,抓住机会把设备调整到规模更大的苏丹市场去,另一方面,加快物流运作和区域协调,实现非洲大区的设备资源共享,既保证了甲方需要,又实现了资源充分利用。结果,在减掉一台设备的情况下,利比亚项目每年收入不减。

CNLC人清楚,经营分析必须与项目实际相结合才有效果。

从分析层次看,在公司层面,财务分析主要为决策层提供建议和依据;而在事业部和作业区层面,主要是为其经营过程纠偏,判断其能否按预算完成经营指标;管理部门之间的经营分析,核心则在于费用控制。

从分析内容看,同样是经营单位,因为职能定位不同,财务的关注点也不同。拿作业区与事业部两类性质不完全一样的经营部门来说,作业区的考核指标中,75%的业务是资金回收,25%是经营业绩指标;而事业部则与之相反,25%的业务是资金回收率,75%的是经营业绩指标。

除企业经营重点关注的专题分析外,每月的经营分析内容取决于财务人员依据来自全球的经营数据对经营结果做出的判断。他们重点关注三种情况:经营明显没有赶上预算的;经营跟上了预算但某些指标出现了异常的;预警性指标出现较大波动的。

公司2004年的经营分析数据显示:重组后测井专业产值保持稳定增长,生产设备得到100%利用,发展日趋平稳;测试专业产值增长迅速,并且在公司整体产值中的比重开始大幅提高;录井专业发展相对缓慢,随钻业务由于技术落后,难以进入高端市场;资料解释成为公司附加值最高、最具潜力的一项业务。存量资产已经基本盘活,测井专业、测试专业的全部装备都已走出国门,综合录井仪的设备动用率也达到了80%,在海外市场竞争能力整体增强,产值、利润均呈高速增长态势,专业格局趋于合理。

这让CNLC人心里有了底气,他们将在国际市场走得更加稳健。

基于关注目标更关注行动的原则，CNLC进行了许许多多的经营分析。这也是财务创造价值的主要表现形式——有效支持企业经营决策。

巴基斯坦的进入与撤出，委内瑞拉的撤出……这些市场的布局调整，都与当时的财务报告及经营分析结果密切相关。从2005年开始，经营分析成了CNLC公司层面每季度的必修课。不仅领导层和财务人员重视，各职能部门和事业部也受益匪浅，他们对业务发展的过程控制更周密，把握更准确。

从某种程度来说，这样的经营分析也是对预算执行情况的阶段性总结。按照财务数据、管理工具建成的模板，各事业部和项目部通过经营分析，对自己的项目了如指掌，盈利是如何得到的？哪一块在增长？哪些项目可能经营形势不太好？如何调配资源？

模板的实用性体现在，结合项目运作的实际情况，通过经营分析总结好的经验，更重要的是发现存在问题，以便公司有关部门通力合作，提出可操作的建议和方案，切实解决问题。

如此，CNLC逐步建立了专业分析与区域分析并重、季度分析与专题分析相结合，既向管理层提供决策建议，也向经营主体提供详细的经营资料。在实际工作中，分专业、分地区、分项目形成的经营数据库，为投标报价、项目经营、设备投资评估等提供了真实可靠的决策依据，提高了企业经营工作的前瞻性和科学性。

075 问题 国际市场如何知己知彼?

对标:"比"出来的进步

在 CNLC 人看来,在国际市场搞技术服务,只有与高水平的竞争对手过招,才能真正了解自己的水平。就像踢足球一样,在国内自己玩没有可比性,打进欧洲杯、世界杯才能知道自己算不算好。

从 2002 年起,CNLC 就开始将盈利能力、资产运营效率、发展潜力等作为基本指标,以国际同行业知名的斯伦贝谢的财务指标为标杆,进行同期比较分析,为公司的战略决策提供可靠依据。

在对标中,CNLC 注意到,由于企业性质不同,作为国企的 CNLC 与西方公司特点也不相同:斯伦贝谢的资本结构主要是银行贷款、债券市场融资,净资产收益率高于 CNLC。CNLC 的主要资金来源是靠集团公司投资股本运作,负债率只有 20% 多。这也是 CNLC 可以拓展的空间,在业务发展需要时,财务杠杆有较大的提升空间,可以通过市场融资进一步做强做大。斯伦贝谢下设有油藏描述、钻井和生产三大集团,每个集团下面有系列相关业务和技术。而 CNLC 的业务更为集中,主要是提供国际市场的测井、录井、测试、解释等一体化井筒技术服务。

从盈利能力看,CNLC 年均营业收入以 30% 左右的速度增长,利润的年均增长率则达到了 53.47%。2008 年,由于业务范围和领域与斯伦贝谢存在明显差距,收入增长速度低于后者 4.42%,但公司利润增长率比后者高出 1.46%,尽管二者利润基数有差异,仍反映出 CNLC 具有很强的经营运作和掌控市场能力。

CNLC 能以较低的成本取得较高的利润,主要原因之一是技术装备国产化。此前，CNLC 从国外采购一套常规测井装备，不管是阿特拉斯的技术还是哈里伯顿的产品，成本费用是 400 多万美元。到了 2008 年，这些装备已经逐年上涨，高达 800 万美元。从 2006 年开始，CNLC 自主研发的同等性能的国产设备，价格只有 200 多万美元。两年后，CNLC 将具有自主知识产权的 20 多套 LEAP600B 测井设备、20 多套 WALLLEAP 录井仪打入国际市场提供技术服务。仅此两种设备，按照 8 年折旧算下来，每套设备每年成本直降 30 多万美元。

从资产运行效率看，CNLC 的资产周转率、应收账款周转率明显不如斯伦贝谢，说明公司的管理水平还需要进一步提升，同时也可以看出斯伦贝谢在行业中的霸主实力。

从发展潜力看，CNLC 在抗风险、稳健发展上具有相当优势。但在发展规模后劲上，与西方公司相比，CNLC 存在着明显弱势。斯伦贝谢每年投入的研发费用达到营业额 5%～6% 的水平，这是 CNLC 难以望其项背的。

CNLC 也注意到，从技术研发架构设置看，斯伦贝谢的研发分为基础理论、前沿技术以及应用性三个层次，在全球拥有 6 大研究中心和 8 大技术中心。这些研究中心都设立在大学附近，以方便与学校、企业开展合作，保证及时获得最前沿的技术，更好地解决客户的需求和难题。

正因为看到了差距和不足，CNLC 从初期的引进仪器设备，到 2003 年开始加强自主研发，立足国际市场的需求，以较少的投入，在较短时间内研发出具有世界一流水平的 LEAP 600B 设备，并得到国际市场认可。此后，公司在美国休斯敦建立研发中心，引进外脑创新研发 LEAP 800B，进一步增强了市场竞争力。

从 2008 年以后的数据对比看，CNLC 的主营业务盈利能力非常强，主营业务利润率达到 33%，比斯伦贝谢高出了 11%。

原因有两个：一是 CNLC 的主营业务相对集中，测井、录井、测试和解释四个专业，一体化运作的能力进一步增强。二是在同一市场价格相当时，CNLC 的成本控制能力更强，运营成本更低。公司将一些价值高达几百万美元但使用率并不高的设备，如核磁测井、VSP 等实行多项目区域间共享，在非洲大区备两至三套，通过高效管理、快速调配，即可满足周边多个国家项目的需要。

幸福常常是对比出来的，进步也是。

对标别人，其实是为了正确认识自己。要知己知彼，就得通过对标分析找准差距，发现进步空间，在不断的改进和完善中，逐步提升公司的核心竞争力。

进入了国际市场，CNLC的参照物就是站在行业顶端的三大公司，对标参数就是在同一个市场中，相同的项目运作时，谁的管理效率更高，谁的服务能力更强。拿到了一个标，要弄清自己为什么赢了；丢了一个标，更要明白输在哪儿了。

做得时间久了，CNLC就拥有了财务上的"全球数据库"，更学会了"跳出财务干财务，跳出企业看企业"。前者是对各项目来说，拿到了财务数据，还要把数据蕴含的内容分析提炼出来；后者是对整个公司来说，通过与国际标准、与大公司进行对标，评价自身的成长。开始时人家强在哪儿，自己差在哪儿；后来是公司哪些方面进步了，与西方公司的差距是怎么缩小的。一旦找准差距，确定努力方向，CNLC人就全力追赶。

对标的过程中，CNLC逐步建立起一种大家都寻求"不断改进自己负责的工作，不断改进公司管理"的理念和文化，有意识地去思考解决存在的问题，有方向地去研究前行的路径和方法。

而公司多年来构建的弱矩阵式结构，在管理流程和制度体系保障下，设备和人员由公司直线管理、协调，按照大区统一指挥，全球化运作效率之高令人惊讶。

第十四章

技术·创新

076 问题 特色技术如何演绎"合适的才是最好的"?

化学堵水效果超乎甲方预期

国际市场上,服务公司技术水平形成的综合实力是决定胜负的关键。在长期技术垄断造成西方大公司一边强的国际测井市场,CNLC 一直致力于抓住机会、发挥自己的特色技术优势。

这个优势就是中国石油工程技术服务队伍解决问题的能力。作为中国石油工业发展的实践者,很多工程师、专家倾其一生,在一个领域钻研探索,为石油勘探开发提供一体化解决方案。他们对解决甲方的油藏问题有着独到的认识和经验。比如在油田勘探开发中,通过测试确定油气层的准确位置。在地质构造相同的情况下,含油、水、气的地层因为电阻率不同,测井显示出来的曲线也是不同的。简单地说,油的电阻率高,不易导电;纯净水本身不导电,但在有矿物质的情况下,水的导电性能比油好。

在国际市场,CNLC 人就用这些专家的宝贵经验及其研发的特色技术来解决甲方遇到的实际问题。

在苏丹 1/2/4 区,谈起 CNLC 在黑格里格 -16 井成功实施的化学堵水工艺技术,甲方的兴奋溢于言表。

自 1998 年开采后,苏丹 1/2/4 区 Block1 和 Block2 两个区块平均含水率达 76%,个别井含水率高达 90% 以上。甲方着急之余,又是往产水层挤注水泥试图堵住出水点,又是尝试机械堵水以解决油田含水快速增加的难题。但效果都不理想,油田含水率还是直线上升。

CNLC 专家指出一条新路:化学堵水。甲方眼睛一亮,却又充满怀疑:方法是好,可 CNLC 真的能做到吗? 业界人士都清楚,化学堵水是世界级难题。有关机构的统计数据显示，国际上的化学堵水成功率不到50%。

CNLC 的地质专家并不是草率提出这个建议的。在此之前，他们已经详细研究了该地区的地质资料，发现1/2/4区地层孔隙度比较大，而且一直采用电潜泵排液的生产方式，生产压差较大。这样的地质特点很适合化学堵水，在这方面 CNLC 也具备经验优势。就这样，在甲方的严格监督下，CNLC 两天内将配制的263立方米化学药液全部注入施工目标层井段。

堵水作业完成后，甲方跟踪测量黑格里格-16井的数据表明，施工目标层堵水后产液含水显著下降，从实际生产测试的93%下降至堵水措施后的35%。甲方不敢相信这个结果，此前他们采取各种措施，只是期望含水率能降到65%都未能实现。而 CNLC 人一出手，化学堵水效果远远超出了他们的预期。

凭借多年的技术功底，CNLC 人胆大心细地尝试着挑战自我，在满足甲方的技术需求之余，也提升了自身的技术能力。

CNLC 在阿曼 PDO 项目执行第一口水平井的电成像测井作业和水平井段的 RFT 测压作业时，也创造了一项新纪录。这个水平井段长达1200米，工程师们连续奋战40多个小时，全部作业项目均实现一次成功取得数据。

甲方激动地把这些数据与斯伦贝谢的资料进行对比，结果完全一致，满意地向 CNLC 人伸出了大拇指。他们把这次水平井电成像测井作业和测压作业看成是阿曼 PDO 项目的一项重大成果。而 CNLC 工程师们的兴奋程度不亚于甲方，因为这也是中国测井史上首次进行超长水平井段的电成像测井作业。

同样，单纯利用测井资料评价解释老油田的加密开发井水淹层，一直是国内外测井解释领域的难题。在哈萨克斯坦扎纳若尔油田，CNLC 的解释工程师将测井资料和油田开发动态结合起来，为解决这一问题提供了新思路，进而取得了良好的控水稳油效果。很快，CNLC 在哈萨克斯坦承接了大量外部测井评价工作，形成了独具特色的技术优势。甲方不仅主动将原来的解释价格提高一倍，甚至还要求西方服务公司在该地区提交的所有测井资料，全部交给 CNLC 解释处理。

始终站在甲方角度考虑问题、以特色技术解决甲方的勘探开发难题，这个做法使 CNLC 广受好评。继2005年公司成为壳牌的服务商之后，2007年，CNLC 又成为英国石油公司（BP）的全球井筒技术服务商。

　　CNLC通过一次次实践证明了一个简单的道理：竞争取胜，有时就靠单个方面独有的比较优势。CNLC掌握的化学堵水技术也许不是世界上顶尖的，但却很实用，一举解决了令甲方头痛多年的油田开发难题，带来的是"点水成油"的巨大经济效益。

　　曾有人质疑，国际测井市场的设备、技术一直由西方跨国公司主宰，中国企业以相差十数年的测井技术水平与受限制购买来的装备，想与他们擂台一拼，肯定不堪一击。但CNLC人换个角度看到的是，正因为中国的石油工业发展自成体系，在过去80多年的石油勘探开发实践中，遇到并解决了许多异常困难的技术问题，研发了许多实用有效的低成本技术。这些技术在中国石油80多年的发展历程中得到了验证，而且在国内反承包市场再次显示出其实用价值，其中部分技术就是到了国际市场，也是一流的。有的单项技术，还是我们国家独有的，跟国际上的单项技术相比毫不逊色，具有极强的解决实际问题的能力。

　　"你的技术能够为甲方提供价值，甲方自然会选择你的服务。"CNLC始终以关注和满足顾客需求为出发点和落脚点，创新应用这些成果解决在海外市场遇到的工程技术难题，效果比国外大公司提供的很多先进技术还要好。

　　阿基米德说，给我一个支点，我能撬动整个地球。CNLC在开拓国际石油技术服务市场时，正是以科技为支点，撬动了中国测井的海外事业；以创新为支点，撬动了世界测井界游戏规则，开拓出CNLC的创新发展之路。

077 问题 一体化如何做大比较优势？

测录试揭密"蝴蝶层"

相比国际三大技术服务公司，除特色技术外，CNLC 的另一个突出优势就是一体化：把录井、测井、测试三个专业放在一起，综合利用现有资料，有针对性地解决甲方面临的地质难题和油藏问题。

立足这个优势，CNLC 采用和三大公司不一样的服务模式：改变行业通行的测、录、试三个专业独立运行的做法，把数据采集当作一个手段，将测井、录井、测试三个专业一体化，全部围绕油藏做工作，以三个专业采集的数据为基础，综合分析，进行更加准确详细的油藏评价、描述和改造。

公司严格要求解释结果与油气层的符合率。在苏丹 1/2/4 区，CNLC 利用测、录、试资料加上物探资料，综合分析进行油藏评价，发现了千万吨储量，打开了苏丹尼姆（NEEM）油田主区块增储上产的大场面。

CNLC 技术人员发现，处于 AG6 段底部、形似蝴蝶的层段是典型的"低电阻油层"，和相邻段的油层电阻率、水层电阻率相比较，"蝴蝶层"的电阻率显得太低了。如果使用常规方法测井，"蝴蝶层"的含油饱和度只能计算到 30% 左右，因而常被解释为 AG6 段的底水层而忽略。

面对这样的结果，CNLC 人不甘心。

"蝴蝶层"广布于尼姆油田主区块，绝大部分井都有这个层面，理论上应该是一个面积很大的储层。CNLC 的专家们把测井、录井、测试的资料放在一起研究，将已经掌握的十几口井"蝴蝶层"的资料画在交汇图上，全部落在油区。独具特色的解释方法得出的结果表明，这个油区已被几口井的试油证实和圈定，是该区块增储上产的好油层组！

技术人员选择了正确的解释模型与合理的解释参数，使"蝴蝶层"的储层含油饱和度计算达到50%~60%。为摸清"蝴蝶层"油藏特征，CNLC那些在测井地质领域从业三四十年的专家，发挥权威作用，在解释中开展了大量的小层对比工作，向油公司提交了新的解释成果。

试油结果表明，苏丹尼姆油田11井AG6段蝴蝶层日产油超46吨，无水。CNLC的解释结果证明，研究区域内的主力层段单层增加的探明石油地质储量就达到200多万吨，整个油田在原来的基础上增加了20%储量，初步估算新增石油地质储量达2000万吨。

当甲方因为获得巨大经济效益而眉开眼笑时，CNLC人也十分开心：帮助甲方达到增产目的，公司也实现了尽善尽美的服务。

在阿尔及利亚、伊朗等市场，CNLC同样通过综合运用三个专业一体化的优势，在油藏评价上做了大量工作，并且见到良好效果。

相比国际三大技术服务公司，CNLC直面设备和专业技术实力并不占优势的实际，另辟蹊径，跳出传统的单一技术服务模式，在测、录、试三个专业一体化、综合技术服务方面进行了有益探索。这种创新服务模式十分成功，也成为CNLC的竞争优势。

考虑到测、录、试虽然是分开采集，但数据应用、油藏评价在一起，技术发展也同步，可以互相参照，取长补短。技术人员通过各项数据对比分析，可以更全面地掌握油藏特征，进而提高油藏的评价精度，增加了油气发现的成功率。

因为着眼点和运作模式发生了变化，CNLC在国际油公司眼里，已经由一个单纯的测井公司变身为油藏技术服务公司。此后，CNLC干脆在测、录、试一体化的基础上，又增加了垂直物探、垂直地震、完井技术以及油藏改造中的找堵水作业，提供更全面的综合技术服务，接连帮助油公司在勘探开发中发现油气成果，CNLC的市场合同份额节节攀升。

078  如何延长"服务链",创新增值服务模式?

"解释"出来的优势

到了2005年,在阿尔及利亚、伊朗等市场,CNLC同样运用测、录、试三个专业一体化的优势,在油藏评价上做了大量工作,并且取得良好效果。

测、录、试一体化加上解释实力,逐步成为CNLC强大的竞争优势。当那些在测井地质领域已工作三四十年的中国老专家跟甲方地质人员交流时,老外们言谈话语中尽显敬佩。伊朗甲方每次见到CNLC解释中心经理徐剑波时,总是表现出特有的尊重。为甲方提供一流的一体化服务,确保了CNLC在伊朗市场稳固的地位和越来越大的市场份额。

在井筒作业服务中,测井只是其中的一环,随后要做资料处理和解释,将测出的数据解释后转换成分析参数,直接评价油层是否储油及其含油程度。以储层的地质资料来判断油水层和剖面,这既是中国公司的强项,也是国际油公司最看重、能解决其找油找气问题的关键所在。

测井是通过声、光、电等物理手段测量地层的电阻率,判断含油的可能性,通过测孔隙度看它的储油空间有多大,通过伽马射线测量哪些是可能储油的砂岩层,用这些间接的方法来判断油在哪里。要把间接的方法转换成需要的地质参数和最后的地质结构模型,就是数据处理和解释的工作。

一般来说,解释处理是以人的智力、经验来提供服务的,也是技术含量、附加值最高的服务项目。即使是一样的资料,一样的解释方法,不同公司、不同专家的解释结果也有高下之分。因为测井的特点就是每一口井、每一个区块、每一个油田、每一个国家,很少有相同的地层和地质条件。同时,评价油藏也需要经验,就像医生看病一样,专家见过的案例越多,资历越深，越有把握，成功的几率也越高。

CNLC 从 2000 年开始尝试用斯伦贝谢的软件做解释。起初只是参与一些小项目的部分资料处理，但因为解释到位，服务逐步扩大。到 2005 年，在苏丹，不管是哪个技术服务公司提供的资料，甲方都交由 CNLC 处理和解释。

因为受到美国政府的管制要求，斯伦贝谢公司不能在苏丹建立处理基地。而解释处理需要专家既有一定的经验，又要了解当地油田的地质结构和条件，必须和当地的工程技术人员互相配合。

在这种情况下，CNLC 抓住机会，一步步扩大着自己在解释处理方面与生俱来的天然优势。

在中国自成一体的石油工业体系中，同属油田公司的测井专业是油田勘探开发中的一个环节。中国的测井公司不仅要提供资料，还要帮助做好处理解释，解释的程度就是下结论。对测井的考核指标就是符合率：你下的结论和你测量的结果符合程度有多高，你说的油水层是不是和实际射孔后的情况对得上。多年来我国国内一直要求测井公司，探井符合率应达到 75%～80%，老区的调整开发井符合率则要达到 90%。

在国际石油技术服务市场，一个不成文的行业规矩是，所有的处理和解释图表上都会标明一个严谨的法律声明：测井数据受多重因素影响，并非绝对准确，由此给客户造成的损失和误解，服务方不提供法律保障。这段法律声明作为标准格式见诸每个公司提供处理解释的图表上。因此，外国技术服务公司从不提供结论。最多告诉甲方"这个地层可能是油层"，让油公司自己来判断，承担风险。而按照中国国内的要求，测井企业必须准确说出从多少米至多少米处是油层或者是油水通层。

CNLC 把在国内多年的做法带到了国际市场，存在风险，但也很受欢迎。技术员们会向油公司说明：这样的结论，我们只是提供给你们参考。

尽管这样，已经让越来越多的甲方认识到，CNLC 是一个负责任的公司，所提供的这项服务是他们真正需要的。

因为从根本上降低了油公司的勘探开发风险，CNLC 提供的综合一体化服务模式在苏丹、伊朗、哈萨克斯坦都得到了油公司的称赞。中国石油的投资伙伴由此认可了 CNLC 的过人之处，又把 CNLC 介绍到其他国家的区块和油田提供服务。

  CNLC 创新服务合作模式打破了国际市场的服务惯例，真正让甲乙双方从"河"的两岸走到了一起，站在同一点上解决共同的问题。这不仅扩大了 CNLC 的业务领域，更重要的是，短期来看，这些业务创新可以放大 CNLC 的优势；从长期来说，则有效地提升了 CNLC 的行业地位。

  石油勘探开发本身就属于技术密集型产业，国际测井市场更是名副其实的技术竞争市场。CNLC 从初入国际市场时提供单一数据采集开始，逐步向技术含量较高的资料处理、解释和油藏评价拓展，由此改变了国际测井市场的游戏规则。

  2005 年开始，在为油公司提供技术服务时，因为深知测、录、试结果对甲方的重要性，CNLC 把自己的服务特色标定为集测、录、试作业和资料解释、研究综合一体化的专业技术服务公司。由此，CNLC 的公司形象在国际市场逐步转变：CNLC 已不是一家单纯提供作业的测井服务公司，而是一个解决油气藏问题的综合性技术服务公司。公司以客户的需求来定位，以解决油气藏和工程技术问题为己任，所有工作都以此为出发点。

  CNLC 工程师提供的服务模式独具一格，把中国石油测、录、试三个专业一体化的优势发挥得淋漓尽致。他们甚至比客户更了解哪种技术能够解决油藏难题，一个小小建议，就可能发挥"四两拨千斤"的功效。久而久之，CNLC 与许多油公司成为战略合作伙伴。

  解释，已然成为 CNLC 的强大优势和服务特色。

079 问题 遭遇技术卡堵，如何突围国际市场？

临阵换"枪"的考验

国际市场上，集声、光、电、计算数据和精密机械加工等高新技术于一身的测井系统，其技术、设备的研发制造多年来一直掌握在斯伦贝谢、贝克休斯和哈里伯顿三大巨头手中。

斯伦贝谢多年来坚持只卖服务不卖测井设备的市场策略。20世纪80年代末，为了与阿特拉斯争夺市场，斯伦贝谢唯一一次向中国市场出售了大约10套代表当时先进水平的CSU测井系统。而做出这个决定的一位高级副总裁，不久即被斯伦贝谢"炒鱿鱼"。阿特拉斯虽然卖设备，但前提是要在自己拥有了更新一代设备技术之后，同时规定购买其设备的企业不能与其在国际市场形成竞争关系。

西方大公司设立的技术封锁之森严、装备壁垒之坚固由此可见。

2001年之前，斯伦贝谢并未关注这家来自中国的小测井公司。而当CNLC逐步壮大到不得不重视时，经过严格的对标比较，雄踞行业多年的老大将CNLC列为竞争对手，从2003年开始以实际行动围追堵截。

得知CNLC进入伊朗C区的消息后，斯伦贝谢将原本就很先进的CSU、MAX-500测井设备撤下，亮出刚研制成功的最新型MCM装备，彰显其独一无二的技术装备实力。也就是说，CNLC如果想在C区赢得伊朗甲方的认可，必须使用充其量算得上世界三流的设备，测出与世界一流设备相媲美的资料。这就是当时CNLC拿着外购装备在国际市场不得不面对的竞争现实。

尽管设备上处于劣势，CNLC的测井专家却依靠科学求实的精神和严谨的工作作风，凭借多年来深厚的专业素养和对地质的独到见解，奇迹般地让甲方测井监督看到，中国人所测曲线与斯伦贝谢的先进测井装备所测曲线不差分毫。

面对这样的成绩，在甲方和竞争对手共同传递过来的尊重和敬佩的目光中，CNLC人心里除了自豪，还有更多的酸楚和不甘心。

2005年，CNLC在阿曼市场进入壳牌服务项目时，遇到了前所未有的挑战。

项目签订的合同规定，准备投用的设备是阿特拉斯生产的5700。在准备工作已经进行一月有余时，壳牌突然提出一个特别要求：CNLC必须出具阿特拉斯的书面证明，请对方明确允许CNLC用其设备为壳牌服务。

这让CNLC很为难。当时，在国际市场与CNLC常常形成正面竞争的阿特拉斯已经不再卖设备给CNLC。让其给自己的竞争对手出具证明，无异于与虎谋皮。为难之际，另一家西方公司哈里伯顿表示，愿意让CNLC在国际市场使用他们生产的IQ测井设备。

临阵更换设备，是测井服务项目管理之大忌，意味着前期计划和运作都将前功尽弃。此前一个多月里，围绕阿特拉斯5700，CNLC做了各项必要的准备工作。该项目开发井的井眼比较小，入井仪器需要提前调试，与之配套的特殊设备也已经签署租赁合同，并且运到华北油田的任91井开始试验了。

此时距设备启运仅剩一个月时间，原本负责操作5700设备的工程师们已经在阿曼就位做好准备，可家里的设备却变了。

CNLC双管齐下：一是根据作业区块的要求，对设备进行重新配置。如：原来的设备适合8.5英寸井眼，但要作业用的井下仪器是6英寸井眼，而IQ没有这个配件，公司就改用自主研发的LEAP600便携式，再用斯伦贝谢的一个小设备配合解决这个难题。二是在华北任91井加紧培训员工，虽然这两种设备系统各异，操作不同，但流程、规范、安全要求大同小异。不过，改进后的设备给操作这套设备的工程师们带来了难题，他们首先要从阿特拉斯的5700设备操作转成IQ的设备操作，同时还要学会操作LEAP600。

短短一个月内，设备配套和员工集训工作齐头并进。这得益于公司几年来持续开展的一岗多能培训，一个员工至少掌握了四种岗位技术。否则，要在一个月内完成这种设备大转换只能是天方夜谭。

当阿曼项目真正启动时，CNLC两个工程师上井，使用新装备顺利完成了所有的测试任务。

这次"临阵换枪",警示了所有 CNLC 人:关键核心技术买不来,创新研发必须靠自己。

进入国际市场几年后,CNLC 发现,公司在高端技术市场上难以撼动斯伦贝谢的地位,主要原因就是装备受限,技不如人。在同一个竞争舞台上,拿着从竞争对手那儿买来的装备与对方打"遭遇战",常常是未曾开战已先输了一筹。

多少年来,从国内到国际,我国测井专业一直没有摆脱受制于人的局面。每年各油田花费大量外汇从西方国家购置测井仪器,零配件价格更是逐年高涨,而且卖方还在合同中设下重重限制:引进的仪器只能在中国境内使用,明令禁止拿着购置的仪器进入国际市场。

占据全球测井行业龙头老大地位的斯伦贝谢,制定的技术路线是只卖服务不卖测井设备系统,希望以此在市场上取得最大的技术垄断附加值。而阿特拉斯在一定时期愿意卖一些不那么先进的装备,目的是赚钱。在技术服务不想进入市场时,就以设备先占领市场。但如果中国企业走出国门,在国际市场与他们形成正面交锋时,人家就开始卡你的脖子了。

置之死地而后生。正是因为西方公司卡住设备进行打压,让 CNLC 人切实认识到,靠别人的设备太被动,受制于人的路途走不远。这也倒逼 CNLC 加快发展自身持续创新能力的步伐,义无反顾地走上自主创新,研发技术设备,锤炼服务品牌之路。

080  首套国产测井系统如何打动客户?

LEAP600 亮相国际市场

到 2005 年，CNLC 海外作业队伍从 2000 年的 9 支增加到 119 支，在全球十多个国家提供测、录、试服务，国际市场上已有 40 多家油公司认可 CNLC 品牌，其中部分公司成为 CNLC 的战略合作伙伴，认可 CNLC 的服务能力，不再关注其手中的设备品牌。

当竞争对手明确在哈萨克斯坦项目不卖设备、在阿曼项目为设备使用设置限制时，CNLC 亮出了一直默默研发的自主装备。

早在 2002 年，CNLC 已经着手研制 LEAP600 测井系统。这种仪器兼容并蓄，具有三个方面的技术优点：一是常规满贯组合能力强，把多种井下仪器挂在一起测井时性能稳定；二是系统兼容性能突出，既可以挂接哈里伯顿的所有常规和特殊方法仪器，也可以使用斯伦贝谢的地层测试仪器，还成功解决了挂接阿特拉斯 5700 的 FMT 仪器问题；三是可靠性强、稳定性好，时效高、成本低，在国际市场极具竞争力。

为了把 LEAP600 测井系统引入国际市场，CNLC 用心抓住每一个机会。LEAP600 测井系统研制成功后，CNLC 相继在阿塞拜疆、哈萨克斯坦项目推广使用，均获得良好的应用效果。2004 年 7 月，CNLC 进入哈萨克斯坦北布扎奇项目后，LEAP600 测井系统累计完成 600 多井次的作业任务，测井成功率达 99.9%，曲线合格率达 100%。2004 年 12 月，还完成了最大曲率半径（32.2 度 /30 米）的水平井作业。

有一次，北布扎奇项目固井质量检查（CBL）的曲线反映胶结不好，甲方怀疑测井作业过程存在问题。为了验证这个结论是否正确，甲方先让贝克休斯重新进行固井质量检查，发现测量曲线与CNLC的基本一致。接着又选择一口新井，让贝克休斯和CNLC背靠背测量，双方测得的CBL曲线再次高度一致。由此，因为一次对LEAP600的疑问导致的测验，反而证明了LEAP600测井系统的作业稳定性，既打消了甲方的疑虑，也引发了LEAP600的市场推广效应。

2005年下半年，CNLC使用LEAP600测井设备，在与贝克休斯的设备同台竞技中，以服务质量和作业时效两方面的绝对优势，加之价格合理的竞争优势，在北布扎奇所有承包商服务中获得"No.1"的称号，使CNLC的测井份额从2005年的50%增加到2006年的100%，独占了北布扎奇全部测井市场。几年后，在国外服务的LEAP600测井系统已超过20套，分布在哈萨克斯坦、伊拉克、阿塞拜疆、阿尔及利亚、毛里塔尼亚等国家和地区。

一花独放不是春，CNLC在自主研发设备上追求春色满园。

CNLC研制的自主装备WELLEAP综合录井仪也紧随LEAP600，成为CNLC深度拓展国际录井技术服务市场的又一利器。

这种录井仪高度集成，集快速色谱仪、钻具震动分析和数据传输功能于一体，功能强大，操作简单，界面直观，具有钻头和钻具故障分析和预报、早期井涌井漏预警、地层压力异常预测、井下流体侵入和井漏发生提前预报等功能，并能进行硫化氢预警，地层准确评价，首次使用就得到了甲方的充分肯定。

WELLEAP录井仪还可以配套数据远传系统，提供现场作业的实时曲线和数据，为客户作业布署、监督、判断和决策提供直接依据，完全能够与西方研发的DRILLBYTE和哈里伯顿的9000型录井仪相媲美。

吸引油公司眼球、引发行业关注的，还有CNLC自主研发的创新性装备LEAP-NET数据远传系统。

这是一个通过卫星通讯系统实现现场作业监控和数据远程传输的远程监控系统，突破了卫星通信的带宽和延迟，现场数据提取与安全、高效传输，以及通信、网络、音视频、数据传输技术集成等技术瓶颈，可以将现场的服务数据及时传输到远程控制室。也就是说，通过LEAP-NET系统，各专业技术专家可以人在北京，跨国进行实时技术指导，及时解决作业中出现的技术难题，形成全球作业的技术保证系统。

事实证明,走跟随引进、吸收模仿的老路,难免被动受制于人,只有掌握关键核心技术,才是企业竞争的制胜之道。

长期以来,中国测井设备和技术落后于世界先进水平,CNLC进入国际市场之初,也只能依靠从西方公司引进的测井装备提供服务。

关键核心技术买不来。CNLC人明白:必须拥有自主研发设备,才能有效增强企业拓展国际市场的竞争力,否则永远底气不足。随着公司海外业务的拓展、品牌影响力的扩大,研发具有自主知识产权的国产测井装备提上了CNLC的公司发展日程。新设备和技术需要市场的认可和检验,而在国际石油技术服务市场已打拼多年,服务能力和品牌受到油公司青睐的有利条件下,CNLC适时推出自主研发的一系列国产测井装备,突破了西方测井技术装备垄断,获得了为西方油公司服务的机会和认可,在国际市场迈出了坚实的一步。

这是中国石油测井第一次研发、应用具有自主知识产权的新技术设备。从此,CNLC有了自己的测井设备品牌,改变了中国测井受制于西方设备和技术垄断的命运。但CNLC没有止步于此,他们深知LEAP600B的技术水平只能基本满足当时的国际市场需要,与世界最先进的测井装备相比还有一定差距,下一步需要加快新设备的研发进程,一步一个脚印地接近自己的国际化发展目标。

081 | 问题 Question | 技术研发如何跳出传统思维？

变革管理思路　联手"外脑"创新

2003 年，总经理李越强大胆提出一个新思路：在全球范围内引进"外脑"搞研发，请业界最顶尖的科学家坐镇 CNLC，研发世界前沿技术。

测井专业的市场垄断和高技术性质决定，跟在别人后面永远没有胜算。必须跳出传统思维和跟风模式，吸引世界顶尖人才加盟才能实现快速追赶和超越。

设想过于大胆，引来的是绝大多数人的怀疑：一个不过才走上国际市场几年的中国小公司靠什么吸引世界级尖端人才？人家已经坐上西方大公司的科学家交椅，凭什么为了 CNLC 就"人往低处走"？况且，引进外部智力搞研发，这在当时的中国石油中没有先例，更超乎一般员工想象。当时，甚至连 CNLC 的上级和兄弟单位也不敢相信，那些在全球测井界赫赫有名的科学家会愿意放弃优厚待遇和优良环境，为 CNLC 搞研发。

CNLC 敢动"让世界顶级专家为 CNLC 搞研发"的念头并非一时头脑发热，而是经过一番调查研究的。

李越强在前些年引进设备时，就与西方大公司有过多次接触。他发现在国际三大技术服务公司的总部、分公司、研发基地，华人的面孔越来越多。为了寻觅到真正的尖端人才，他一次次地走进那些大公司，与那些大名鼎鼎的华裔科学家接触。他忍不住想：中国人的能力是一流的，在美国的航天中心以及斯伦贝谢的研究中心，越来越多的中国人，甚至 20 世纪 80 年代后毕业的大学生都成长为他们的首席专家、科学家，拿专利造设备，大赚中国人的外汇，为什么不把他们请回来为自己的国家效力呢？

在交流和思考中，李越强越来越深刻地意识到，这些人才在国外内心也会纠结：环境虽好，毕竟寄人篱下。有人在那儿始终不踏实，找不到归属感，有人不忍心拿着成本价不过5万美元的设备，却从自己同胞手中赚走80多万美元……

他思索更多的是，作为中国石油测井行业的代表，CNLC在国际化进程中，必须立足于自主创新，把关键核心技术掌握在自己手中，才能牢牢掌握企业高质量发展主动权。

CNLC的国际化实践证明：做技术服务犹如逆水行舟，不进则退。与西方三大石油服务公司相比，CNLC在技术设备的整体先进性上还存在不小差距，但如果能用好国际国内两种科技资源，通过市场化实现产学研结合，创建世界一流的技术研发体系和技术原始创新能力，就可以量身打造服务于集团公司海外项目作业现场的技术利器，培育具有国际市场竞争优势的科技实力。

面向全球建立技术研发中心是跨国公司的通行做法。瞄准世界前沿，聚集全球脑力，对接客户需求，在现有基础上追求科技进步，解决甲方问题，有针对性地研发攻关CNLC国际化发展中的关键核心技术，将成为公司实现创新突破、跨越式发展的一着妙棋。

知己知彼，百战不殆。李越强综合分析后认为，由于CNLC的国有企业性质，在薪酬待遇方面不具备与西方大公司竞争的能力。表面上看，这是CNLC聘请高端人才的一大劣势。但换个角度看，CNLC也可以发挥西方公司不具备的先天优势：强调民族认同感和使命感，科学没有国界，但科学家有祖国。一些来自中国的科学家也愿意回来，用智慧和技术为自己的国家做出贡献。

如果能创造一个合适的小环境，通过机制创新为人才提供相对优厚的待遇，还是有机会把国际一流人才"挖回来"搞研发的。

当李越强把CNLC做强做大中国测井的高远目标说给他早就看中的肖加奇博士时，双方一拍即合。原来CNLC的目标，也是肖博士一直以来念念不忘、想要报效祖国的梦想。

后来总有人问：为何是CNLC？如何打动世界顶尖高手？CNLC的答案很简单：因为我们都是中国人，有同样的强国梦。

严格意义上说，科技创新本质上不是技术问题，而是管理问题。

尤其是测井这个知识密集、技术密集和资本密集型行业，要求具有持续的创新能力，对体制、机制的敏感度非常高。在现行管理体制之下，人才的积极性难以有效发挥出来。换言之，中国测井技术乃至整个石油工业的技术发展受到管理体制的局限，而非人才缺乏。

测井专业是油田勘探开发过程中真正的高技术密集行业，高到必须把全世界涉及测井应用各学科的顶尖技术专家都吸引过来，才有可能在这个市场上处于领先地位。而要把人才吸引过来并留住用好，必须具有长期而稳定的体制机制作保障，才能培育出持续的创新能力。

当国内大多数企业还在紧盯着国外大公司，不惜出高价想方设法购买外国设备，或者跟随仿造类似设备时，CNLC战略性地选择了一条新路：打破传统研发模式，加大原始创新工作力度，在全球化环境中，引入世界高科技人才为我所用。在他们看来，跟在别人后面的，不管是集成还是模仿，都算不得真正有价值的创新。

这是一个大胆的设想，关乎中国测井事业未来发展的技术竞争优势。对CNLC人而言，技术创新的着眼点是要形成持续的技术创新体系和创新能力。科研项目不能单纯追求一两项应用技术的开发，必须针对市场需求的前沿开发出真正实用、关乎未来发展的核心技术，才能牢牢掌握主动权，成为国际技术服务市场的主力军。

082 | 问题 | 如何全球联动，打造核心技术装备

研发新模式实现"弯道超车"

确定了科技创新的方向，CNLC以"引进外脑、跨越式发展"的全新模式和思路，着手研发以"LEAP800B"命名的井场数据平台系统。

2003年，项目初期研究从美国休斯敦开始起步。那里是世界油气前沿技术服务中心，是国际石油公司和服务公司的聚集地，业界人才和高新技术云集于此。在这样的环境中搞研发，有利于研究人员树立全球思维，既紧盯行业发展的技术前沿、关键领域，又结合公司在勘探开发服务中面临的技术难题、现实需要，从而打造油气领域前沿技术创新高地，加快取得具有自主知识产权的科研成果。

2006年后，CNLC在北京建立研发中心，将国外专家和国内专家组成一个新团队，在新机制下按创新理念研发具有完全自主知识产权的核心技术。公司明确要求：在不侵犯他人专利权和版权的前提下，将自己的创新思路进行有机整合，以全新的技术路线，独立进行高水平的技术研发。

在利用"外脑"上，公司请来的三位世界级科学家均是行业领军人物。

肖加奇博士原本是哈里伯顿的首席科学家，也是哈里伯顿原总裁、美国副总统切尼的科学顾问。他是目前世界上最好的阵列感应测井仪的开发者，是世界电法测井领域的一流专家，曾在阿特拉斯和哈里伯顿设计开发了四种电法测井仪器，获得过哈里伯顿屈指可数的CEO奖。不仅如此，哈里伯顿每年都给予他相当数量的公司股票，几乎所有的科研投资都由他决定。

陈文轩博士曾在哈里伯顿和阿特拉斯从事电缆测井遥测工作，开发了目前世界上最高速的测井遥测系统。

周一敏博士曾在美国通用电器从事医疗系统软件开发，还在阿特拉斯担任过新一代测井软件系统的总设计师。

三位科学家的专业各不相同，正好覆盖了石油测井行业的三个关键技术领域。

在三位世界顶尖科学家的带领下，CNLC技术开发中心组建起60人的技术开发团队，他们中90%的人是博士和硕士，专业涵盖了软件、电子、机械和方法理论等。这群人除了专业素质很高，还拥有共同的理念和事业追求。

传统中国国企体制难以满足高端研发的条件需要，在集团公司以及中油国际公司相关领导的大力支持下，CNLC大胆尝试、勇敢去闯，探索管理体制变革的新路。

CNLC的研发中心设立为合资企业，其中中国石油占75%股份，三位科学家占25%股份。研发项目以市场为导向，根据CNLC在国际市场的实际需求出发，从解决问题入手选题立项，公司不再投入一分钱资金。研发成功后将成果卖给CNLC，推向市场，如果研发的设备不够先进或者不实用，公司不会买。如此一来，研发中心方向明确，定位准确，选题直奔业界最为重要的关键核心技术。

由于传统体制下的研发经费申请方式不适合新的科研模式，CNLC为了创造一个良好的研发环境，不惜以公司成本投入研发，从体制上保证了创新需要。研发人员不必去跑项目，不用担心写开题报告、评奖报告等耗费精力却和研发、市场都没关系的事情，只需全身心扑在科研上，专注做好一件事：以创新研发模式助推公司转型升级，以突破关键核心技术，支撑公司高质量发展。

全新的研发模式在"跳跃式发展"三年后结出硕果，CNLC仅用西方公司三分之一的资金投入，就做成了后者十数年才完成的事情。创建油田技术服务统一数据平台，攻克地面软件、遥测与总线、地下测井仪器三大关键技术，研发出具有独立知识产权的新型测井系统，所开发的产品和设备与西方三大石油服务公司相比，具有超前一两年的先进性。

项目研发的重点是新一代井场数据平台系统，这是一个油田技术服务综合数据平台的井场单元，钻井、测井、录井、定向井等各类数据采集分析处理，都可以在这个平台完成。其中，数据和信号传输、网络化测井总线系统、远程技术支持和跨国卫星作业平台、硬件仪器模块化技术都达到了世界先进水平。可以说，这个地面系统和斯伦贝谢、哈里伯顿、阿特拉斯的设备摆在一起比试毫不逊色，各有千秋。

到 2008 年 6 月，LEAP800B 测井系统已按计划实现第一期目标，连续成功地在中海油测试井、华北油田任 91 井和胜利油田孤古 8 井进行了十几次现场测试，系统性能稳定，各项指标都达到了设计要求。LEAP800B 交出了一份让 CNLC 人十分满意、让其他人十分吃惊的答卷。

其中，数据和信号传输被视为测井系统的瓶颈，但 LEAP800B 系统具备同时挂接数个系列测井仪器的硬件环境和软件接口，遥测系统传输速率达到 1000 千比特，井下仪器总线传输速率超过 1 百万比特，远远超过了斯伦贝谢的 500 千比特、哈里伯顿的 800 千比特，创造了全球的电缆传输纪录。

网络化测井总线系统成为世界第一，远程技术支持和跨国卫星作业平台、硬件仪器模块化技术等也达到了世界先进水平，不仅在服务公司大有作为，油公司也可以使用该系统实现现场实时作业，提高勘探开发整体管理水平。这让油公司大开眼界，赞不绝口。

CNLC 建立起全球技术支持和培训网络，实现了全球技术资源共享，在伊拉克、巴基斯坦、苏丹等社会安全风险级别较高的海外市场得到成功应用。依靠此系统遥控指导测试作业，不需要中方人员到现场就能完成。

一位国际测井界专家认为，LEAP800B 测井系统在地面采集硬件、电缆遥传和总线系统、测井井下仪器集成和系统软件集成等技术指标方面，至少达到了国际同类先进技术水平，在某些单项技术上已经达到了世界领先水平。

他们采用国际先进工艺制造工业化样机，确保各项技术性能指标达到世界同类设备先进水平。

与时同时，CNLC 科研团队吸收了美国大公司的研发管理精髓，培育出理念先进的研发团队和持续创新能力。比起已经研发的现有产品，这是 CNLC 更持久的核心竞争力。

中国石油的测井老专家们参观了 CNLC 的研发中心后，难以抑制心中的兴奋和激动："感谢 CNLC 让整个中国测井界扬眉吐气！"他们认为，照这个势头发展下去，不出三年，CNLC 就有能力实现与西方三大石油服务公司的全面抗衡。

所谓创新,就是在没有路的地方探出一条路来。

正是创新,CNLC 学会全方位管理风险,学会站在全球化高地开展科研,用 CNLC 式的创新思维求索新路,实现企业成长从量变到质变。

CNLC 迈出的这一步,是国有企业解放思想、摒弃国内多年来先购买设备消化吸收、再模仿制造的传统做法,大胆尝试,开辟了自主创新的路径。

CNLC 试图改变游戏规则,用自己的创新思路,在全球范围内网罗高科技人才,整合全世界优势资源。对此,公司领导说得很清楚:要搞科研创新,就不应局限于用自己人才放心的旧思维,CNLC 要探索出一套实现多方共赢的新模式。

在此基础上,CNLC 按照创新研发理念,采用全新研发模式,组建了一支顶尖研发团队,目的是在有限的时间内赶上甚至超越原本先进的对手,瞄准更长远的未来,做斯伦贝谢等大公司没有做过或者尚未做成的事情,从而创造 CNLC 决胜于未来的技术竞争优势。

LEAP800B 测井系统的研发突破了西方公司对中国测井的长期技术封锁,真正实现了中国测井技术的跨越式发展,对中国测井技术的发展具有深远影响。

而 CNLC 人同样为选择了这样一条科研创新之路倍感自豪,他们看到了更长远的未来:逐步培育 CNLC 的持续创新能力,最终建成国际性技术开发中心,使中国测井技术在国际测井领域占据重要位置。

第十五章

内控・系统

083 全球化公司治理如何管控风险？

"安然倒下"的警示

2003年6月，CNLC在国际市场的测、录、试队伍增加到119支，海外作业项目扩展到中东、中亚、北非、南美、南亚的13个国家，员工国际化和本土化程度达到了50%以上，不仅自己的装备人员都"走出去"了，而且还带出去不少各油田的测、录、试队伍。分布在全球各地的CNLC人繁忙地为全球四五十家油公司提供服务，形成了一道动人的橘红色风景。

在这道风景后面，闯过了前三年四处找市场、签合同的难关，CNLC又面临着新的挑战：在国际化大环境中，队伍增加，人员层次不同，素质各异，管理幅度加大，初进市场时并不明显的各种风险逐步凸显，企业对市场的感知和反应速度变得越来越重要。

此时，CNLC更加注重研究全球市场的风吹草动。他们把美国安然公司破产作为一个典型案例来分析。安然曾经是世界上最大的能源、商品和服务公司之一，只用十几年就凭借不断开拓新市场，业务遍及全球40多个国家、年销售收入过千亿，曾连续六年被《财富》杂志评选为"美国最具创新精神公司"。2001年12月，这个拥有上千亿资产的公司竟然因为财务造假、股市出现大幅振荡而申请破产。

大洋彼岸轰然倒下的安然震惊全球，也让CNLC人感受到来自地球远端的寒风——最直接的作用就是敲响了防范全球化企业经营风险的警钟。环视CNLC已经进入的13个国家市场，苏丹、伊朗等国家处于国际政治敏感区，多为受美国制裁国家，而且经济体系普遍比较脆弱，与此相关的政治制度、法律、税收、汇率、知识产权保护、技术、人力资源等各类风险日益增加。

站在一个更高的国际化平台上，CNLC人开始重新审视过去奉为"金科玉律"的一切，重新衡量原来作为行动准则的指导思想和管理制度是否符合企业国际化发展的需要，是否满足国际市场的要求。

通过一段时间调研分析后，他们发现了组织存在的问题——几年来陆续积累的、看似全面的管理制度，相互间其实存在着不少矛盾。

2003年之前，公司内部的管理主要是以部门为单位，靠不断建立新制度来修补部门管理中发现的漏洞。随着时间推移，这些当初制订时看似合理的制度在真正执行时，常常彼此矛盾，同一件事情按两个制度执行时就有两个不同的规矩，还有些事情和区域是所有制度都管不到的，出现了制度真空区。

审视林林总总的规章制度、工作流程，不可否认，在CNLC发展初期确实起到了促进和保障作用，但多是头痛医头、脚痛医脚，零散而不成系统。当CNLC驶入国际化发展的快车道，这些不够完善的制度既无法及时堵塞漏洞，也给员工理解和执行制度带来了困惑。随着新员工逐渐增多、新项目不断上马，很多工作无法实现高标准执行，责任不清和权限不明的问题增多，公司职能部门、生产经营单位和作业区之间经常花费大量时间精力来沟通协调。阿尔及利亚新项目启动时，因为工作准许证办理失误和合作方设备到位不及时，导致项目拖延，未按约定时间启动。

CNLC管理层认识到，落伍的管理体系已与组织结构不匹配，难以支撑公司"做精做强做大，建设具有国际竞争力的专业技术服务公司"的战略目标，更难以取得长远的成功。

对业务面不断扩大的CNLC来说，风险可能存在于法律、财务、HSE等企业运作的各个方面，每一个环节都可能对公司持续运作产生负面影响。为此，他们着手建立内控体系，通过环境分析，在管理政策、组织架构、业务流程、市场经营层面减少不确定因素暗藏的风险，在具体操作层面的管理方法和管理体系建设上做大文章，下大功夫。

CNLC在国际市场已经发展到一定规模，具备了品牌和竞争力，成为油公司津津乐道的合作伙伴，更多的油公司知道了这个来自中国的测井公司，此时的CNLC反而更需要注重维护品牌形象和加强风险管理，从理念、思想到制度建设上控制风险。

全球化达到一定程度和规模后,企业一方面要培养持续竞争力,另一方面要防范来自外部的不确定性带给企业致命的打击。

CNLC长大了,因为进入的国家市场增多,海外队伍、设备的规模扩大,风险也相应增加。如果管理水平跟不上去,风险控制不住,企业也不是没有一夜倒闭的可能。在纷繁复杂的国际市场运作中,缺乏一项技术或者一个项目运作不好,都可能导致"CNLC"这块品牌价值下降。因此,必须提高识别、评价和应对各方面风险的意识和能力。

公司需要从抵御风险与危机的第一道防线——预防着手,主动应对。从梳理整合规章制度开始,查找或已暴露或隐藏其中的问题,有意识地从制度层面去阻断,以避免风险像雪球从山上滚下来一样,越来越大,越来越快,直至难以收拾。

由此,CNLC人以"安然倒下"为警示,假设自己公司面临严重的危机,假设自己需要完全负责。他们立刻行动起来,从调整思想状态开始,全面检视制度规范,着手解决问题。他们要花费比初进国际市场时更多的精力、更大的努力来控制风险,提升管理。

领导层的观点很明确:把风险控制住,CNLC可以变得更强大;提升风险管控能力,防止在未来的发展中出现失误,CNLC可以更从容地拓展国际业务,让现有资产保值增值,以迎接国际市场的新变化新挑战。

从量变到质变——CNLC已经准备好奋然一跃。

084 问题 为什么说内控体系切合企业实际才管用?

撇开咨询公司自己建体系

2003年,关注内控的中国石油企业并不多,也没有几家企业清楚内控体系究竟是怎么回事。但一是受当时震惊世界的安然事件影响,二是立足于CNLC在国际市场的快速发展需要,CNLC决定通过建立内控体系,使公司稳步迈向新的管理高度,确保公司稳健发展。

公司领导提出了管理创新的方向:建立一套先进的管理框架,用标准化、系统化管理来解决CNLC在国际化运作中存在的问题,以"防患于未然"的管理理念和措施,真正提升CNLC的竞争软实力。公司对主抓这项工作的审计部门提出具体要求:既要有理论支持,有国际上最先进的理念框架,也要针对企业实际,真正解决公司当下面临的和将来可能出现的问题。

没有现成的框框和标准,公司审计部发现国际上一些咨询公司正在帮助大企业建设内控体系。

听说CNLC要着手建设内控体系,也有国际著名咨询公司找上门来,表示愿为CNLC提供服务。凭借丰富的经验、成功的案例和优秀的团队,历史上百年的公司都是自己的客户,他们不相信拿不下CNLC。

但是,他们最终没有说服CNLC。CNLC不选择咨询公司的理由有两条:

其一,咨询公司提供的内控体系建设原则上以财务数据控制为主线,更多的是关注财务报表的真实性,以及从投资、资金流到收益各个环节的风险,而CNLC不仅关注财务数据的真实性,而且要对企业流程管理进行全过程风险识别、评价、控制,要做的内控体系涵盖公司所有经营活动和管理行为。相比较而言,CNLC要实现的内部控制,是咨询公司展示的内控涵义与企业流程管理之和。

其二，虽然咨询公司有丰富的经验和成熟的工具，但主要是以国外经营了几十年、上百年的大企业为蓝本进行咨询的结果。咨询公司几乎所有的模型、案例、思维方式和定义都是为那些企业量身定做的。而CNLC是个从中国国内传统计划经济向国际化大市场经济过渡中的小企业，那些概念、模型、定义和已经成型的规范，或许可以帮助相应的大企业取得更大成功，但却可能把CNLC引向歧路。

CNLC相信咨询公司有能力，但不相信咨询公司愿意投入巨大的精力、巨额的资金，把CNLC作为一个个性化对象进行仅此一次的模型构建和深入研究，甚至改变自己的规划。就算是真的投入了，按其固有的理念和方式去研究的话，也很难符合CNLC的现实要求。

为了使内控体系更符合公司的实际需要，CNLC人重点研究了国际上较新的COSO框架。COSO是由美国注册会计师协会（AICPA）、内部审计协会（IIA）、财务经理协会（FEI）、美国会计学会（AAA）、管理会计学会（IMA）等多个专业团体组成的自愿性私人组织，致力于通过强化商业道德、建立完善有效的内部控制和法人治理结构，以提高财务报告的质量。这是一套国际公认的、内涵与外延统一、可操作性颇强的内部控制体系框架。2004年，COSO框架成为美国的内部控制标准，更是美国证券交易委员会（SEC）唯一推荐使用的内部控制框架。

CNLC人对COSO框架理论要实现的三个目标很感兴趣：符合法律法规，合法经营；满足经营效率效果，明确企业的目标就是获得利润；财务报告目标真实，诚实经营。

这是对上市公司的要求。CNLC虽然没有上市，但借鉴这个框架，可以结合企业的实际来建立自己的内部控制体系。

至此，CNLC形成了自己的内控体系建设工作思路：参考COSO内部控制框架，从内部控制的五大要素"控制环境、风险评估、控制活动、信息与沟通、监控"着手，借鉴国际上同类企业，如斯伦贝谢、哈里伯顿以及国内企业的最佳实践，以公司市场规模、资源状况与生产经营实际为依据，紧密结合CNLC当下的业务实际，通盘考虑组织架构，通过梳理规章制度，规范岗位流程，发现风险点，控制规避风险，增强企业核心竞争力。

这是一场从思想到行动的革命。

一个以国际市场为主战场的中国企业,在快节奏的商业环境中,经营场所日益分散,管理幅度逐渐增大,涉及全球物流、市场开拓、项目管理、金融财务和法律事务等多个环节,管理跨度和难度都呈现倍增趋势,管理工作千头万绪,各类风险层出不穷,CNLC如何保证所有的行动都按计划执行,公司追求的目标一定能达到?

管理是一个持续的过程,要全过程控制风险,需要全员、全过程去检视、衡量、判断、行动。对CNLC而言,硬套一个缺少针对性的现代管理工具,花钱买来的管理体系再好看,也只是个花架子。

CNLC决定不请咨询公司,是因为CNLC明白公司的经营风险就隐藏在日常的管理经营中,涉及从国内到海外、日常管理的各个方面。公司要做的风险管理体系是由降低和控制风险的一系列程序组成,一方面要站在全局的高度来定义和管理,从战略决策的源头对风险进行管控,另一方面要分业务、分部门、分层次管理风险,需要从CEO到每一位普通员工都行动起来,强化风险管理意识,参与风险管理工作。

然而,风险控制体系建设毕竟是一项专业工作,需要遵循相关的专业理论与方式方法。为此,他们又潜心学习研究国际上较新的COSO框架,把国际先进的管理思想和CNLC当下的实际有机结合起来,走出一条风险管理的创新之路。

085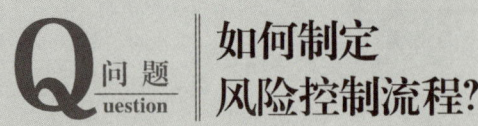

从关注个体到重视整体

参考 COSO 框架，CNLC 将企业内控体系划分为九大业务循环和一大嵌入式子系统，分别是：采购与应付款循环、市场与应收款循环、固定资产循环、人力资源循环、财务职能循环、行政管理循环、生产作业循环、计算机与信息系统循环、法律事务管理循环（也称法律事务管理与风险防范体系），以及授权管理体系。一方面，通过对这些业务循环内的各项流程进行描述，在流程基础上进行风险分析，查找风险点与控制点，明确控制手段与控制标准；另一方面，从理顺整个公司组织架构入手，建立健全授权管理子体系，最终形成一套完整有效的内部控制体系。

就此，CNLC 重新确定了事业部纵向管理、作业区横向协调的弱矩阵式组织结构，将不同的风险点纳入各级管理者的视野，按照业务循环和关键控制环节归并到内部控制体系中，初步形成了公司的风险数据库。

具体运作时，CNLC 从上下两个层面做工作。首先把公司下发的 600 多份规章制度汇总梳理整合，一条条分析，有效的强化，无用的废止，有关联的优势互补，杜绝规章制度之间的不协调和彼此矛盾。同时，所有制度要与公司时下正在运行的管理体系相匹配。不管是工程师培训晋级体系、管理人员培训晋级体系，还是全球资金集中管理、财务会计信息集中管理、以授权管理为核心的决策体系等等，在各个体系的结合点上，制度不再是一个部门零散的设计，尤其是从单个制度到多个制度衔接，每个接口处要保持平顺，繁杂的制度在新的管理体系下渐渐变得清晰明了。

CNLC 管理层知道，再好的管理，员工不认可就难以发挥作用。他们本着"管理为员工,员工来管理"的原则,根据现场实际,突出风险管理,几乎每一个过程都必不可少,每一项管理都要保护员工的安全。

接着,CNLC每个部门、每个岗位员工都参与进来,把自己岗位上每年、每月、甚至每天要做的事情、执行的标准和做事的流程据实写出来,然后组织部门员工对各个岗位的流程标准进行讨论:工作方法是否科学,工作效率是否高效?

接下来,公司主管领导牵头,把业务相关的部门集合到一起,对互有关联的岗位流程和标准"把脉问诊",理顺横向关系。员工最为关注的岗位流程和职责,在一遍遍的讨论和优化中变得既可操作又可量化,最终形成标准。

等到公司汇总了所有部门的工作流程后,在全公司层面上再一个个梳理、评价讨论岗位职责和管理流程是否合理,在集体讨论并通过之后,固化形成必须严格执行的流程标准,最大限度地消除了不确定性带来的风险。

有效的风险管理是在一定的组织体系框架内,依照相关制度来具体实施的。CNLC要建设的内控体系,是繁琐在当下,建功于未来,不可能立竿见影。凡此种种,遇到的矛盾冲突并不少见,甚至难于公司发展的第一阶段。

企业的内部控制体系是风险管理的核心部分,关系到风险管理措施的具体实施。CNLC从着手建立内控体系伊始就逐步告别了旧的管理模式,这首先体现在由部门制定管理制度向全公司体系化管理过渡:每个部门不再是割裂的个体,而是互为关联的全盘运作中的一个个点。

全员参与的意义在于,每个部门、每个环节、每个员工都拥有话语权,可以从自己的角度提出意见,在个人的层面上为体系建设做出贡献。然后认可、接受这个体系,使之在企业运作流程中真正发挥作用。这样,企业的风险管理便和每个人、每个岗位联系起来,在全流程得到很好的管控。

由此,CNLC人逐步从关注"一人一事"的管理,转变为注重公司整体经营活动的效益性、财务报告的可靠性和法律法规的遵循性。

086 问题 如何培养员工的全面风险管理意识?

内控体系再升级

2005年，包括十个方面200多项业务流程、风险识别与控制的《CNLC内部控制手册（1.0版）》颁布。

基于尊重现实、不断优化的管理思想，CNLC规定，在内控体系执行过程中，任何员工在任何环节发现了缺陷和漏洞，都有权及时提出改进意见和建议，对每个流程进行持续优化，逐步完善内控管理体系。公司审计部也会通过审计结果分析，帮助各部门、各岗位找出在执行过程中产生偏差的原因，改进工作方法。

比如，在HSE管理体系中，所有员工都可以在这个平台上分享HSE经验。公司将进入国际市场以来出现的所有事故进行汇总，详细记录发生的过程，分析事故原因和产生的后果。仅苏丹作业区就整理出170多个鲜活事例，让更多的员工在借鉴中共同提高。

各体系在实际运行中也培养了员工系统思考的能力：考虑问题时不再简单地就事论事，而是对事情发生的前因后果、波及范围内相关联的因素都分析得一清二楚，进而从主观因素和客观原因中找到导致问题的根源。

2006年，CNLC在内控体系不断完善的基础上，颁布了《CNLC内部控制手册（2.0版）》，开始从以过程管理为基础、关注流程、标准为主要对象转为关注事件和行业发展整体，从全面风险管理的层面培养员工的风险意识和管理思想。同时，CNLC又在海外三大主要作业区——哈萨克斯坦、伊朗和苏丹建立起基于全面风险管理要求的作业区内部控制体系。通过对作业区内外部环境分析，完成了人力资源管理、市场营销、资金管理、应收应付、税收管理、物流管理等80余项流程的梳理整合。

内控管理使CNLC实现了每个岗位流程清晰,涉及的200多个工作流程实用而规范。像合同、招标等,只要套用软件模板来做,作业区、项目部的员工也能拿出既专业又漂亮的标书,既无风险也可实现高效率。

建立企业真正需要的内控体系,是一个劳心劳力的庞大工程。而一旦完成,其执行效果立竿见影。现在进入一个项目之前,通过风险辨识、项目评估、效益测算等一系列流程,CNLC可以让所有常规项目实现盈利。其中在巴基斯坦项目的进退,就体现和验证了CNLC的风险防控意识和能力。

2006年,当CNLC感觉到巴基斯坦项目安全风险高到难以控制、收益水平明显下降时,果断决定撤出该市场。到了2007年,巴基斯坦市场又有了新合同,考虑到收益和安全等因素可控,公司再度让测试队伍、录井队伍进入,实现了安全盈利。

内部控制是企业全面风险管理的关键环节,是认识和管理内外风险的必由之路。《CNLC内部控制手册》从第一版本到第二版本的演变,既是公司内控管理方式的升级,更是CNLC人全面风险管理理念的升级。

树立全面风险管理的观念后,CNLC在通过内控体系全面控制内部运行风险的同时,更加关注来自公司业务流程之外诸如环境、战争等风险。运用专门评价工具,定向了解、分类分析所在国家市场和准备进入市场的风险动态,制定风险防范预案。

CNLC逐步建立健全公司内控体系,在运营全过程中防范和削减风险,增强全体员工的全面风险防控意识。CNLC的成功经验在于,将完善的内控体系作为公司的"内部法律",公司上下必须不折不扣地执行。更关键的是,CNLC重视内控体系的可操作性,把繁杂的内控体系落实为员工看得见、摸得着的岗位流程,使每项业务都标准化、模块化。虽然过程不易,但由此换来的,是企业行稳致远的核心竞争力。

087  如何实现所有风险管理有形化?

内控体系削减风险几率

在内控体系构建运行的过程中，CNLC 各部门业务的衔接与分工协作关系更加明确，所有业务流程都在写实的基础上、以标准流程的形式得到了固化。

以海外新项目启动为例，执行内控体系后，按照既定的标准流程运作，新项目启动周期由原来的三至五个月缩短到一个半月。

体现在具体工作中，就是计划性更强，措施更有针对性。制定下一年规划目标时，以前一年的方案为基础，总结经验，吸取教训。这个过程常常又是一次全员全过程风险辨识，哪些该给予高度关注，哪些该有效控制，再编制到新一年的方案中。如此周而复始，逐步达到所有风险都可控。

每年年初，CNLC 按照预算编制流程，从总部到项目部采取"两上两下"的方式制定财务预算。预算与计划双重控制的原则始终贯穿于材料采购、设备购置、各类费用支出等业务流程。公司各部门都十分清楚，预算的科学性决定着部门未来一年的工作能否顺利开展。

因为 CNLC 严格规定，预算内、计划内的事项在部门或单位负责人的审批权限之内就可放行；预算内、计划外的事项只要不超总预算，将调整的计划报请业务主管领导后即可调整预算；计划内、预算外，即实际上超出预算的事项，必须在报请业务主管领导的同时向财务主管领导解释；至于预算外、计划外的事项，则必须向总经理和预算委员会说明，获批后才能修改计划和调整预算。

因此，各部门在年初编制预算申请时都十分精心，运用国际通行的预算分析方法，对相关数据分析研究。以投标为例，需要参考的数据包括：在一个市场上参加投标的次数、放弃投标的次数及其原因，中标的次数及其胜出的原因，每个市场每年新签订合同额的变化，每个合同执行情况，来自自身和甲方的因素及内外因的比例，需要改进的方面，不可控的因素，下一年的针对性措施等等。据此，再根据市场规模和运行情况、以往的经验及教训，编制出下一年度的预算指标。通过科学的统筹规划，精心的未雨绸缪，有些部门年底一看，预算符合率高达98%以上。

CNLC实施内控管理的初衷，是希望在各种管理体系推行过程中，既要培养高水平的竞争力，又要根植风险防范观念。因为内控管理是一种兼具防御和进取特征的管理方式，追求的是"既要损失最小化，也要绩效最优化"。

在内控建设过程中，CNLC通过对现行制度的整理、流程描述以及风险点和控制点的确认，形成了217项标准业务流程，查找出风险点1014个，明确控制点1260个，并针对每一个风险点制定了相应的控制措施。

CNLC初入国际市场时，由于公司对当地的法律法规和商务条款了解不清楚而吃亏的事比比皆是。比如在伊朗，每办一个劳务许可都要交税，而且每月中方员工的工资被要求按照西方公司的工资水平交税；明明他们对一些放射物、火工品的进口规定很清楚，可一旦查出问题，就要交成百上千美元的罚款……

现在，CNLC人甚至比许多当地人更了解他们的法律，苏丹、伊朗、哈萨克斯坦的风险控制文件已编制成册。其中，每个国家、每个作业区所在州的法律风险也一一列出，进出这个地区时，对照风险控制手册，各项工作可以有条不紊地进行。

在CNLC领导看来，加强内控管理、提升员工风险意识是一个过程。要改变人的理念、进而改变人的行为模式和习惯是很难的。如果出现一个问题，就把产生问题的人"一棍子打死"，士气打掉了，可能永远也缓不过劲儿了。公司这时候要做的是：发现问题，查找根源，弄清这个问题是偶然的还是具有普遍性，然后通过制度规范，让大家共同提高。

就这样，CNLC采取弱矩阵式结构，同时配套内控管理体系，实现了公司人、财、物按照规定的工作流程高效运转和有效监管，从而保证了公司健康发展。

通过几年的探索实践，CNLC 的内控管理体系不断完善改进。当九大业务循环全部在公司变成了执行者的行动、员工的行为模式时，CNLC 自然而然地提升到另一个管理层次：改变传统单一的风险管理方式，建立起全方位、一体化的全面风险管理模式。

头脑中有了全面风险管理的概念并致力于持续推进体系管理后，CNLC 人不论是看待外部环境，还是研究企业内部运行，都提高了风险控制意识。当每个部门、每个员工都认真地照章行事，立足于从全局角度去辨识、衡量、管理各种各样的风险时，CNLC 就能迅速有效地适应各种环境变化，从而有效避免和化解风险，减少意外事故发生的可能性。

CNLC 将内控管理思想落实为凝聚全体员工智慧的内部控制手册，通过建立完善的内控体系实现风险管理有形化。针对公司财务管理的内部控制是其中突出体现。公司在文化建设上使各层级管理者和员工实现了"不想贪"的同时，又在内控制度上实现了"不能贪""不敢贪"。历年来不同机构对 CNLC 的各种审计结果表明，因为没有合适的土壤和环境，公司没有任何违纪违规现象，由此受到了以国家审计署为代表的众多审计机构的赞许，树立了 CNLC 在业内健康向上的企业形象。

至此，CNLC 实现了战略目标、组织结构和管理体系最大限度的统一协调，三者之间的匹配度越来越高。由此，公司的国际化运作越来越顺畅，竞争力与日俱增。

第十六章

党建·力量

088 问题 国际化企业如何健全党组织？

市场有国别　党建无国界

有理想信念的人，面对艰难困苦时具有更坚强的意志力，行为方式也与众不同。在 CNLC 海外项目，或许看不到迎风飘扬的党旗，找不见墙面上的党支部工作职责，但在公司一个个项目执行过程中，党支部的战斗堡垒作用、党员的先锋模范作用随时都会体现出来。

有一次，新华社一位姓王的记者偶然探访伊朗阿瓦兹地区的 CNLC 基地。他看到了从未见过的一幕：阿瓦兹当天的最高温度达 50 摄氏度，地面温度甚至超过了 70 摄氏度。在这里工作的其他外国公司都已停止作业，职员们一边坐在空调房里喝冰水吃西瓜，一边吐槽井场条件艰苦。来自中国的 CNLC 人依旧工装整齐，坚持作业，不少人桔红色工衣的后背、肩部渗着一层汗碱。因为气温太高，从室内走到室外，一下子升高几十摄氏度，只要几秒钟，站在太阳底下的人感觉浑身上下着了火一般。

测井工程师们土法上马，把装着冰水、冰块的袋子拴在背上、放置在安全帽里，还要在工作服里多穿一件背心再上井："要不出汗太多，容易粘住。" CNLC 的技术员说："工作一天下来，喝了 20 多瓶水，但是并不想上厕所，因为水分都出汗蒸发了。"

新华社记者感慨在如此艰苦的条件下，竟然还有一群中国人在乐观地工作着。员工解释说："这很正常。刚到这里时谁都不适应，眼睛被晒得生疼，脸上蜕皮，工衣一着身很快就被汗水打湿，不一会儿又被晒干。不过大家现在都习惯了，要测井时都争着上，但多数机会被党员争去了。"一旁的第三方监督伸着大拇指告诉记者：这样的高温天气，只有 CNLC 人不仅会坚持上井作业,而且操作一点儿不马虎,标准一点儿也不会降低。

记者在伊朗市场看到的,只是 CNLC 人发挥党员先锋模范作用的一个缩影。其实,在国门之外的各个项目,都有攻坚克难的坚强战斗堡垒。

2000 年重组后,CNLC 公司党委成立,党委书记李越强、副书记杨贻镐就开始考虑,公司主营业务在国际市场,如何切实加强境外党员思想、队伍和组织建设,为海外业务发展提供思想保证,如何把党组织的政治优势化为国际市场的竞争优势。

在总部层面,公司党委严格遵守民主集中制原则,每月定期召开党委会研究公司重大事项,各项议题会前充分征求意见后,再上会讨论。明确每项决策由一名党委委员负责并定期向党委汇报落实情况,每项党委决策记录都要由所有参与的党委委员签字认可。

借鉴人民军队"支部建在连上"加强党的基层组织建设的成功经验,公司党委讨论认为,境外党建工作虽有特殊性,但无特殊化。在遵循"内外有别、内部坚持、外不公开、有效运转"的海外党建工作原则前提下,一个项目上党员达到 3 名就建立党支部,达不到的就建立联合支部。

公司党委抓好海外作业区班子建设,把热爱海外事业,有奉献精神作为选拔海外基层党组织班子成员的重要条件,注重专业技术水平和思想政治素养双提高。公司在培训项目经理时,要求其必须学习党务知识,具备成为合格党支部书记和党小组长的能力。而部门经理、专业经理和海外地区经理则要求更高,同时要兼任党委或者党支部书记,重点作业区还必须配备懂专业、会管理、熟悉党务工作的专职副书记。

公司党委进一步强调,境外市场各项目部应该与境内总部机关各部门一样,实现党建活动全覆盖。业务拓展与党组织建设同步,做到技术服务拓展到哪里,党组织就建到哪里,党员作用就发挥到哪里,真正实现"市场有国别,党建无国界""哪个国家有项目,哪个国家就有党组织"。

按照公司党组织建设要求,各作业区在制定《作业区管理细则》的同时,作业区党委同时制定作业区党组织建设的规划和目标,组建党支部和党小组,每个测井队选配一名员工党员联系人,从而形成了完整的党建工作组织体系,为作业区顺利开展党建工作打下了基础。

面对境外地域和时间的差异、复杂和特殊的环境,CNLC 海外党建工作遵循与生产经营相结合、与当地文化相结合、与履行社会责任相结合等原则，在形式上做到"五不公开"，但在效果上要实现"五到位"，即组织不公开，领导到位；职务不公开，责任到位；身份不公开，作用到位；活动不公开，落实到位；文件不公开，教育到位，真正将党组织的战斗力转化为企业在国际市场的竞争力。

针对海外市场点多面广线长的实际，CNLC 公司党委初步尝试"支部建在网上"的模式，搭建起境内外党支部的联动桥梁，突破地域和时间上的障碍，既丰富党员管理和沟通的形式，又实现了学习工作交流的及时性，为境内外党员同步开展活动提供了便利，实现了党建工作有效覆盖。

CNLC 服务项目所在的 17 个国家中，非洲酷热、中亚严寒，CNLC 人要经受的综合考验，堪比当年的大庆会战。为此，公司坚持项目一线党组织在实践中探索创新，把党建工作开展得有声有色。

海外作业区、项目部立足实际，把党组织工作渗透到项目运作全过程，及时制定党组织相关工作制度，包括党群工作管理制度、"三重一大"工作制度、党政会签制度、党支部工作制度、"三会一课"制度以及谈心制度。一方面，通过专人携带、网上传递、电话传达等不同方式，公司党委的文件精神、工作通知等可实现及时点对点地传达到每一个海外项目，前后方共同完成海外党员发展、党建活动开展等工作。一些项目所在国家网络信号比较差，公司党群办就建立定时电话联系制度，加强海外项目与总部机关的联系，确保境内外党建工作同步进展。持续做好党员的教育管理和素质提升工作，加强海外党员对党的基本理论和党内政策法规的学习，强化爱国主义教育、所在国国情教育、外事纪律教育、人身安全教育等，加强业务知识和专业技能学习，全面提升党员整体素质。苏丹、利比亚、伊朗、阿塞拜疆等项目部还建立了党员 QQ 群，随时将学习内容和工作要求传达到每名党员。

党组织联动境内海外，将党员骨干按照工作岗位不同，划分成不同的责任区域，做到学习培训有党委组织、学习过程有党员带领、学习结果有支部考核。在海外项目开展"建精品工程、创优秀项目、树名牌作业队"活动，提升公司形象、打造服务品牌"。将党组织活动与攻克国际市场生产重点和难点相结合，进一步创建优秀党员安全质量监督岗、红旗责任区，争当优秀共产党员和生产能手、先进个人，确保海外项目高效运行。

坚持党的领导、加强党的建设是国有企业的"根"和"魂"。

企业在国际化经营过程中,无论走多远,无论在何方,"把党支部建到项目上、建到班组上"这个中国特色是保障企业关键时刻站得稳、危急关头冲得上的法宝。

国际市场的特殊环境决定了企业管理难度更大。走出国门的企业一方面要关注员工因长期远离祖国和家人产生的思想波动,另一方面要引导员工直面各种环境风险造成的身心压力。再加上国际化企业项目点多、线长、面宽,队伍管理难度倍增,对企业的规范管理、党员干部的政治素质特别是廉洁自律提出了更高要求。越是工作环境复杂、工作任务艰巨,越要加强企业的党建工作,发挥党员先锋模范作用。

CNLC 的国际化实践表明,健全的党组织自上而下传导责任感、自下而上传递凝聚力,在"啃硬骨头、涉险滩"的奋斗中为企业国际化注入新的活力和动力。项目部党组织突出生产经营导向这根"指挥棒",教育引导党员在"开拓市场、提质增效、打造品牌"中站排头,在急难险重任务中当先锋。

尽管 CNLC 各国项目部、作业区情况千差万别,但公司始终用党建这根红线将海外项目与国内总部紧密相连,"内外有别、有效运转"的工作机制保证了党建工作在海内外的顺利开展。各作业区因地制宜加强海外党建,确保所有 CNLC 人始终保持旺盛的战斗力。

089 问题 恶劣环境中如何体现战斗堡垒作用？

军车开路上井场

因为进入国际市场比西方公司晚，CNLC 进入的市场区域，多是国际大公司挑剩的，要么战乱不止，要么疾病流行，不管是开拓市场还是提供作业服务，都平添了诸多风险。

CNLC 进入的第一个作业区——苏丹 1/2/4 区所在的黑格里格，就是该国南北交界区，世界关注的战乱严重地区之一达尔富尔也距此不远。这里反政府武装时有出没，曾发生过另一家中国企业人员被绑架和营地遭炮击事件。1/2/4 区遭遇战乱时，很多施工作业不得不在政府军保护下进行。

那时，CNLC 员工进入作业区时必须享受"特别待遇"：前面是军车架着机枪开路，两边是荷枪实弹的军人警戒。员工把集装箱焊上装甲，灌满沙子，立在井场四周，围成院墙做掩体。有时候，员工即便待在基地也会受到惊吓。1999 年的一天晚上，一发炮弹突然打进营地，大家从梦中惊醒，半夜紧急集合避险，幸好没有人员受伤。

井场也曾上演过"遭遇战"。有一次，CNLC 员工正在井场作业，忽然枪声大作，当地游击队冲杀过来，子弹打在井架上火星飞溅。政府军马上开火反击，几分钟时间井场就变成了战场。这时测井仪器刚刚下到井筒，几位工程师马上刹住绞车，钻进集装箱躲避战火。

路上也不安稳。某日晚上收工时，CNLC 两个员工正开着皮卡车行进在一条土路上，突然"砰砰"两声枪响，司机小王下意识地摸了下耳朵，感觉子弹就从耳边飞过。他低头抱紧方向盘，猛踩油门冲了过去。回到营地，他发现一颗子弹打穿了皮卡车前轮轮毂，要是打在轮胎上非翻车不可，后果不堪设想。

这样的事不只发生在苏丹，在埃塞俄比亚、乍得、伊拉克也发生过。那次中国石化在埃塞俄比亚遭遇人质事件时，CNLC 的员工也正在这里为马来西亚国家石油公司提供测井作业。

在高风险地区提供高效服务，彰显了 CNLC 的管理决策水平和基层党支部的战斗堡垒作用。

当 CNLC 国际业务拓展到 17 个国家时，境外党员占比达 70%。针对海外工作的特殊性和所在国法律限制，公司党委明确，立足国际市场实际情况，不公开党员身份不等于忽视党员作用，不公开党组织不等于不开展党建活动。各党支部要有效地将党建活动与项目运作紧密结合、深度融合，最大限度地发挥党员在海外的先锋模范作用。各党小组无需有意区分党员群众，而是要致力于在一定范围加强海外党员教育，以共产党员的先锋模范作用，形成对中方员工的再次教育，将员工紧紧团结在党组织周围，提高全体中外雇员的凝聚力、竞争力。

各党支部严格遵守工作条例，执行好"三会一课"制度，创造性地开展网上学习，实现党支部工作标准化、程序化，党员学习资料全部数字化、内部化。在此基础上，有意识地把党组织活动全部安排在业务时间开展，谈心活动安排在休息时间进行，并针对一些项目作业分散的实际，成立临时党支部、流动党小组。

在日常工作中，各级党组织坚持把做好员工思想政治工作作为海外党建工作的切入点，建立了员工思想定期分析制度和员工思想动态汇报制度，及时了解和掌握员工的思想情况，解决他们的难题，不断增强党组织的凝聚力和向心力。

让 CNLC 员工心服口服的是，再大的困难面前，再危险的环境中，公司领导干部以身作则，冲在前面。员工讲述："总经理曾乘坐运蔬菜的直升机赶往一线，降落地点附近就有不久前被击落的苏丹副总统乘坐的飞机残骸。"

领导做得好，党员干部关键时刻也不含糊。在伊拉克，CNLC 人在井场作业时，看得见飞过的炮弹，听得到不远处炒豆子般的枪声，但没有一个人因为害怕而要求回国。项目经理回答公司领导的电话关心询问时，习惯性的答复是："放心吧！我们的作业地点处于库尔德地区，这儿安全着呢。"

征战国际市场,党建优势如何转化为企业的软实力和凝聚力? CNLC 的经验证明,愈是艰难困苦的环境,党支部的战斗堡垒作用愈发凸显,凝聚党员力量,激发员工斗志,直面困难和挑战,越是艰苦越向前,为公司在国际市场打响了品牌,赢得了赞誉。

甫一进入国际市场,CNLC 人就清楚周围的世界已经与国内大不相同:自然环境的恶劣,社会环境的凶险,加上竞争环境的白热化。只有在采取既不违背当地法律法规、又保证党建活动如期开展的"两全之策",才能发挥党组织的政治优势,以党建"软实力"助力企业"硬发展",在国际市场开辟出一片崭新天地。

CNLC 通过文件、邮件、QQ 群等渠道,及时将党建声音传递到境外每位党员,始终坚持有效、高质量开展党组织活动。用组织的倡导、共同的追求把党员、群众凝聚成一道铜墙铁壁,打造一批国际业务中最有担当的创业者队伍。

对于 CNLC 党员来说,选择了国际市场,就是选择了"坚持就是胜利"为石油工业而奋斗的人生基调;走别人没走过的路,吃别人没吃过的苦,就是在践行自己的入党誓言。对于 CNLC 员工来说,"我为祖国献石油"不仅仅是一句歌词,而是奉献的信念,实干的动力。

无论身处国内还是海外,CNLC 各基层党组织始终坚持把党建优势转化为发展优势,带领员工以坚定的信心、坚强的意志、奉献的精神,成就企业的国际化蜕变。

090 问题 高风险地区如何发挥党员先锋模范作用?

第一个进入伊拉克的中国企业

随着海外项目的增多，CNLC 面临的环境愈加复杂。面对"急难险重"任务，领导干部率先垂范，广大党员干部发挥先锋模范作用，是 CNLC 国际市场持续拓展的法宝。

越是环境恶劣、条件艰苦，越能彰显党员干部的英雄本色。重点海外项目先期考察、基地初建时，公司党委成员常常亲临现场，坐阵指挥；广大党员干部在海外业务拓展中争当先锋，成为 CNLC 竞争国际市场的主力军。

进入高风险国家作业时，党员高利利、入党积极分子曾宪江勇闯利比亚、伊拉克。在埃塞俄比亚、乍得应急撤退时，同样是党员干部自觉站好最后一班岗，把危险留给自己，最终实现全部人员安全撤离。这其中，进入伊拉克可谓一个典型事件。

2003 年爆发的第二次海湾战争让伊拉克在全世界变得家喻户晓。一提起这个国家，人们眼前映现的就是战争、恐袭、路边炸弹、流血死亡的画面。危险当前，不少国际测井同行先后撤离了这个收益丰厚的市场。

2005 年，挪威 DNO 石油公司和伊拉克库尔德地方政府签订石油分成协议，在伊拉克北部库尔德地区开展石油钻探，急需技术服务。8 月，CNLC 成功中标该项目，使用 LEAP600B 设备提供测井服务。

这是 CNLC 第一次有机会用国产测井装备为西方知名公司提供服务，也是中国企业第一次进入伊拉克。

按照公司"三重一大"工作制度，CNLC 党委集体讨论这一重大决策部署。经过讨论，大家认为，公司的发展需要这个市场，但绝对不能让员工在战火中冒险。班子成员通过一系列的分析判断，意见逐步趋于一致。

战后，库尔德人控制的伊拉克北部一直保持着民族自治下的相对平稳。当时邀请 CNLC 提供测井服务的是挪威 DNO 石油公司。当其他竞争对手纷纷撤离时，挪威公司作为甲方，敢留在伊拉克不走，甚至持续扩大业务，自有他的道理。多层面、多角度分析的结果表明，这是中国企业进入伊拉克市场的一个绝佳机会。

针对伊拉克的现实情况，为超前预测可能出现的一切不利因素，公司党委决定派共产党员、测井事业部经理赫志兵去伊拉克考察市场环境，现场察看特种部队和保安公司提供的安保情况。走了一圈的赫志兵断定：整体上看伊拉克确实处于战争状态，但 CNLC 要去的库尔德地区甚至比苏丹还安全（在苏丹的达尔富尔地区，自 1998 年公司进入，南北双方在公司施工地区常年进行着拉锯战），而且没有传染病。

派谁去启动伊拉克市场呢？公司党委颇费思量。他们在与各部门讨论时既讲清公司海外业务发展要求，也讲清伊拉克的环境条件、风险所在，使员工在心理上、思想上有备而战。

市场部和几个海外作业区纷纷打电话给总部领导，表示关键时候可以调派党员工程师支持新项目。正在参与设备验收的曾宪江主动请缨："我从事现场工作多年，作业经验丰富，并且比其他工程师更了解 LEAP600B。作为一名入党积极分子，只要公司信任，我愿意前往伊拉克启动这个项目。"

2005 年 11 月 14 日，曾宪江带领一名工程师走进了这个战火不断的国家。从站到伊拉克土地上的一刹那，曾宪江就发现这里的局势远比自己想象的严峻。一出机场，他和同伴就被全副武装的保安带上防弹车，先穿上重重的防弹衣，再经过层层检查，一路急驶 200 多公里直抵项目作业区域。方圆一公里的营地，四周有地方军队层层守卫，设有多个检查点，士兵一个个荷枪实弹，戒备森严，美军的武装直升机时不时地在空中盘旋，初来乍到的两个中国人心里发毛。

不过，一个晚上过去，曾宪江就不再担心安全问题了。一是国内的及时联系让他心里有底，随时可以得到支持和鼓励；二是他已经开始思考，如何在这片陌生的土地上为陌生的甲方提供一流的测井服务。他相信有组织的关心，有现场同事的共同努力，再大的困难也能克服。

伊拉克 DNO 项目的测井内容涵盖了裸眼井、套管井和其他特殊方法测井，技术难度相当大，恰逢国产测井设备进入国际市场的首次亮相，既是对 CNLC 项目运作能力的考验，也是对项目人员素质和国产测井仪器性能的全面检验。

11 月 27 日，设备在开钻前一次性通过甲方验收。

2006 年 1 月 18 日，大雪纷飞中项目部开始第一次施工作业。曾宪江和同伴在泥泞的井场迎着凛冽的寒风，经过近 50 小时的连续工作，LEAP600B 测井系统在伊拉克市场的第一次亮相堪称完美，从设备调试到作业过程、获取资料都获得了甲方的高度认可。

这是 CNLC 首次采用国产测井设备，在国际市场安全优质地完成多项测井项目服务。虽然工程师们经历了千辛万苦，但 LEAP600B 初进伊拉克市场就打了个漂亮仗。读着挪威 DNO 现场经理唐纳德·杰·萨瓦茨基亲笔写的表扬信，曾宪江和他的伙伴们笑了。

尽管工作环境恶劣，现场也只有几名员工，但他们还是坚持成立了临时党支部，在正常组织生活按时开展的基础上创新组织生活方式，通过学习小组会等形式，提高海外党员思想认识水平，坚定理想信念；通过形势报告、知识问答、座谈讨论等方法，激发员工立足岗位做贡献的热情。通过项目现场学习、兴趣小组等形式，项目部大力营造"比学赶帮超"的浓厚氛围，进一步增强了党员和员工的集体荣誉感，提升员工业务技能和水平。

随后 5 个月，凭借良好的服务、高超的技术，项目部作业 20 多井次，安全、优质、高效地完成了包括裸眼井和套管井在内的大满贯、EMI、RFT/取样、VSP 等全部测井项目，赢得了甲方的高度评价，为公司创造产值近 300 万美元。2006 年，CNLC 伊拉克项目实现收入超千万美元，成为 CNLC 效益最好的海外项目之一。

让员工们感动的是，公司党委特别注重提升海外员工的"获得感""安全感""幸福感"，以精神的力量凝聚人心。公司利用员工每次回国休假的机会，组织相关家属召开座谈会，通报伊拉克项目的进展和形势，汇报境外员工的工作和生活情况，帮助解决家属的生活困难，让前方的员工安心，让后方的亲人放心。前方员工的工作顺利和健康平安是后方家属最大的心愿，而后方家属的一切安好和深情问候也成为前方员工最大的精神动力。

我是党员我先上。

越是在关键时刻,越是面对危险,越是能体现党员干部的先锋模范作用。CNLC 的国际化实践,充分印证了"一个支部就是一座堡垒、一名党员就是一面旗帜"。

在影视剧里看到这样的镜头,或许很多人会觉得有些刻意。但在一些国际高风险区域,"危机"常常是危险与机遇相伴而生。在伊拉克市场的进退选择中,CNLC 一方面通过全面风险管理,准确把握住机遇与风险控制的最佳平衡点,另一方面凭借一批勇于担当、敢于作为、不怕吃苦的党员干部,在伊拉克市场交出一份满意的答卷。

面对危险不退缩,不低头;面对挑战敢争先,能尽责。其实,像赫志兵、曾宪江这样的党员、入党积极分子在 CNLC 还有很多。他们也是普通人,也有对危险的恐惧、对家人的牵挂,但是在公司需要的时候,即便电视里每天更新着伊拉克人员伤亡的数字,他们还是选择站出来、冲上去。在其他公司没去过的地方或者不敢去的时候,凭借具有竞争力的设备技术和控制风险的能力,凭借党员干部的先锋模范作用,CNLC 先行一步拔得头筹,成为第一个进入伊拉克市场的中国企业,拓展了市场空间,在国际市场打响自主测井设备品牌,获得良好经济效益。

就这样,由于国际环境的凶险性、国际业务的特殊性,CNLC 的党员干部更多时候是以实际行动体现自己的党性修养,平常时期看得出来,关键时刻冲得出来,危难时刻豁得出来。

091 Q问题 为什么CNLC员工争当最能干的人？

当地雇员要求加入中国共产党

在 CNLC 的海外一线，有一大批激情澎湃的青年党员担当主力军。他们中不少人是来自高校的毕业生，不仅成绩拔尖，还清一色的是学生党员。在 CNLC 人事部门看来，人一旦有了理想追求，就有了克服困难、超越自我的勇气和力量，就可以不断克服海外业务开拓中难以预见的风险和困难。这样根正苗红的员工到了颇具挑战性的国际市场，关键时候冲得上去，拿得下来，给公司带来的文化影响甚于其实际的岗位业绩。

苏丹号称"世界火炉"，CNLC 有 74 支测、录、试作业队伍分布在 5 个勘探开发区域。作业的几个油田处在沼泽遍布、蚊虫滋生、蛇蝎横行的热带草原上，非洲流行的热带病——登革热、黄热病等肆虐横行，一般人唯恐避之不及，而 CNLC 员工自发地喊出"公司发展，我之责任"。

年轻的测井工程师冒着五六十摄氏度的高温，扛着几十甚至几百公斤重的仪器，在雨后的泥泞中跋涉上井。一天工作下来，身上常常被蚊子叮满疙瘩。即便在基地，有灯光的地方就有一团团飞虫，人一走过脸上扑满一层。如果不小心遭遇了毒性大的"泡泡虫"，还有被毁容的危险……几乎到一线去过的 CNLC 人都得过马来热，身上留下了蚊虫侵袭的疤痕。

1999 年，苏丹 1/2/4 区大开发时期，正是在几位党员的带领下，CNLC 三个测井队仅 3 月份就完成了 9 口井的全套完井测井工作量和 700 多米的射孔工作量。2001 年 6 区测井项目开工时，物资不能及时运抵，蔬菜供应不上，时任 6 区基地经理的孟宪路带领大家以土豆充饥，度过了 6 区最困难时期。2003 年雨季，在一口重点井测井作业时，员工们在大雨滂沱中连续工作了 9 天，终于圆满完成了测井作业。这时，人们才发现孟宪路的一头黑发竟然变白了。

刚进入苏丹 6 区作业时，王冲和甄诚负责打前站。两个人在荒野中奔袭 1600 多公里，路难走，车难行，实在饥饿难耐，他们在当地百姓家吃了顿饭，得了一种叫不上名的当地传染病，浑身刺痒难受。到现场后，两人马不停蹄地上井了解井况，检测设备，三天连着干了十几口井。等回到基地，王冲才发现身上已经一片片地出现溃疡，有的地方血肉和衣服紧紧地粘连在一起……简单地涂点药，刚休息半天，甲方的作业任务又下来了，他又带着一身没有结痂的伤上井场，一工作又是半个月。

在锻造堡垒、坚定信仰的过程中，CNLC 结合工作需要，着力把业务骨干培养成党员，把党员培养成业务骨干，打造了一支政治上靠得住、工作上有真本事、作风上过得硬的年轻干部队伍，他们成为冲锋在海外服务一线的先头部队，时刻准备着为客户提供尽善尽美的服务，把每一次攻坚克难，都看成是提升党性修养的过程。

在哈萨克斯坦，项目部想盖一个遮阳避雨的工棚，维修仪器设备。但当地有关部门效率低下，手续长时间办不下来。工作条件差，CNLC 人也不肯耽误一天作业，就在院子里干活儿。不管冬夏，群众在，党员一定在。隆冬时节气温降至零下 40 摄氏度，设备都受不了那份冰冻，CNLC 人坚持住了。

正是因为 CNLC 人不畏艰险，无私奉献的精神，一支队伍可以连续作战，在 6 天内净作业时间达到 90 个小时。现场作业时条件艰苦，没有床，四五个人和衣挤在车里蜷曲着休息，身体和衣服脏得都要发酵了也不喊苦喊累。这时候，洗个热水澡，躺在床上伸展四肢睡上一觉已经成了一件很奢侈的事。

在合作伙伴看来，CNLC 人不仅能吃苦，活儿还干得漂亮。他们一点儿也不奇怪，为什么当地人视在 CNLC 工作为一种荣誉。急难险重时刻，不管是面临安全风险，还是解决技术难题，总是党员挺身而出，攻坚克难打头阵。在每一个项目运作中，党员的先锋模范作用不仅带动了公司的中国员工，也深深影响了当地雇员。

几位来自苏丹、利比亚的当地雇员在 CNLC 工作时间越长，对 CNLC 的感情就越深，甚至要求加入中国共产党，因为他们发现在 CNLC 项目部，工作能力最强、表现最优秀的员工都是共产党员，他们非常渴望成为其中的一员，成为有技术有能力又备受尊重的人。

中国石油要建设成为世界一流综合性国际能源公司，CNLC作为其中的一分子，要建设具有国际竞争力的专业技术服务公司，这是改革开放对国有企业"走出去"提出的时代要求，也是企业进入国际市场后自身实现高质量稳健发展的目标追求。

要实现大目标，达到高要求，赢得新突破，人无疑是最重要的因素。

应该说，海外市场挑战大、困难多，人才队伍是企业提升竞争力的主力军。CNLC发挥组织的凝聚力、号召力，发挥党员的模范带头作用，激发青年人才的积极性与创造性，提升全员的业务能力和服务水平。无论是自然环境恶劣，还是市场环境凶险，党员干部以实际行动证明：有党组织在、有党员干部在，就没有克服不了的困难。

别的公司羡慕地给出评价：如果有了斯伦贝谢那样的技术、装备，这么团结、玩命干的一帮人，管理效率这么高、执行力这么到位，定会所向披靡，战无不胜。

在党员带动下，面对艰难困苦，没有人强迫，CNLC人总是主动挑战，自觉自愿地想要做强中国的测井事业。面对不断拓展的海外市场新局面，CNLC人很自信也很自豪。

一个党员一面旗帜。因为在国际工程技术服务市场的突出表现，CNLC在技术服务赢得更多市场的同时，也赢得了更多的国际人才加盟，获得了众多合作伙伴包括竞争对手的认可和尊重。

第十七章

领导力·赋能

092  如何整体提升各级管理者素质？

"一把手"带头攻读 MBA

员工成长有培训体系、晋级路线，岗位操作有 SOP，那企业的各层级管理者如何提升素质呢？CNLC 同样由领导率先垂范，走出一条"素质提升"新路。

作为中国石油派往美国麻省理工学院（MIT）攻读 MBA 的学员之一，总经理李越强因工作繁忙，一再推迟赴美进修。直到 2002 年 6 月，CNLC 员工思想中的竞争意识已经很强，相应的管理制度逐步完善，市场局面逐步打开，并在一些区域市场建立了良好的品牌信誉，他可以放心地去学习"充电"了。

那一年间，在著名的麻省理工学院，李越强把两年 26 门课程压缩到一年时间内完成。他每天只休息三四个小时，乘坐地铁往返校园，被同学视为"学习机器"。在全班 54 名同学中，其他人最多完成 20 门课程学习，他却用一年时间完成了 16 门核心课和 10 门选修课，平均成绩达到优秀。

进修期间，学院每周有两次名人演讲，他从不放过与世界顶级的商界精英、金融大咖、政界名流的对话机会。在高层次的交流沟通中，他了解到国际上一些著名企业起步、发展、成功、失败的过程，汲取了新思想、新观念，树立了自己的国际化理念，学习掌握了国际先进的管理方法。这时候再站在局外反观 CNLC，就看到了差距和不足。结合 CNLC 的文化氛围和现实基础，李越强思考着如何推进企业更上一层楼。

毕业时由于学习成绩优异，西方公司开出 40 万美元的年薪邀他加盟，但李越强始终不忘自己最初的理想，最想做的仍然是建设中国的斯伦贝谢。

他坚守自己的信念："外国人能做成的事，中国人没有理由做不成！"无视重金诱惑，义无反顾地选择回到CNLC。

麻省归来，李越强尝试着用学到的新思想、新观念和新方法在CNLC实践，以提升整个组织和管理者水平时，许多人听不懂。常常是他在台上讲得兴高采烈，可大家在台下反应平淡，并没有期望中的一呼百应。

与国际石油企业相比，CNLC当初从各油田选拔出来的精兵强将和后来陆续从各大院校录用的优秀毕业生，素质都非常高，很上进，也很乐意为公司做事。但却囿于国内环境，他们当中的很多人还不了解国际上更先进科学的思维模式和管理理念，也未能掌握更先进的工作方法。

MBA的学习经历使CNLC的领头人坚定了中国人管理和运作大型企业的信心，全球化视野更让他看到，只有企业强大了才能承担更多的社会责任，才能扩大对世界的影响力。而他掌握的这套先进的管理理念要在CNLC推行，需要大家一起学习，一起提高素质和认识。

如何才能把大家的思想认识和管理理念都提升上来？李越强想得很多。对企业来说，一个人强作用有限；一群人强才能互相激励着把公司做精做大做强。于是，CNLC制定了庞大的"素质提升"计划，让更多的管理者去读MBA或者攻读新学位。

大规模的培训学习首先从领导层开始，公司提供机会和资金，选派优秀的中高层管理人员攻读国内外MBA和相关硕士、博士学位，中层和基层管理人员赴美国和加拿大参加项目管理（PMP）学习。有些人担心学习回来丢了位置，CNLC则用制度保证"能者有用，学者有位"。

有人不理解，学历教育是员工自己的事儿，凭什么公司出钱？CNLC的理由是，当企业发展受到员工素质制约的时候，提高员工素质就是为了增强公司发展的后劲儿。

两年后，当80%的领导和90%的中层干部差不多都完成进修培训，CNLC人看问题的眼界和思考能力都有了显著提升，解决问题的办法也增多了。再推行新的管理理念和方法时，大家很容易达成共识，为提升CNLC整体管理水平打下了坚实基础。

由此，CNLC实现了从"个体最优"直至"整体最优"，把每个人的努力和进步转化为整个公司的成长。

学习和创新被奉为企业发展和成功的金科玉律。好的企业一把手应该是企业家、政治家和专家的集合体，而成功的企业都信奉创新和学习。

由此可见，学习是企业可持续发展和创新的核心，一个企业要想具有持续创新的能力，离不开一系列制度和政策的支持，但最主要的是培养每个企业成员持续学习的能力，从而提高其系统思考的思维能力，使之成为企业创新的思想源泉。

CNLC 的目标是从一个典型国有企业出发，成长为一个优秀的国际化企业。打造学习型组织是确保企业持久创新能力和市场竞争力的必然选择，营造企业学习氛围则离不开领导者最直接的倡导和参与。

在 CNLC 人看来，公司学习型组织建立的起点，正是总经理从美国麻省理工学院 MBA 学成归来。提出全员学习、提升素质的初衷是因为 CNLC 要在国际市场与最先进的西方公司正面比拼，后者已占据市场制高点多年，没有同等高水平的团队，就无法站在国际化大舞台上与其竞争。

CNLC 通过制度指向，把管理者的思想变成执行者的行动。围绕学习型组织"建立愿景、团队学习、改变心智、自我超越、系统思考"五大核心要素，实施了一系列卓有成效的提升员工素质的管理举措。

公司以共同的事业和目标凝聚人心，激发创新潜质和提升工作能力，培养出一支有能力直面国际市场的各种挑战、推动中国测井国际化的主力军。

093 问题 如何把个人魅力变成团队号召力？

领导权力从哪来

在 CNLC 构建的弱矩阵结构发挥作用、各个部门间联合协作增多时，原本习惯了"一个人说了算""我的地盘我作主"的一些中层干部觉得自己的权力"被削弱了"。

有一次，苏丹作业区经理于中洋焦虑地去找公司领导要撂挑子：公司赋予的职能难以执行，感觉自己被边缘化了，满腔热情地想为公司多做些工作，可结果领导不满意，各部门也有意见……

听完于中洋的诉说，总经理李越强没有评价孰是孰非，反问于中洋：作为作业区经理，你的职责是什么？

于中洋愣住了。

李越强教给于中洋一个简单的办法：不管是哪个领导来，不管是谁主管的工作，你只要坚持按照公司白纸黑字制定的章程办，照着文件规定的职责干工作，你就永远是对的。凡是公司形成文件的，你就努力做好。如果和公司的文件规定相违背，你就可以不做。两个月后，于中洋尝试着在工作中实践这个方法，欣喜地表示："我现在明白了，这几招真是很管用。"

原来，他主动去找作业区对自己有意见的员工沟通，弄明白员工是怎么想的，澄清误会，找准问题症结所在，然后有针对性地做工作。面对不同的领导，他摆正自己的位子，不卑不亢地坚持原则，该做的做好，不能做的直接拒绝，不怕得罪领导，也不怕哪个领导给"穿小鞋"，结果反而赢得了领导的认可，反映说于中洋的管理能力提高了。之前对他意见颇大的事业部和项目组再反馈回来的信息，竟然也变成了正面评价："于中洋给我们很大支持"。公司与他打交道的部门经常给领导发信夸奖他,苏丹作业区的综合考核指标也位居前列。

于中洋的问题,也是各级管理者经常遇到的问题。为了教会大家用好权力,学会管理,了解员工,CNLC领导每年都向大家推荐一两本实用而有意义的书,比如《学哲学,用哲学》《细节决定成败》《6S精细管理》等。甚至总经理还给员工们推荐了一本《笑着离开惠普》,让大家拿这个标准来衡量各级领导干部。还有一些推荐文章,像《把信送给加西亚》《谁动了我的奶酪》等,也在潜移默化地转换着员工的观念。

重新理解权力的内涵之后,"我的领导能力能否服务好我的理想"成为CNLC各层级领导常常扪心自问的一个问题。一个人有一个想法不难,但要坚定地把想法变成现实,一方面取决于自身的能力和高度,另一方面也取决于团队执行力。在CNLC,树立权威的路径只有两条:一是坚持按公司规定,严格履行自己的职责;二是放下所谓的权力概念,学会与人沟通,尊重别人,让对方了解你和你所做的事情,进而支持你。

与行政职务赋予的权力相比,靠自身素质形成的"无形权威"更有力量。如此,能力强的人在实际工作中因为自己的人格魅力和方法适当,会拥有更强的影响力,自然也就有了更大的权威,有机会把事情做得更好。

公司领导常考虑的一个问题是:作为一个企业管理者,一定要知道员工最想做的是什么、最想得到的又是什么?如何为公司或者为员工设定一个让他们深信不疑的目标并为之不懈努力?

公司对各级领导层有一个特殊要求:公司各部门上一级要适时对下一级进行培训。对于各级领导来说,除了做榜样,还要做老师。从总经理开始,每年都要专门抽出时间,有针对性地为中层干部讲几次课;各位副总要专项讲授自己负责的业务;至于专业经理,选拔好苗子,培养合格的项目经理是其分内的任务。

这是一个既能促进员工提高站位,也让上级更好地了解下属,互相督促,共同成长的良性循环。因为当上级具备了一桶水的容量时,才能给员工倒出一杯水。员工借鉴了管理者的经验,避免了走弯路。这种实践性学习与沟通,在不知不觉中提升了管理者的能力,强化了其人格魅力,公司上下的关系更和谐了。

创造自我,追求无我。

领导力是在指挥、带领、引导和鼓励部下为实现公司目标而努力的过程中实现的。

一个领导有多少追随者、权力有多大,能在多大程度上影响下属来达到企业的目标,一方面来自组织赋予的职位权力,另一方面则来自领导者个人所具有的人格魅力和影响力。

有研究表明,一个管理者的职权管理只能发挥下属约60%的能力,而管理者的引导鼓励,则可以激发出下属剩下40%的能力。由此可见,所谓领导,其本质就是被领导者的追随和服从。仅靠组织赋予的职位和权力远远不够,更多地取决于领导力能否激发出下属与追随者的意愿。

所以,对于个人权威,CNLC人的理解是,真正的权威是让下属从心底尊重你,佩服你。在这个公司,各个层级的管理者都很清楚,一个人在公司的地位和权威,来自他的领导能力和思想,而非职位。

从人性的角度看,不管是管理者,还是普通岗位员工,每个人都追求成为更好的自己。因此,CNLC领导努力教会各层级管理者"把个人魅力变成号召力"的方法。比如,教大家重新理解权力的含义:什么是权力?你积极做事情,获得各部门员工的理解配合,把事情做成了,权力就实现了。受此影响,公司各层级管理者协调好各方关系,最大限度地调动部下的积极性,以行动带领大家朝着同一个方向使劲儿,努力实现公司目标。

094 问题 管理者如何为员工成长提供实质帮助？

把下属当成兄弟姐妹来爱护

一直以来，CNLC 鼓励员工要怀有梦想，更要去拥抱梦想，实践梦想。CNLC 人不仅意志力强、战斗力更强，只要进入工作岗位，就全身心投入。

CNLC 人追求的工作状态是保持适度紧张。公司领导认为，只有在工作中保持一定的张力，才能激发员工主动改进工作方法，提高公司运作效率。如果没有了张力带来的压力，对企业的未来发展、对员工个人的成长都不利。好的企业状态应该是，领头的牵引车和后面的拖斗之间保持适度的张力，才能以最佳状态向前走。没有张力走不动，但张力太大则会断裂。

CNLC 追求的是适度的张力。判断张力是不是适度，关键就看企业是不是高效运转，员工是不是有收获。如果大家每天从早忙到晚，但是没有收获，企业各项指标上升缓慢甚至停滞不动时，表明张力已经到了极限，需要调整。对领导来说，真正的管理水平不仅体现在制度建设上，更体现在如何把握好"度"上。

很多员工回首当年，心中充满了感激，感谢领导抓住每个机会让他们树立信心，感慨当初不曾想到公司能发展这么快，更没想过自己这么能干。

在 CNLC 做领导，首先要弄清楚手下的兄弟姐妹在想什么，总经理李越强发自内心地希望每个员工都好，从内心爱护他们，让他们都有发展，最大限度地把个人潜力释放出来，让每个人的生命更精彩。

很多员工都清楚地记着总经理对中层干部说过的一句话："把你的下属当成兄弟姐妹来爱护，就没有做不成的事儿！"这是 CNLC 对管理者很高的要求。作为 CNLC 的掌舵者，李越强负责企业的发展方向，决策什么事可以干，什么事不能干，但具体工作全部交给副总们和各职能部门。

对中层管理者来说，公司领导信任和认可，把一个重要的岗位交给你，这比挣得报酬更能激发斗志，使之甘心为公司做更大贡献。CNLC在国际市场走得又稳又快，公司相互信任的氛围功不可没，团队作用发挥到了极致。这样的信任，与职位高低无关，而是由干事业的态度和能力所决定的。

在CNLC，上级对下级的管理，更多的是思想引导以及在工作方法上的指导帮助而非权威命令。好的上级必须为员工的成长提供实质性帮助，因为大家都是从基层小队一步一个脚印打拼上来的，他们的成长轨迹就是下属正在走或者将要走上的路途。因此，他们毫无保留地分享经验，让员工的成长之路更平坦。

对于工作真正卖力的员工，即便犯了错，CNLC领导的主张是多帮助少惩罚。因为能力不够而导致工作做不到位，更多的是查找原因，杜绝同样的问题再出现。当然，公司也有坚决不能触碰的底线，那就是谁真敢以身试法，尤其是管理者犯了"违规、谋私"的大忌，公司照样严惩不贷，毫不留情，被免职的处级干部也不止一二。

海外一线员工是CNLC最关注的群体。走出国门、远赴海外不仅仅是工作地点的变化，同时给员工带来在陌生环境、生疏文化氛围中诸多压力。CNLC领导相信，只有加强对一线员工的关注、关心和关爱，才能调动其工作积极性，使其全身心地投入公司的海外事业。

一次，于中洋接到一位基地经理妻子的电话："真是太感谢你了，额外照顾我丈夫在家多休几天假，我们结婚几年了，这次终于怀上孩子了！"

于中洋的爱人知道了，不禁好奇："你当个作业区总经理，怎么连别人媳妇怀孕的事儿也管啊？"

于中洋说："这事跟工作有关啊！他媳妇怀不上孩子，家庭不稳定，他心里不踏实，就不能全身心地投入工作！"

各层级管理者十分清楚，想摸清工作上的矛盾在哪里，先把人的工作做到位，员工的自觉性上来了，创造性发挥出来了，不管是推广HSE还是推进SOP，不费力气就能做到。

CNLC明白，每个员工有上进心，愿意为企业多做贡献。公司把每个员工牵挂的问题解决好，大家齐心协力，企业就拥有了战无不胜的强大力量。

在 CNLC 领导看来，每个员工都有创造价值的能力，任何人的潜力都是可以挖掘出来的，重要的是带队伍的人要真正把每个人都看成潜在的人才，给他们机会去培训、去学习、去锻炼，促使其成长成才。这既是真正意义上的以人为本，也是企业长久发展的基础。

在 CNLC，有些人在重组前并没有显示出特殊才能，甚至对自己失去了信心。但公司领导不希望任何员工平庸下去，一事无成，而是通过理念引导，使员工转变落后思维，把优秀品德展示出来，发挥出积极的主观能动性和个人潜力；通过制度建设，规范工作流程，约束员工的不良行为，使企业和员工都在合规的"航道"上扬帆前行；通过培训学习，提高员工素质，打造具有国际视野、先进管理思想的员工队伍。通过全体员工的努力，实现企业成功的目标，通过企业的成功，实现个人的成长。

于是，曾经被判定为"能力不行，不可能有作为"的人，在 CNLC 因为得到信任而把工作做得有声有色；之前只会做杂活儿的家属工因为得到鼓励而拿到了 MBA 证书；甚至过去连上下电梯都不会按电钮的人因为被赋能而成为谈判桌上的主力。一个个传统国企员工成长为优秀的国际化人才。在 CNLC，领导想着员工，百分之百地培养他们，员工也以主人之心，做好岗位工作。公司上下愿意为企业发展竭尽全力，不是因为可以得到更多个人利益，而是在组织搭建的平台上，大家能够实现自我，成就一番事业，工作因此成为人生的魅力所在。

095  如何保障各层级人才脱颖而出？

大家提拔大家

万事人为先。

CNLC通过公开透明的招聘考核机制，构建起一个公平有效的"招贤纳才"平台，提拔谁，不凭资历，不讲关系，不论资格，全靠能力和业绩，用大家公认的标准，自己竞聘上岗；按照公司规定的程序，各层级管理者提拔下一级管理者，形成大家提拔大家的格局。

曾经，有人问主管人力资源的副总经理苏庆新："如果我想到CNLC工作，是走你的后门好还是拉总经理的关系更有用？"苏庆新不假思索地回答："如果你不开玩笑的话，我也实话实说，谁的关系都不好使，因为CNLC奉行的是班子集体民主决策。公司要进一个人，需要在用人单位和人力资源部门相继通过正规考核达到标准，才能拿到'进门卡'。如果找公司领导，这不是他管辖的范围，反而不如走'正门'来得容易。"

CNLC淡化职称和行政职务，只要员工具备了足够的能力和本领，自然能够脱颖而出，在各岗位实现个人价值最大化。

公司培训部副经理白庆杰加盟CNLC时，已经在中海油、斯伦贝谢先后工作了十几年，无论是在中海油还是到斯伦贝谢，都没有得到晋升机会。到了CNLC，他凭着一身本领，很快被提升为副处长。审计部郑宇肯下工夫研究建章立制，做事认真执着，像做研究一样做管理，常能看到别人看不到的关键之处，但他不善于在各种场合展示自我。领导依然看得到他的长处，将其提拔为审计部副经理。

各专业的事业部经理，负责发现、培养与推荐各专业项目经理，因为谁行谁不行，专业部门打交道最多，公司非常重视事业部的意见。录井事业部准备提拔两名副经理，公司人力资源部翻看档案时发现，两人一个大专学历，一个中专文凭。这样的学历在当时的公司内部也属于比较低的，但是录井事业部经理张开金认为，这两个人工作各有所长。在生产运行、执行到位上，找不到比万经理更强的。就算是半夜两点，他一样会开着私家车在厂家蹲守一个配件回来，每次向海外项目发货时，必须一一过目才放心。黄经理的专长是沟通能力，在部门中首屈一指。

对一线员工来说，哪怕能力一时差点儿，但只要有潜力，公司都会及时发现，纳入干部梯队培养。以此保证一旦有新项目，此人派上去就可以独当一面。

公司领导曾对员工说过："CNLC 一直努力为提升你们的能力与素养提供保障，我坚信你们不会为选择 CNLC 而后悔。"言犹在耳，多年来员工们切身体会到公司对他们的培养和关爱，为他们提供了一个公平透明、人尽其才的环境。

就像木匠走进森林，满目是材，大材大用，小材小用。CNLC 的招聘考核机制让人找到了合适的岗位，岗位找到了合适的人。

公司上下都遵循一个原则，每个员工在每个地方，哪怕只是一个小队长，都是一面墙、一道保护 CNLC 品牌的屏障，其所作所为、一举一动都代表着 CNLC，必须具备独立解决问题的能力。如此，公司给予员工的信任自然就转化为员工对 CNLC 的责任，"我在这里，我就是 CNLC，CNLC 的事情就是我的事情。"

在 CNLC 业务涉及的 17 个国家项目一线，2300 多名员工都养成了独当一面的工作习惯。因为身处生产一线，员工最清楚问题的性质，最明白用什么方法解决才有效。因此，CNLC 人在工作中遇到问题，不仅仅是打电话向上级领导汇报"求援"，还会根据自己的理解，在反映问题的同时，准备几套解决方案，并说明自己认为哪套是最佳方案。各级领导则对提交的方案加以判断比较后，做出最终决定。

在 CNLC 的用人理念中，领导层确定公司的发展理念和宏大目标，用思想引导员工，给员工足够的平台空间，鼓励员工学习进步，充分发挥能力和智慧，共同推进 CNLC 的事业发展。

CNLC知道,要在国际市场有所作为,需要一群有理想、有追求、有能力的勇士,以超乎想象的实干精神成就一番伟大的事业。

招聘、考核、选拔,是公司发掘人才资源的主要路径。为了对公司发展产生真正的推动力,CNLC致力于建立有鉴别力的考评机制,挣钱多少有标准,岗位升降有依据,让员工更有积极性、创造力,成长更快速,业绩更出色。

公司建立多年的信任文化,为实施公平的考评制度打下坚实基础。公开透明高效的考评机制不但是提高公司经营效率的最佳方法,也是对待每位员工最公正、公平的方式。

公司认为,大多数员工都希望自己能力有提高,每天能成长。一个公平的环境有利于提升团队精神,可以增强员工前进的动力,激发员工在工作中尽其所能,不断追求做出更大业绩。

通过制度规定,谁有晋升机会就看能力素质如何,提拔谁、重用谁全看你有多大能耐、能做多大事儿。在CNLC,有一个提升机会时没必要找领导,制度体系会证明每个人的实力,优秀的人自然脱颖而出。

通过"大家提拔大家"的选贤任能方式,CNLC建立的招聘考核机制确保了干部梯队培养,以及人员和岗位的高度匹配。这既让员工明确了解了组织的期望值,也清楚地知道了自己的职业发展方向,找到了归属感和成就感,实现了"公司对员工的信任"和"员工对公司的责任"二者的良性循环。

096  如何全过程监督管理者的权力?

制度管人解放了谁

内控体系开始全面实施后,最先受约束的不是项目一线的员工,而是 CNLC 的管理层。有的领导一时感到不舒服,认为制度体系的实施,导致自己"被捆了手脚"。

比如,过去签合同,再大的数额,主管领导一个人签字就管用。而 CNLC 实施内部控制体系后,再加上推行弱矩阵管理架构要求,一份合同需要相关部门多层级、多环节把关才能通过。大家都在自己负责的业务范围严格审核,只要有一个环节不达标,有一个部门没签字,不合格的合同就摆不到主管领导面前,总经理的签字机会也大大减少。

为此,总经理李越强和他的管理团队沟通:拍板的权力用起来是感觉很好,公司小的时候可以,但在公司已经发展到了一定规模,如果有 1000 件事都等你拍板、50 个海外项目等着你下命令时,首先,你没有那么大的精力完成;其次,你的低效决策会影响公司的快速发展。

而制度体系框架下的团队决策,决定了任何一位领导的权力都有限。从公司预算、资金计划、各项管理方案的形成,到规章制度的制定、人事任免以及重大经济事项、投资决策等,均以集体决策的形式在业务流程中固化。

有人说管理流程虽然这样规定,但执行与否还不是领导一句话?但在 CNLC,确定了的流程,没有人能变通得了,哪怕是总经理。因为每一个步骤的变通,每一个程序的改变,都要有相关部门和审计把关,还要追踪流程变动的依据和原因、涉及的人员。

每次 CNLC 开会,参会人员必须在会前做足功课,在会上畅所欲言。天长日久，每个人都明白自己在这个组织中的重要性。无论职位高低，只要说得对、意见有建设性，就有可能被采纳。

公司领导班子坚持集体民主决策机制。比如，在是否进入尼日利亚市场的议题上，领导班子成员就在总经理办公会上各抒己见，并由"一把手"就风险和机遇进行分析，最后集体达成一致：这个市场秩序混乱，人身安全风险太大，一旦触发险情，企业难以承受。就此，CNLC毫不犹豫地放弃了这个经济利益诱惑巨大的市场。

集体决策的好处显而易见，有效防止了个人决策的主观随意性，也避免了滥用职权和以权谋私现象的发生。

通过内控体系建设，CNLC进一步规范了各级管理者的权力，从权力的形成、使用到对权力的监督，实施分权制凝聚了大家的智慧，调动起各级管理者的积极性和工作主动性。

在CNLC，各部门经理都感觉做事的空间很大，个人展示能力的机会很多。各个事业部、作业区的经理可以负责处理所在地区发生的一切，包括人员调动。但是，从总经理到一线项目经理都会在不同场合反复强调，CNLC领导干部的底线是：要有使命感、责任心，任何人不得以权谋私。

管理制度体系化提升了管理者的整体素质和工作效率，把领导从繁杂的事务中解脱出来，公司的运行效率越来越高，领导也当得越来越省心了。过去需要反复灌输的制度变成了中层管理者的工作。他们体会到制度管理的好处，管理者各司其职，各就各位，大家在推动企业制度体系建设的过程中从反对到适应再到拥护。

曾经，总经理李越强每天忙得焦头烂额，从找市场到建立制度，从培训员工到合作沟通，方方面面的事情都等他拍板。实行内控体系一年后，公司领导班子副职各管一路，业务部门各管一摊。在各负其责的格局下，CNLC稳健快速地向前发展着，总经理可以将更多的时间和精力，投入到公司发展的战略性思考，如构建合作伙伴关系，关注竞争对手和国际市场客户的变化，跟踪石油领域有关的政治、经济事件，及时捕捉有利的市场机会，规避经营风险，从宏观上研究和把控企业发展的未来。由此，CNLC的管理结构和管理体系逐步实现了最佳匹配，CNLC人得以在预定的轨道上飞奔着实现自己的战略目标。

　　企业发展，制度先行。

　　从公司治理的角度观察，一个企业想不想、能不能搞好制度建设，就看"一把手"和领导班子有没有私心。说到底，制度体系首先是对管理者的约束，是对权力运行、特别是企业"一把手"权力的制约和监督。

　　传统的管理体系之所以存在漏洞，根源在于决策不公开、无标准、不透明。包括内控管理体系在内的各项管理制度则使 CNLC 所有业务流程、决策过程及结果完全公开化、标准化。这在客观上要求公司领导班子，尤其是"一把手"自觉地把自己放在受控的位置，接受公司上下的监督。

　　CNLC 的实践证明，健全的管理制度可以帮助企业实现权责分明，员工在管理制度的约束下，能够更好地避免"走弯路"。加强制度体系建设，不仅是企业发展的内在要求，也是保证企业有效规避风险的重要手段，保障了企业在国际市场的健康发展。

　　制度体系在保障组织利益的同时，也大大缩减了相关领导的裁定权，影响到原来的利益格局。但是，为了公司的长远发展，必须走这一步才能让企业管理全面受控。当程序控制住所有的工作环节时，虽然不能绝对保证每个人不出问题，但人为因素和出错几率在有效控制之内，"钻空子"的空间大大缩小。

　　有人感慨，当初公司提出建立内控体系时，很多人认为是束缚自己的，现在回过头来看，内控体系其实是在保护大家。

第十八章

文化·蜕变

097 问题 如何构建团队合作文化?

"蚂蚁下山"引导团队制胜

2003年,CNLC领导发现,经过几年国际化锤炼,员工的竞争意识和危机感已经足够强,但团队合作意识尚未形成。

这一年的元旦酒会上,总经理李越强又讲了另一个故事——"蚂蚁下山",有意识地把CNLC的文化从靠竞争取胜引导到靠团队合作制胜上来。

这是MBA课程中的一个经典故事。大火烧山之后,生物学家观察发现:森林里绝大部分动物都被烧死了,而小小的蚂蚁却逃出来相当多。原来,山火发生后,蚂蚁们以最快速度聚成一团,抱成一个蚁球。这个蚁球非常讲究秩序:强壮的蚂蚁围着蚁后,老弱的蚂蚁则包裹在球的最外层,层层叠叠地团起来往山下滚。在这个过程中,外层的老弱病残很可能损伤了、牺牲了,但里层强壮的蚂蚁和蚁后都保住了,蚂蚁家族就此得以延续。尽管也会有损失,但是大家为了家族的整体利益,自愿地牺牲了个体利益,最终靠团队的力量,达到了保存家族延续的长远目标。

这个颇具震撼意义的故事触动了员工的心:那么不起眼的小生命都有这样博大的胸怀啊!

这时候,经过几年的岗位竞聘,CNLC员工分成了强、中、弱三个层次。公司一方面激发大家直面差距,查找原因,通过学习奋起直追,力争加入强者的行列;另一方面,公司重新确立了成功的标准:对员工来说,"企业成功才是员工真正的成功";而对于各级管理者来说,"员工成功才能实现企业的成功"。如此辨证地理解成功的关系,就把员工与企业紧密联结到了一起。

同时,公司实施弱矩阵组织结构已有两年多时间,经受了锻炼的CNLC

人慢慢消除了"我的地盘我作主"的观念,认识到单兵作战只适用于小规模的山地战、游击战,要取得集团军对抗的大战役胜利,团队合作是唯一出路。

正是在这种情况下,公司以一个"蚂蚁下山"的故事倡导团队制胜,让员工们认识到,要在激烈的国际市场与斯伦贝谢这样的高手同台比拼,如果CNLC不能形成一个统一的整体,达不到资源共享、信息互通,单靠哪一个人或者哪一支队伍单兵作战、小打小闹,是绝对走不远的。要在国际市场有更大作为,就需要有一个深刻理解"公司发展了,个人才能发展"理念的员工群体。需要每个员工伸出手来,做出自己的贡献,团结一致才能推动CNLC获得最终成功。

当企业发展到一定阶段,互相合作比彼此竞争更重要。

理论上来看,合作能够"放大"个人的功能,而竞争则利于激发个人的潜能。如果能够同时"放大"一个人的功能又激发一个人的潜能,当然是最理想的状态。但是,合作与竞争又是一对矛盾,鱼和熊掌不可兼得。因此,CNLC倡导在弱矩阵结构中每一个点上的部门和员工,都要学会去配合支持别人,甚至不惜牺牲自己的利益;处于各个层级的员工,彼此之间都要甘愿给那些能力强的人当配角,主动帮助能力差的人提高水平,大家协同合作,互相支撑,成为一个紧密的、进退一致的团队。关键时刻各部门、各作业区内部竞争退后,合作优先,共同争取公司整体利益最大化,迸发出更强大的竞争力量。

倡导团队合作制胜,需要公司领导在处理团队内部的竞争与团队之间的合作时秉持公平公正,并通过薪酬机制平衡个人与团队的利益。通畅合作才能塑造真正的团队意识,在公司内部全力配合实现高效率运行,在外部将CNLC打造成为一个有机整体。

在企业随后的发展中,CNLC倡导的团队意识和协作文化逐步深植于员工的内心,慢慢成为CNLC的企业文化和员工推崇的价值观。

098  组织成员间如何高效传递信息？

在"沟通无极限"中彼此欣赏

随着公司在海外的分支机构、项目部、作业区快速增加，需要互相之间协调配合的事情也越来越多。

CNLC 深知，一些企业之所以做不长久、做不大，很重要的原因就是员工缺乏合作意识，划分势力范围："我自己的事自己管，别人的事我不想，甚至别人做砸了我还高兴。"其实，从公司整体利益考虑，没有谁能独自做成所有事情。CNLC 要成为国际化公司，首先需要 CNLC 人从传统思维中跳出来，放宽眼界，学会与别人合作，把自己融入国际社会的大环境中去。

由此，CNLC 提出"沟通无极限"的口号，鼓励员工主动沟通，提高信息的传递效率，在彼此理解的基础上相互欣赏。公司领导要求，"如果你感觉哪个部门、哪个员工不配合，首先从自身找原因，你和他们沟通了吗？你为他们做了什么？"

CNLC 各层级管理者之间常见的沟通方式有两种：一是当面谈话，二是电子邮件。每次作业区经理回国，都要与总经理交流；每个部门经理到一线，也要一一找员工谈话。

各部门中层干部把自己的思想传达到一线的方法，是通过每周一次的务虚会，主要内容就是谈读书心得，分享一些对行业热点问题的看法甚至哲学思考，或针对每个人的工作情况、成长方向等提出建设性意见。

CNLC 通过三个方面塑造团队工作模式：一是确立共同的愿景目标，让团队每个成员都清楚，CNLC 要成长为优秀的国际化企业，打造中国的斯伦贝谢。二是建立配套制度。各部门、各岗位职责职能清晰，有一套完整的工作流程和标准评判体系,孰优孰劣,全部用标准来衡量。同时,让参与的员工清楚自己在这个目标中要承担什么样的责任和义务,要给别人提供什么样的服务和配合。三是提高团队成员的素质。团队的功能发挥好不好并不取决于"一把手",而是"木桶理论"中素质最低的那个人。值得自豪的是,CNLC领导层80%以上攻读了MBA,中层管理者90%以上也是MBA或其他专业的硕士。这样的群体全面提升了公司的管理素质。

培养团队工作方式,加上沟通无极限的交流,各部门之间原来互不通气的现象没有了。从各层级管理者到一线员工,都能主动把自己负责区域、界面的工作完成得很漂亮,而公司的弱矩阵式组织结构又决定了几乎所有流程都是关联的、交互的,团队工作模式使这种结构尽显现代企业特征,激发出各层级员工的积极性,既增强了企业的竞争力和凝聚力,又提高了企业的整体运作效率。

团队合作指的是一群有能力、有信念的人在特定团队中,为了一个共同的目标相互支持、合作奋斗的过程。它可以调动团队成员的所有资源和才智,并且自动驱除不和谐和不公正现象,给予无私奉献者适当的回报。出于自觉自愿的团队合作,必将产生一股强大而且持久的力量。

有人说,因为中国人不擅于沟通与协作,团队合作意识在中国企业根本就是"稀缺资源"。CNLC倡导换位思考,坦诚对话,每个人都有表达想法和诉求的机会,团队之间提高了交换意见的效率,增加了互相学习的机会,降低了付出的时间成本,人际关系也变得简单和睦。

得益于公司领导先进的理念、公司营造的文化氛围,也得益于员工经历了弱矩阵式结构的锻炼,"沟通无极限"使各部门工作因为相互配合到位而运转顺畅,也大大提高了整个公司的管理效率。

099  如何为员工成长注入更多正能量?

让优秀者成为大多数

海外项目工作条件艰苦，但 CNLC 员工辛苦并快乐着。

CNLC 对员工的人文关怀无处不在。公司领导到海外项目时有一个惯例，第一个要看的地方是厨房，明确要求公司的食堂饭厅绝对不允许有蟑螂，只要看到一只就撤换食堂管理者。公司把这一规定作为衡量食堂管理水平高低、是否关心员工饮食安全的重要评判标准。

健康的身体是保证员工安全高效工作的前提，由厨房管理扩展开来，CNLC 珍视每一个员工，把员工个人的健康和安全视为公司的第一职责。

一家企业进入国际市场，HSE 防护是很昂贵的，需要投入大量资金。一些中国企业进入国际市场后，常规的做法是：在条件不具备、HSE 难以三者兼顾时，优先考虑 S，再考虑 E，最后是 H；转换到人，则是甲方优先，第三方次之，最后才轮到自己。

CNLC 不同，为了员工的安全，公司舍得花大本钱。2003 年后，公司的 HSE 投入一直以 20% 的速度增长。各个海外基地和作业区全面实施细化管理：从每位员工放在床头的应急电话卡到作业区井场的 HSE 制度；从员工的安全带意识到所有新员工的 HSE 培训；从基地公寓的防蚊、防鼠到及时通报传染病疫情；从员工的定期休假制度到整个作业区的娱乐活动等，每个环节都有明确的 HSE 保障制度。

2004 年，从最大的海外基地苏丹开始，CNLC 全面推行 HSE 护照。上面不仅记载了员工的所有培训记录，而且包含了最基本的个人健康信息（包括血型、过敏物、免疫情况等）和紧急联系方式。CNLC 还打破常规，很早就加入国际 ISO 组织，确保 CNLC 员工无论在哪个国家作业，一旦发生紧急情况，HSE 护照、公司的应急方案可以在第一时间救助员工生命。看到 CNLC "全副武装"的井场，油公司感慨：这的确是一个负责任的服务公司！

除了生产生活保障，CNLC 以员工为本的另一个创新尝试是精神激励。

2005 年 1 月，CNLC 苏丹作业区的员工个个兴高采烈，因为作业区上年度的业绩增长居于公司之首，大家都被评选为公司的优秀员工，每人因此获得一个月的工资奖励。

CNLC 希望每个员工都优秀，也相信绝大部分员工是优秀的。每年评选优秀员工时，不像一些公司那样只选树少量优秀者做标杆当典型，而是制定出优秀员工的标准，划出优秀员工的杠杠，让员工自己对照标准评判。员工无须排排坐分果果，只要这一年度足够努力，达到了公司的优秀标准，都可以成为公司级优秀员工。这个数额常常占到公司员工总数的 90% 以上。

敢于如此评优，是因为 CNLC 以完整的培训体系来支撑晋级体系。这是一套由专家设计、以专业技术体系为基础、以知识和技能为核心、以培训考核和薪酬为保障，按不同专业、分不同层级、可量化并激励专业技术人员成长成才的知识管理体系。体系设置了测井、测试、录井、解释四个专业系列，每个专业系列分初级、中级、高级和全能级四级。其中初级、中级、高级又各分 3 档，共计 4 级 10 档，不同的层级和档次对应不同的技术标准和薪酬标准。该体系不仅打破了国内专业划分过细、技术专而不宽、人员多而不精的局限，而且超越了国际井筒技术服务公司对人员的技术要求。

为成功运作这个体系，公司不仅注重科学划分等级，让每一个台阶都有相应的依据，还提供相应的培训材料，建立培训中心与之配套，让员工沿着公司铺好的正道向上进步，人人都在尽最大努力提升自我，实现自己的价值。

每年评定高工时，既不用争吵算计，也不必平衡照顾。每个员工都明白，在 CNLC，只要你达到了标准，就一定能靠自己的本事迈上另一个更高的台阶。

从工程师培训晋级体系、管理人员培训晋级体系到薪酬激励体系都在告诉员工：在 CNLC，每个员工可以自己决定自己的价值。前者满足了员工想发展、实现自身价值的愿望，后者使员工掌握住了自己的命运，通过努力可以得到不受任何人左右的回报。一切都是透明的、公平的，从而激发每个员工全身心地投入工作，最大限度地发挥自身潜力，把事业干得更好。

如果企业以员工为重，员工就以企业为天。盖洛普机构的调查研究表明，当管理者关心员工的时候，后者会以更好的表现来回报。

传统的评优方式是选树少数典型做标杆，但是当大部分员工都积极努力、勤勉上进时，这样的评优有可能产生相反效果，选上的人高兴，落选的人不服气，反而打压了员工的士气。CNLC创新评优机制，鼓励全体员工争当优秀，只要达到公司设定的标准，就是优秀员工，让每次评优过程不再是"一家欢喜几家愁"，而成为大多数员工的"高光时刻"。

评优，是一个企业对优秀员工的认可，对其工作态度和创造业绩的嘉奖，也是对更多员工的职业引导和激励。在这个过程中，让人才脱颖而出，给优秀者以奖励，通过机制让优质资源向优秀人才倾斜，让强者更强，同时鼓励弱者跟上强者的步伐。

公平的评先选优标准，需要科学的考核体系，也需要企业领导有"每一位员工都优秀"的认识，有希望每一位员工更优秀的愿望。如此，公司搭建的平台就在那儿，制定的标准就在那儿，领导的信任就在那儿。员工个人能不能达到优秀线，全看自己够不够努力。公司让优秀者成为大多数，形成积极向上的潮流，裹挟着少数人一起向前奔跑。

而当全体员工感受到来自企业和管理者的关爱和激励，在培养良好、安全的工作和生活习惯同时，CNLC在国际市场就迸发出更强大的生命力和竞争力。

100  如何理解每个人都找到合适位置？

让员工笑着离开 CNLC

CNLC 努力从培养人的角度来用好人才。对于那些选择离开公司的人，领导观点很明确：CNLC 是一个成长平台，公司希望员工在这里学到真本领，练就真功夫。即使员工某一天选择离开公司时，也希望员工可以得到更好的职位，实现更大的人生价值。而作为培养了人才的 CNLC，肯定会高高兴兴地把员工送到新的岗位上。

白庆杰就是一个典型例子。

当初在西方公司工作多年却找不到归属感的白庆杰打算辞职时，一个从 CNLC 跳槽到这家西方公司的同事，建议他到 CNLC 试试，"他们的技术、管理、HSE 都处于上升阶段，可能需要你这样的人，你也许会在这家公司找到用武之地。"

2002 年底，白庆杰加入了 CNLC，在伊朗当了一年半专业经理之后，又调到总部当培训部副经理。前东家邀请他回去，可白庆杰已经不想离开 CNLC 了。他认为 CNLC 有两点特别吸引自己：风气清正，有远大目标；领导正直有思想，管理水平很高。

虽然 CNLC 提供的薪酬只有西方公司的一半，但这是一个正在发展、上升的平台。如果公司以这样的速度发展下去，其战略目标勾画的公司未来和员工个人前程清晰而光明，而自己这些年在西方公司积累的知识和经验也找到了用武之地，在 CNLC 可以实现自己的人生价值。

白庆杰没有离开 CNLC，因为他很清楚，在这个世界上找到自己喜欢干、又可以干得很好的工作并不容易，而他在 CNLC 找到了。

CNLC 就是这样自信，因为大方地给予员工选择的自由，反而产生了更大的吸引力。

每年招聘新员工和进行入厂教育时，CNLC 总是坦诚地告诉这些刚走进公司大门的年轻人："你们都是优秀的人才，CNLC 也是优秀的企业，希望你们在这里得到理想的职业发展，每个人的成长与自己的兴趣、能力保持最佳匹配。但是，不可能每个人都在 CNLC 干一辈子、都能在 CNLC 找到自己一直满意的位置。如果由于这样那样的原因，当你们觉得在这里没有用武之地时，可能会选择离开，这很正常。"

CNLC 不仅有国际化的视野，还有大企业的胸怀。公司明确，人才是公司最宝贵的财富，但如果一个员工在其他公司有更好的位置和发展，CNLC 应该让这个员工离开，对员工所有的培训，对员工能力的培养，应该视作公司为社会做出的贡献。如果员工在公司找不到更能发挥自己作用的位置，但可以利用在 CNLC 积累的知识和专长为其他公司做贡献，CNLC 人同样感到欣慰。

CNLC 最不希望的一种结果是，有一天要解除合同时，员工还哭哭啼啼地不情愿。这说明公司不认可员工，当初没有选到合适的人；而员工离开公司又没有本事找到更好的工作。这种情况在 CNLC 被视为员工和公司的双重失败。

公司从不认为那些离开的人是"白眼狼"。甚至，公司领导买来一本书《笑着离开惠普》送给员工，劝那些在公司实现不了自身价值的员工早日离开。

他们明确地告知员工，虽然 CNLC 的发展空间很大，需要的人才很多，薪酬也不错，但一个人年轻时，成长机会比一时拿到手的钱更重要。如果仅仅看中了公司的待遇而非自我提升的平台和空间，那对人生来说是一种浪费。如果你认为公司不适合你，建议你离开。这不仅是对自己负责，也是对 CNLC 的尊重。

事实证明，那些笑着离开的人是带着 CNLC 烙印的。他们就如形象大使一般继续代表 CNLC，走到哪里就宣传公司到哪里，口口相传着 CNLC 的动人故事和文化理念，在让更多人了解 CNLC 的同时，不经意间又把其他公司的人才介绍到了 CNLC。

中国有句俗话：男怕入错行，女怕嫁错郎。

对个人来说，匹配得当的职业能令人产生积极向上的工作热情，每个人都希望找到可以展示才华、带来成就感的工作。

对公司而言，人力资源事关组织能否建立持久的竞争优势，许多组织表达员工在组织成功中所发挥的重要作用时强调："员工是我们最重要的资产。"

同样，拥有并留住最好的员工也是CNLC在国际市场的制胜法宝。他们通过体制机制培养、尊重、关心人才，从"选、育、用、留"四个方面为员工搭建职业发展平台，提升员工对自身职业发展的责任感。

CNLC对人才政策的理解是：如果一个员工进入公司，却不认同公司的价值观，没有积极性主动性，公司发了工资，员工却没有尽心尽力，这不是以人为本，而是公司的损失。如果公司用不好人，却又强留员工导致他失去成长的机会，这是人才的损失。如果公司或者某个项目发展不好，员工的发展机会也因此而错过，甚至有可能耽误一批人的成长，那么，公司对不起员工。

就算那些心有不甘、执意要离开公司的人，CNLC也不会实行"压、罚、卡"，而是让他们笑着离开。所以，公司领导给大家推荐《笑着离开惠普》这样一本书，就让年轻员工看到了CNLC领导的心胸，也让老员工切身感受到公司的底气。这样的公司自然能吸引更多适合的、和组织一起成长的人才。

101　问题 Question：如何把持续学习变成生活方式？

学习型组织提升竞争力

2004年，CNLC正式把建立学习型组织作为一项任务提出来。

公司领导认为，人在满足最基本的生活保障之后，最需要的是进步与成长，工作有价值，才干被重视，能为企业发展、社会进步做出更大贡献。

可以说，工程师培训晋级体系和管理人员培训晋级体系从制度层面为学习型企业建设提供了保障。这两套体系不仅分专业为员工提供了学习平台、规范了学习内容，而且制定了量化考核标准，设置了进步台阶。

培训晋级体系的建立，激发了员工的学习热情，也把学习变成了一种持续的竞争。员工对照培训晋级体系各项标准，有针对性地学习提高，通过学习提升个人能力，通过工作学以致用，为公司创造了更大的价值，实现了公司与员工共同成长。

在苏丹作业区，每个人随身带着移动硬盘，里面装着涉及自己工作的中英文资料。CNLC员工真正实现了"学习化工作，工作化学习"。作业区许多员工达到了一专多能的要求：测井仪修工程师具备一项或几项专长，能修理所有测井仪器，测井操作工程师能够进行火工品作业，射孔工程师能够进行套管井测井和生产井测井……公司上下形成了积极的学习氛围，持续学习、终身学习不仅成为CNLC员工的人生信条，而且化作源源不断的生产力，在全球17个国家结出丰硕成果。

叙利亚作业区的仪修工程师潘恒超，来CNLC前一直在国内从事测井仪器维修工作。在晋级体系中"一专多能"和"技术全面化"的倡导下，他不仅能完成仪修任务，还拓展学习了测井操作技术，半年时间已经可以独立带队完成测井作业。

测试工程师刘海志在国内从事的是电缆钢丝井下作业。为了使自己的技术更全面，他开始学习井下测试工具的保养、试压、准备和操作，有机会就和当地雇员一起练习拆卸、保养、调试工具，很快掌握了操作要领。在全面掌握了井下测试工具后，他又主动学习地面流程、计量求产、加热器操作、化验分析等操作技能。两年后，他成长为公司测试技术专家，担任了苏丹作业区测试专业经理。

在公司的专业培训和员工的自主学习双重作用下，大批管理人才和技术人才成长为公司基层、中层管理者和技术骨干。据统计，踏入国际市场初期，仅苏丹作业区就培养出近50名测井、射孔、录井和测试工程师，此后分别派遣到伊朗、阿塞拜疆、哈萨克斯坦、巴基斯坦、委内瑞拉、阿尔及利亚、叙利亚、利比亚、缅甸等国家，担任项目负责人。

虽然已经有了健全的管理体系，但CNLC坚持管理没有最好，只有更好。他们依然关注工作中的每个细节，通过全员学习提升企业的技术能力和服务水平。

苏丹作业区员工坚持写工作日志，数年不间断。内容多是在写实案例的基础上写出工作方法，记录心得体会。有的员工针对自己工作中遇到的技术问题进行咨询，有的员工则从某个侧面提出更好的HSE解决方案。涵盖作业区情况和员工工作体验、学习日志的报告定期汇总报送CNLC总部，领导在处理解答员工问题的同时，立体了解了作业区的实际情况，并及时做出答复。这个高效的交流平台，成为一条直接连接公司与员工的纽带。

10年下来，苏丹基地总结出来的经验足有500多页。来自员工切身体验的案例报告会在短时间内传至CNLC全球每个作业区和项目部，相关人员都可以在共享平台上学习HSE经验和技术窍门。10年前在苏丹出现的问题案例会在伊朗项目引起警示，而哈萨克斯坦项目的单井计划书会把这些风险点一一罗列出来。

在CNLC领导眼里，每个员工都是人才，每个人身上都有亮点。就算这个人不是最优秀的，但他写出来的内容肯定有可取之处。多年沉淀下来，最实用的解决方案就出来了。于是，通过这种开放式管理，通过平等畅通的交流渠道，CNLC聚凝了公司全体员工的智慧。

面对国际市场激烈的竞争环境，CNLC致力于成为一个人人学习、全员进步的学习型组织，并由此在组织内创造出一种相互信任、不断创新、共同进取的良好氛围，激励员工将其自身潜力转化为工作热情和创造力。

美国麻省理工学院斯隆管理学院彼得·圣吉博士指出："学习型组织是一个不断创新的进步组织。在这个组织中，人们不断突破自己的能力上限，创造真心向往的结果，培养全新、前瞻而开阔的思考方式，全力实现共同的抱负，并不断一起研究如何共同学习。"

CNLC建立的学习型组织，通过培养整个组织的学习气氛、激发员工的主观能动性和创造性思维，形成了一个团结向上、积极进取的工作团队。身在其中，员工能得到充分的尊重、重视和激励，最大限度地实现自我价值。

建立学习型组织，CNLC归根到底是要提升全体员工的服务能力和团队的竞争实力。如果说创业精神和奉献精神是CNLC走出国门开拓国际市场的思想利器，那么团队精神和持续学习的能力则是其提升国际市场竞争力的根本保证。

CNLC人天天一起工作学习，不知不觉地互相影响，互相借鉴，每个人在追求成功的路上变得极其勤奋。终身学习、全程学习、全员学习、团队学习的理念使员工和企业受益良多。

学习习惯的养成和学习方法的创新，成为CNLC全球各地员工成长的动力源。

102 问题 为什么说好的竞争对手需要有资格有实力?

"如果我不能打败你,就得与你合作"

2006年开始,CNLC在国际市场上已经颇具影响力,不断有咨询公司提及CNLC。一些西方大服务公司也逐步改变态度,由原来不重视,到视其为未来强大的潜在竞争对手。有的公司提出"如果不能在竞争中打败CNLC,就只能把CNLC变成合作伙伴"的应对策略。

一家跨国巨头的亚洲区公司以《CNLC为何在国际市场异军突起?》为专题开展研究。另一家跨国公司从开始时的不屑一顾,再到同台竞技时视其为最难对付的竞争对手,在董事会上专题分析CNLC的下一步动向,探讨在每一个市场交锋时对其"阻击围歼"。然而,在发现斗不过、打不垮之后,该公司董事会又动议如何才能买下这家中国公司。还有一家名气很大的西方公司公开表示,只要是在CNLC工作过的员工,来应聘不必面试,可以直接签合同,薪酬最少提高20%……

2001年以前,西方大服务公司并没有把来自中国的CNLC和中国石油的工程技术服务当回事,卖设备送资料还培训员工。可是当CNLC在国际市场与他们不期而遇并以小胜大、比肩抗衡时,他们又觉得这个竞争对手不可思议,不约而同地越来越关注这个国际市场后来居上者的一举一动,并很快意识到,CNLC已经成长为一支让他们再也没有办法忽视的竞争力量了。

2005年以后,在伊朗、利比亚、伊拉克、巴基斯坦等国家的非中国石油投资市场,CNLC的工作量不断扩大,份额逐步占到公司市场总额的1/3。西方公司决定使出"撒手锏",停止向CNLC出售测井设备和配件。CNLC拿着自主研发的设备再度披挂上阵,让油公司大开眼界,也让西方公司刮目相看。这时候的 CNLC 有了品牌，有了技术，也有了自主装备，凭借高效管理和综合一体化服务优势，已经成为一些甲方离不开的服务方，成为很多国际油公司的战略合作伙伴。在一些国家市场，有的甲方宁可排队等候，也要请 CNLC 提供服务。在伊朗、苏丹、哈萨克斯坦等国家，CNLC 逐步替代在当地石油服务市场盘踞多年的国际大公司，成为新的高端服务商。

从 2006 年开始，在一些国际性推介会上，CNLC 已成为油公司之间交流的话题：这个公司提供的服务质量可以媲美国际知名的大服务公司，但价格却更合理，服务也更周到。CNLC 的技术资料常被油公司带回去研究，时不时就有客户主动找上门来，甚至有 CNLC 从未接触过的甲方在看到广告、参观展览，或者听到其他油公司介绍之后，直接打电话或发邮件咨询"我们有个项目，你们 CNLC 是否感兴趣？"

CNLC 引入"外脑"研发生产的新一代测井装备 LEAP800 系统及其后续系统是一次革命性突破，不仅技术上赶超了国际先进水平，而且产品概念打破了西方固有的服务模式，进入市场后形成冲击波效应，撼动了西方公司多年的市场优势和垄断地位。

CNLC 通过建立和完善旨在实现全面风险管理的内控体系做精制度管理，通过发挥综合一体化服务优势做精市场服务，通过培育拥有自主知识产权、具有世界先进水平的研发体系做精技术创新。在管理、服务和技术"做精"的基础上，打响了企业品牌，CNLC 的市场规模和市场层次逐年提高，实现了"做强"。当企业的核心竞争力强大到一定程度后，"做大"已是水到渠成，公司不可阻挡地进入"井喷"式快速发展壮大时期。至此，企业战略、组织结构、管理体系三者之间实现了高度统一，CNLC 初步实现了"做精、做强、做大，建设具有国际竞争力的专业技术服务公司"的战略目标。

2007 年后，CNLC 完全实现了自主创新技术开发，管理达到世界先进水平，主营业务连续实现翻番，业绩和品牌影响力紧追三大西方服务公司。

CNLC 的异军突起引来西方大公司的青睐，纷纷伸出合作橄榄枝。有的竞争对手在市场新格局中与 CNLC 形成了全新的竞合关系。一些第三方咨询公司提出，"如果你们愿意收购服务公司，我们愿意为你们提供服务。"

种种迹象表明，CNLC 已经从一家名不见经传的石油国企成长为国际石油业界不可小觑的重要跨国服务公司。

在全球经济一体化时代，竞争与合作是永恒的话题。人与人、企业与企业之间的竞争与合作又是经济社会向前推进的强大动力。

竞争与合作贯穿着CNLC国际化实践的始终，对内，从强调员工的竞争意识到倡导团队精神；对外，从将西方服务公司列为竞争对手到构建新型竞合关系，竞合共赢、开放包容成为CNLC的企业文化内涵之一。

能够得到合作伙伴的重视，让竞争对手另眼相看，是因为CNLC已经成为国际市场的重要竞争力量：公司迸发出的强劲竞争实力可以参与任何高水平的国际竞争；公司构建的全球供应链网络做到了高效率、一体化、全球运作一盘棋。

CNLC走进国际市场第一个10年，与西方服务公司相比，2300多人的员工数量规模不算大，技术与设备也不占绝对优势，但却在适应市场变化、应对风险挑战中找到最适合的发展方式获得有机成长：改革体制机制让每个员工成长为最优秀的自己，创新科研路径获得技术装备的局部领先，优化资源配置提升管理效率。公司在国际化实践探索中实现成功蜕变，不仅受到了国际石油公司的青睐，而且赢得了包括竞争对手在内的西方服务公司的尊重，打响了"CNLC"这个石油技术服务品牌，让中国测井在国际市场占有了一席之地，在世界测井史上打下了中国印记。

正如哲学家威廉·詹姆士所说："如果你能够使别人乐意和你合作，不论做任何事情，你都可以无往不胜。"

103 问题 如何让员工梦与企业梦共同照进现实?

凝炼 CNLC 独特的气质精神

对于 CNLC 来说,这 10 年变化最大的,莫过于公司自身和推动公司不停进步的这群人。在 2008 年的年度工作会上,许多 CNLC 人有了新的感觉:周围的人都是你的战友,大家心照不宣,互相尊重,互相钦佩。一旦遇到困难,不必招呼,CNLC 人会自动地聚集到一起;激动或者感慨时,不必多说,大家心中涌动着同样的情感,泪水都是一个味道。

一方面是自己眼中的别人变了,另一方面是别人眼中的自己也变了,大家都随着公司的发展进步了。公司以文化联结员工的梦想与公司的目标,使全球各地的员工举手投足间都有了 CNLC 范儿。

一个员工,不管进入公司早晚,CNLC 人一眼就能判断他是不是真正融入公司,是不是已经"修炼"成了真正的 CNLC 人。这是因为,经过多年来在国际化实践中学习,在学习中提升,公司从管理层到一线项目经理都有了同样的眼光和价值判断。共同的理想追求,共同的国际化理念,使前线、后方的员工在用新的眼光、从新的角度看待合作伙伴、竞争对手和市场环境时,竟然标准相同,观点相似。CNLC 人变得越来越心意相通,彼此理解,原来看不上的人和事,好像都变得顺心顺意了。

CNLC 人的独具一格,与他们打交道的人都能明显感觉到。2006 年,包括 CNLC 在内的原中油国际工程公司从集团公司位于六铺炕的办公地点搬迁到北四环外的名人大厦。当时,差不多一整栋楼都在搬家。在一片狼籍的办公楼里,只有 CNLC 的办公室,每一间都洁净整齐:桌面上没有扔一根电话线,地上看不到一片碎纸屑,打开抽屉都干干净净……"他们的国际化管理理念、他们独特的企业文化，在小事上都表现得淋漓尽致，挺可怕的！"其他公司的人过来参观后不禁感慨，敬意油然而生。

CNLC通过制度指向，把管理者的思想变成执行者的行动，从树立人人都可以成功理念到养成团队学习习惯，建立了积极向上、全员共同进步的企业文化，凝聚每个人的力量去做更大的事情，实现公司的战略目标。

在一个公平公正的国际化发展大舞台上，CNLC人共同的事业追求，让每个员工把最能动的潜力发挥出来，把最优秀的品德展示出来。大家痛快地释放着干事业的激情，共同完成了别人看来不可能完成的任务。

在阿曼与壳牌合作时，得了95分还不满足的CNLC人认真地问甲方"怎样才能拿到100分？"而后以学习的态度不断努力，几个月后，终于在壳牌全球作业市场产生了第一个100分。这样的执着让人为之骄傲。

一批有志之士为了共同的事业走进CNLC。他们在苏丹自发地喊出"以干事业的态度干好工作""公司兴亡，我之责任"等口号。在伊朗面对强手时自信地宣告"我就是那个市场上做得最好的中国人！"这样的豪情让人肃然起敬。

更重要的是，企业在快速国际化的进程中，改变了一群人原本的人生轨迹。李玉华来CNLC前是一名英语老师，因循公司的管理人员培训晋级体系，她把个人的学习能力发挥到极致。她说CNLC这10年是她人生的极点，不管是付出的辛苦还是得到的精彩。

公司的以人为本无处不在：建立的工程师培训晋级体系让员工一个台阶一个台阶地进步，和企业一起成长；教员工在任何场合都做个体面的中国人；教女员工提升个人的魅力气质，了解工作之余的自我保健，给孩子提供良好的成长环境……

员工在国际市场的心智情感变得成熟细腻。苏丹作业区副总经理孟宪路在苏丹10年，因为经历了在国际市场的创业艰辛，更体味到父母当年在青海柴达木盆地骑着骆驼搞勘探的不易，因此无论工作多忙，每周都要从苏丹给父母打电话，每次回国休假都把父母接到身边尽尽孝心。

正是因为CNLC人不一样的人生和梦想、国际化的成长和经历，那10年，既是一个中国国企实现国际化蜕变的实践，也是一群中国人发现自我、更加优秀的成长历程。

贯穿 CNLC 发展历程的企业核心精神究竟是什么？为什么来自中国的一家小企业能够在高度垄断的国际石油服务市场实现后来者居上，在赢得市场的同时，也赢得包括竞争对手在内的许多人尊重？

公司数年前就一直在思考和追寻"员工至上"的理念和价值观，"提升员工价值，关注员工未来"成为公司首要目标之一。

公司领导认为，人都有善良和邪恶的一面，希望灵魂不断追求真善美的一面，但如果不能把自己假恶丑的一面控制住，你是不会成功的。总经理李越强坦言："这些年我在 CNLC 所做的，就是通过价值观、使命感，把公司年轻人善良优秀的一面放大出来。"

在公司创造的"人人可以成功，人人可以选择自己的成功之路和成功速度"的氛围中，一群人改变了原本的人生轨迹，他们成长为更优秀、更能干的自己。真正被 CNLC 文化熏陶出来的 CNLC 人，在交流沟通时表达的是同样的理念，在现场作业时做的是同样的动作，这就是他们的 CNLC 身份与烙印。

企业文化的力量积蓄到一定程度，公司就完成了从量变到质变的过程。

回望那 10 年历程，很难，也很自信；很苦，也很坚定。可以肯定的是：这段历练改变了一代中国测井人的理念和人生，成为滋养其未来成长的精神富矿；若干年后，这段成长故事必将成为后来者津津乐道的奇迹。

附 记

情怀·心声

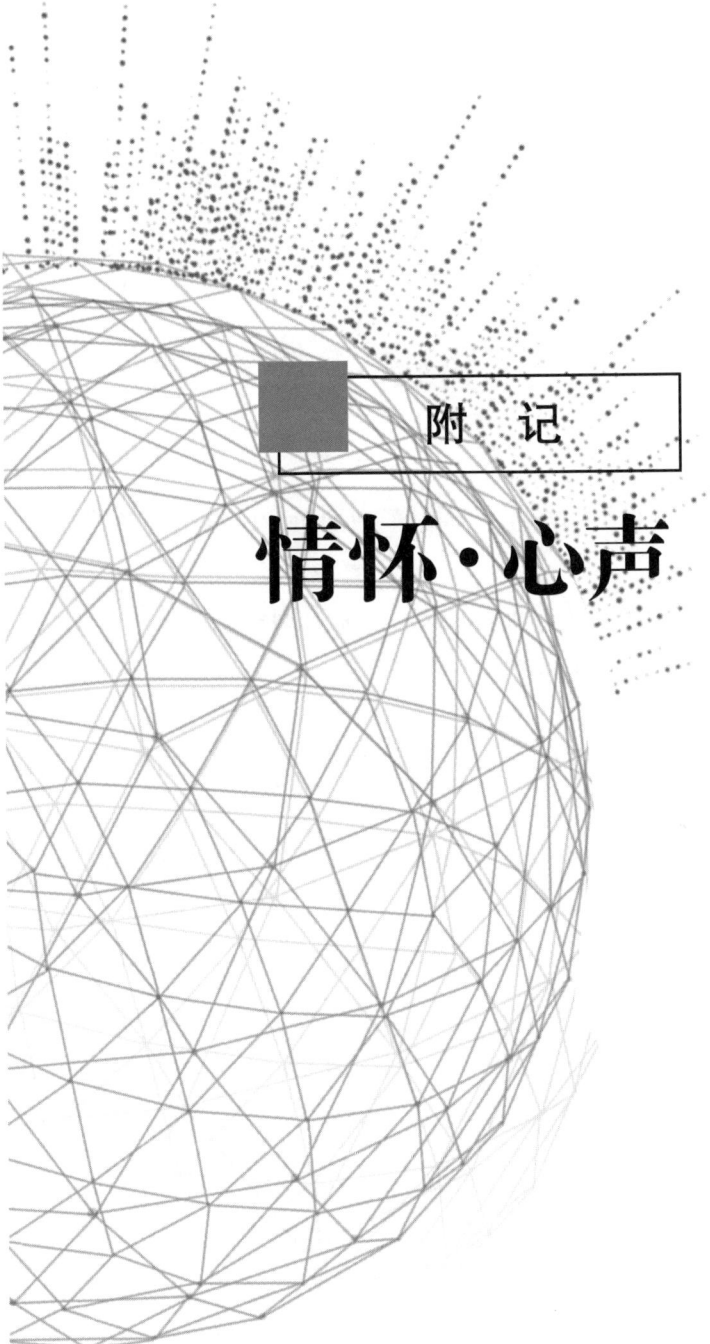

附记  CNLC 国际化蜕变，改变了谁？

CNLC 人：成就了企业，发现了自己

10 年时间，CNLC 让世界市场重新认识了中国企业，也使更多的 CNLC 人重新感受了人生意义。

这样一段被国际市场理念洗礼过的经历，足以让身在其中的每一个人用一生的智慧去理性思考，用一生的感动去激情回忆。

走近 CNLC 这个企业，走近 CNLC 这群人，就会不由自主被这家公司、这群人表现出的那种与众不同的"范儿"，或者说是举手投足间特有的气质精神所吸引。

因理想而融入，因追求而修炼，10 年间，一群人与一家公司彼此成就，企业蜕变了，人也重生了。

总有一些故事感动你我，总有一种语言发自肺腑。以下记录的，就是 CNLC 人的真情与心声。

一、共同的价值观

我发自内心地感谢大家。因为在 CNLC，我是和大家一起成长的。能让公司至少有一个好的发展基础，实际上不是我，而是每一位员工，在企业国际化蜕变过程中，为了共同的理想和目标，都在尽最大努力来展现个人阳光的一面，展示优秀的品质和独特的能力。大家给了我自信和希望，使我能够和大家一起对中国国企的国际化发展进行有益的探索。

——李越强

CNLC 人有抱负，有志向。大家都按同一种思维方式来运作，公司就形成了自己的风格：先看竞争对手和国际水平是什么，公司目前和竞争对手相比处于一个什么样的水平，原因在哪里？如何才能追上甚至更高一筹，公司各路工作都以此作为努力目标。

——顾伟康

我在 CNLC 的 10 年，是为理想奋斗的 10 年。正当人生观、价值观形成之时，我就进入 CNLC，接受了不同于一般企业的教育，形成了自己的行为方式。

CNLC 走到今天，不是因为管得好，而是建立了互相信任的氛围，把团队的作用发挥到了极致。

——于中洋

在 CNLC 这些年，很有成就感。我们的脑子都动在怎么干好这件事上了，皱纹是在这儿长出来的，头发是在这儿变少变白的。很辛苦，也很值得。

——曾志清

CNLC 对我意味着燃烧的青春，用人生最美的年华去经历困难、承担压力，在解决问题的过程中不断思考，不断审视自己的人生观和世界观。有一段时间，我常用电视剧《士兵突击》里面的场景去激励现场工程师。对我来说，CNLC 这 10 年，就是当了一回兵。

在 CNLC，我学到了理解。由于角色不断转换，我知道了很多事情要换位思考；在实践中学会了管理，明白了效率和公平能带来多大的生产力。

——孟宪路

在这里，我们奉献了 10 年的青春岁月，留下了艰苦创业的足迹。

我们见证了 CNLC 管理水平的不断提高，锤炼出一批具有国际化运作经验的复合型人才，也培养了大批优秀的当地员工。我们在这里学会了自我管理，充满激情地享受工作。我们在这里真诚宽容，学会了和不同民族、不同国籍、不同信仰的人和睦相处，凝成了充满活力的 CNLC 团队。

——贾锦然

我们一起为 CNLC 的发展奋斗了这么多年，公司在国际市场上取得了骄人的成绩，业绩连年攀升，崭新的 CNLC 企业理念和文化，更让我们为能够成为其中的一员感到自豪。

——张显文

进入国际市场，员工们都希望能把 CNLC 打造成在世界石油行业有一定影响力的知名技术服务公司，并且在实践中，大家已经看到了这种希望，基层员工都自觉地为这一目标努力工作，这是人生中很令人兴奋的一个过程。

——高中民

二、规范管理制胜

CNLC 最大的优点是制度化、规范化。在我知道的企业里，这是执行制度最好的国企。

在这个公司，最大的特点是有一个公平竞争的平台，班子是竞聘上岗的，中层干部也是从基层一步步干上来的。这里有适合人才成长的土壤，像我这样的"老国企"也能脱胎换骨。

——于洪斌

在 CNLC，我知道了人要做大事，不能跟着感觉走。对我个人来说，哪怕以后只是开个饭馆，因为有了科学管理的理念，我也会自然地使用这种流程化管理，自觉地控制好每一个风险点。我相信，比起没在这个企业工作过的人，我们的思路要清晰得多。

等我老了，要是想吹吹牛回忆点儿什么，我就说，在 CNLC 十几年走过来，在这样一个国际化平台上，看着公司成长，自己也受益匪浅，心里还是挺满足的。

——赵齐辉

来到 CNLC，生活都变得充实了，因为这里聚集了一批为了理想、甘于奉献的人。自从走进 CNLC 这个门儿，几乎天天加班——我愿意。

——肖书奎

CNLC 是一个介于国企和外企之间、又偏向于外企的一个中国企业。CNLC 风清气正，奉献精神远远超过西方公司。在这个世界上，找到自己喜欢干又可以一心一意干好的工作并不容易。在 CNLC 这个全靠能力和业绩说话的平台上，我找到了。

——白庆杰

在 CNLC，相对于当一个部门管理者，工程师的晋级进步更快。因为管理岗位上升空间有限，但工程师总数没有限制，上头也没有"天花板"。

这里有一群理想化的人，大家都不服输，也不甘心。我们是比斯伦贝谢差得很远，所以我们追求更快地进步。

——苏庆新

三、人人可以成功

CNLC 最让人感慨的，是一个特别利索而单纯的公司，没有这一帮、那一伙儿的，没有工作以外的复杂关系。因此，在这里，有劲儿你就尽情地使，想进步你就使劲儿地学。平台搭好了，道路也铺就了。

公司名气大了，对人才的吸引力也大。咱一个石油院校的毕业生，现在可以考核面试清华、北大的高材生了，心里还是挺满足的。

——李海鸥

CNLC 这 10 年是我人生的极点，不管是付出的辛苦还是得到的精彩。在这个公司待久的人，心气儿很高，总想着做得再好一点，再多一点，每天都过得很充实。

——李玉华

在一个市场上挣到了钱，是一件开心的事。而在做事业的过程中，改造了一批人，则是一个更大的工程，也是更大的收获。当事业顺着你预想的轨道发展的时候，幸福感就出来了。

——张开金

公司提供了一个非常公平、人尽其才的环境。在这里,有提升机会时,没必要找领导,制度体系会让优秀的人脱颖而出。在这里,没有局限,你一下子就可以进入一个很全面的业务环境,机会很多,想进步多快都行。

这些年,我在 CNLC 干得非常踏实。

——李兆梁

我从一名测试工程师,在 CNLC 经过国际大环境的磨炼,逐步走向成熟:从基地经理助理、基地经理、专业经理,到阿尔及利亚国家经理,这些经历使我深深理解了:没有公司的发展,就无从谈及个人的发展;没有同事们的相互支持,就无法成就个人的事业。

——黄生松

CNLC 这些年快速发展,员工收入逐年提高,CNLC 在世界测井界占有了一席之地。由此,使我们全家的生活发生了翻天覆地的变化,我和我们全家都万分感激 CNLC。

——吕殿中

10 年来,我们这些年轻人在 CNLC 一步步成长。公司能在国际市场快速发展,主要是因为公司领导求真务实、敢想敢干,具有远见卓识;因为作为兄长的总经理李越强做人、做事、做学问,为人师表。很幸运我一参加工作就来到了 CNLC,很幸运在人生的道路上遇到这样的师长。

——刘运备

四、走出传统国企

从事测井数十年,还是在 CNLC 找到了自信和自豪!这些年,我们与传统的观念和做法拼搏过,在 CNLC 这块试验田中探索出国企突围走向国际化的发展之路。更宝贵的是,在这场拼搏中,每一个参与者都不同程度地失去了一些个人利益,但都得到了能力和素质的提升!

我非常珍视和 CNLC 人一起走过的路,珍视在 CNLC 的日子,因为我学到了新的知识和理念,经历了一段精采的人生。

——王　京

在 CNLC 感到快乐的就是：一是有阶段性目标，二是有宏大目标。企业和员工都在不停地进步。在和外企员工沟通时，我自豪地发现，虽然我们是在中国长大的，但观念一点儿不落伍，成长一点儿不落后。

这 8 年，我与很多兄弟们一样，是参加工作以来最具满足感及快乐感的一段人生。

——黄森明

CNLC 的管理概念非常清晰，不仅看得远，而且做得细。我们这一代从老国企过来的人，最感动的是这个公司的信任。人与人之间的信任，让人付出再多也心甘情愿，为公司做什么都义无反顾。有时候，看着海外项目一个个走过沟沟坎坎，像自家孩子一样顺利长大，心里真是高兴啊！

——李定立

我到 CNLC 的时间不算长，但几年来，从公司的运营策略和方向中，我一直可以感觉到 CNLC 在努力改变传统国企的管理思路和理念。同时，公司领导与我们的互动也改变了我心目中死板、严肃的国企领导的传统形象。

——陈靖华

五、团队合作共赢

CNLC 是一个很小的公司，也是中国石油的一个缩影。

这个公司最大的特点是团队决策机制，流程涉及谁，谁参与，谁决定，不一定都上会讨论，也不需要都让"一把手"拍板。

正因为实行的是团队工作机制，因此各层级龙腾虎跃，都能主动把自己界面的工作完成好。公司几乎所有流程都是交叉的、网络式的，这就呈现了现代企业的特征，理顺了管理就发挥出了所有层级、所有人的积极性。

——王玉新

我们在远离祖国的这片沃土上挥洒激情，我们一同在枪林弹雨中，在电闪雷鸣中，从炎热的天气里，从肆虐的疾病中携手走过，其中有太多的欢笑和泪水，有太多刻骨铭心的难忘往事……

我庆幸能够生活在 CNLC 这样一个勇于进取的团队中，这是我一生的宝贵财富！

——张立志

  CNLC 的人为什么能够十年如一日地在艰苦的环境中工作下去，并且干得有声有色？为国奉献当然是其中很重要的内涵，但把企业的事当作自己的事才是根本。人的素质、能力提高和企业发展是一个相互依存的关系，如果弄不清楚"为谁干？给谁学？为谁扛枪？为谁打仗？"这些问题，个人永远无法得到提升。因此说，"团队、拼搏、奉献"的 CNLC 精神，是我受益终身的财富。

  我骄傲，因为我是 CNLC 人。

——张应金

  李越强总经理给我们说过的一句话让我铭记在心："把你的下属当成兄弟姐妹来爱护，就没有干不成的事。"这句话一直激励着我。毕业之后到现在近 13 个年头，有时候参加同学聚会才发现，自从到了 CNLC 后，无论是技术方面还是为人处世方面收获颇丰，所以再苦再累我也无悔！

  如果再来一次机会，我还选择 CNLC！

——姚关久

  作为 CNLC 一个普普通通的仪修工程师，我 2000 年毕业后直接到 CNLC 工作，先后在苏丹作业区、测井事业部、哈萨克斯坦作业区等部门工作，目睹和感受着公司的快速发展，也体会着公司开拓国际市场的艰辛。感谢总经理李越强，在整个过程中，始终像拉巴孩子一样呵护着 CNLC。他的付出最多，他对 CNLC 的感情最深。

——王言帅

  从 2004 年大学毕业到今天，我感受到 CNLC 所展现的一种精神：学习，进步，永不停止。这种精神会一直激励我前进。我为 CNLC 人感到自豪，同时我也会不断努力，用成绩来证明在 CNLC 成长起来的兵都是强兵。

——陈　广

CNLC人有共同的价值观。制定政策的水平，哪个企业都挺高，但CNLC执行更到位。因为公司理解、认可员工，员工就会主动执行，他们知道这个制度是为自己好。在CNLC，一个人进步不算能耐，重要的是在同一个平台上，大家都能今天比昨天好，明天也肯定会比今天更好。

——路 峭

如果说国内很多石油人也都有创业和奉献精神，那么团队精神和学习精神则是CNLC的精华所在。

这个公司最让人舒畅的就是：能够专心地做事儿。只要踏踏实实地把自己的工作做好，其他该得到的利益、位置，包括需要别人的帮助和配合，自然会得到。

——赫志兵

我对CNLC最大的感觉是：人企合一。不是说CNLC的人多么优秀，也不是说CNLC这个企业比别的更好，而是这群人和这个企业很匹配，企业能发展，人能成长。CNLC的企业精神就像奥林匹克精神一样，在这里真正实现了我奉献，我快乐，我成长。

——占学良

六、我爱CNLC

CNLC国际品牌的形成证明公司的运作很成功。在这个过程中，我们认识到什么是国际化，形成了许多好的文化和理念，培养了一批又一批热血骄子，他们懂得了人生的价值所在。

我们都是CNLC的追梦人，这种情怀也始终鼓舞和激励着我们继续为了实现人生梦想而努力。

——杨金生

我最喜欢CNLC的，是这个公司里每个人都努力工作。如果每个人都想做到最好，这个公司就一定能做到最好。只要CNLC允许我为她工作，我将乐意为她到世界上任何一个国家工作。

——莱玛（苏丹）

人生以后就算再不精彩，但不遗憾的是，我们曾经在 CNLC 精彩过。

——张长宝

在 CNLC，我为自己做的事自豪。可能很多人想都没想过的事，但我们已经做了好多年了。

虽然眼下 CNLC 不是最大的，也不是最强的，但这是我们一点点从无到有、从小到大发展起来并做得像模像样的。从发展的成果来看，企业发展的路径是对的，方法是正确的，管理是先进的。假以时日，这个企业会有更好的未来。

这是很有激情的 10 年奋斗。

——杨　军

在 CNLC，我们一心想把测井事业做大做强，成为"中国的斯伦贝谢"。10 年来，CNLC 走出国门，跻身于国际高科技服务队伍之林，并且没有被斯伦贝谢、阿特拉斯等西方强手压垮，在国际舞台上站住了脚，不断发展壮大，积累了宝贵的国际化经验。这些都是值得我们自豪的经历。

——关　雎

付出 10 年的努力，CNLC 确实已经在海外打拼出了一片天地。公司领导为 CNLC 能有更好的明天一直努力着。那天我见到总经理李越强时，第一次看到他有了白发，我当时的感觉就像孩子见到了长辈，在海外承受的所有压力和委屈一下子释放出来了，我控制不住自己的眼泪。在我眼里，他一直是座山，是我心中的山。

——孙　鹏

十几年来，我们很自豪。当我们说起公司老总是 MIT MBA、公司有多少 PMP/MBA，让其他公司羡慕的时候，当我们共享着自己和谐的企业文化的时候，我们知道，当我们拼命工作的时候，公司能看到我们的奋斗和奉献，我们能体会到这种温暖和吸引力。

——黄炳江

在CNLC，工作着是美丽的。因为心中有梦想，工作就不会疲倦，心中有梦想，就不会担心工作做得不够完美而自责。就像公司领导说过的：成功是通过不断尝试、改进、坚持而取得的。在这里，因为心中有梦想，我们活出了生命的意义。

——赵宏珂

CNLC海外10年的工作经历是我人生最宝贵的财富。这10年也使我在CNLC这个大家庭中，从一名刚走出校门的学生，逐渐成长为一个真正的石油人。我为能与CNLC所有员工一起工作感到骄傲。

——陈良雨

十年磨一剑，CNLC越来越强。

——林纯增

后 记

这本书是接受记者采访的40多位CNLC一线员工、项目经理、中层干部、公司领导和我共同完成的。他们是实践者，创造者；而我是聆听者，记录者。

这项工作很艰苦，也无比快乐。

我很荣幸，可以走近CNLC人，了解他们战斗的历程、飞扬的青春、不懈的追求、成功的喜悦。我很感激，可以成为CNLC人的朋友，感受他们国际化蜕变中的荣辱得失。

回望那10年历程，眼前似乎延展出一幅长卷，跃动着一群追梦人燃烧的青春，奋斗的姿态，成长的满足。这是一个中国企业的国际化蜕变，又何尝不是中国改革开放的历史缩影？何尝不是中国国有企业走向国际化合作的生动写照？

2000年，CNLC在国际化重组中经受住了"凤凰涅槃"式的考验，先人一步地走向国际大市场。风高浪急的国际市场上，CNLC人不畏强敌，迎难而上，抓住一切机会打造新型国际化公司治理模式，锤炼公司的核心竞争力：

他们建立了弱矩阵式的组织架构，最大限度地释放了企业的能量，使组织更好地发挥协同效应，达到"1+1+1＞3"的高效运营状态；

他们通过制度规范让公司各方面更适合国际市场的发展需要，把人力资源转换为人力资本，把来自不同国家的员工凝聚成一个和谐团队；

他们创建了全面风险管理体系，在防控风险的同时，进一步激发出员工的责任感和创造力，升华了员工的职业精神；

他们创新研发出全套自主先进技术装备，掌握核心技术，不断增强服务实力，打造出亮丽的技术和服务品牌，在为客户创造价值的同时，为CNLC自身的发展创造了更多机会，拓展了更大的市场空间。

……

天助自助者。市场环境对 CNLC 的整体发展开始变得非常有利：不管是内部的员工，还是外部的客户、合作方，都怀着极大的兴趣站在 CNLC 一边，从方方面面支持着公司更大更快地进步。尤其是 2005 年以后，弱矩阵组织架构基础上，在各项管理制度体系的支撑下，在以全面风险管理为宗旨的内控体系的约束和保障下，CNLC 如同一架精心设计、润滑良好的机器，高效而又平顺地自动运转着，公司的管理体系自然而然地发挥着作用。

放眼五洲，当 CNLC 的 189 支队伍在全球 17 个国家的市场上提供优质的油藏技术服务时，当国际上四五十家著名油公司不约而同地向这个年轻的中国企业伸出拇指、签下合同时，当条条测井曲线牵出深藏地下的油龙气虎时，在甲方的赞许中，在对手的惊美中，在国际市场赢得的阵阵掌声中，奋战在世界各地的 2300 多名 CNLC 人尽管国籍不同、肤色不同，但心中却升腾着同样的自豪和骄傲：他们感受到了作为 CNLC 人的自豪，他们知道自己越来越接近"做精、做强、做大，建设具有国际竞争力的专业技术服务公司"的远大目标；他们伸出双手，朝着一致的方向，奋力把公司推向前进，在造就 CNLC 更加优秀的同时，成就了中国测井的光荣与梦想。

10 年一个轮回。

2009 年，在中国石油新一轮专业化重组中，CNLC 和长城钻探工程公司合并，成为业务面更大，钻井及测、录、试一体化的联合体。曾经因为改革而得到国际化发展机会的 CNLC 人，因此也得以与更多的人分享多年来在国际化探索中的成败得失。

不同的是，这时候，CNLC 已经在国际市场大有作为，积蓄了加快发展的技术实力和管理能量。他们有品牌、有实力、有信心站在更广阔的国际舞台上，从当初的"一团火"，化为现在的"满天星"，因循当年培育的管理规范和文化理念、安全习惯，激情追求不止，奉献精神不变，成为国际石油测井领域的中坚，受到国际同行的青睐。

在这段国际化历程中，他们证明了自己，实现了价值，赢得了尊重……